MICE 会展策划与管理专业系列教材

专家指导委员会主任/韩玉灵　总主编/康年

会展概论

赵中华　葛菲　吴舒姗◎主编
王姗姗　向军　蒋天骎◎副主编

数字资源总码

◆ 推进校企"双元"合作开发
◆ 瞄准行业数字化发展趋势
◆ 匹配专业教学标准核心课程
◆ 贯穿国际通行活动管理理念
◆ 引领职业教材形式创新需求

旅游教育出版社
·北京·

图书在版编目（CIP）数据

会展概论 / 赵中华，葛菲，吴舒姗主编. -- 北京：旅游教育出版社，2025.1. --（会展策划与管理专业系列教材）. -- ISBN 978-7-5637-4745-0

Ⅰ. G245

中国国家版本馆 CIP 数据核字第 2024PD8281 号

会展策划与管理专业系列教材

会展概论

赵中华　葛菲　吴舒姗　主编

王姗姗　向军　蒋天骎　副主编

总　策　划	丁海秀
执行策划	赖春梅
责任编辑	赖春梅
出版单位	旅游教育出版社
地　　址	北京市朝阳区定福庄南里1号
邮　　编	100024
发行电话	（010）65778403　65728372　65767462（传真）
本社网址	www.tepcb.com
E - mail	tepfx@163.com
排版单位	北京鸿文瀚海有限公司
印刷单位	天津雅泽印刷有限公司
经销单位	新华书店
开　　本	710 毫米 × 1000 毫米　1/16
印　　张	16
字　　数	240 千字
版　　次	2025 年 1 月第 1 版
印　　次	2025 年 1 月第 1 次印刷
定　　价	59.80 元

（图书如有装订差错请与发行部联系）

会展策划与管理专业系列教材
专家指导委员会、编委会

专家指导委员会

主　任：

韩玉灵（北京第二外国语学院教授，曾担任教育部全国旅游职业教育教学指导委员会秘书长）

副主任：

杜兰晓（浙江旅游职业学院校长、教授，中国职业技术教育学会智慧文旅职业教育专业委员会执行主任）

瞿立新（无锡城市职业学院校长、教授，全国旅游职业教育教学指导委员会会展专业类专业委员会副主任委员）

丁海秀（中国职业技术教育学会智慧文旅职业教育专业委员会副秘书长，旅游教育出版社副社长）

编委会

总主编：

康　年（上海师范大学副校长、上海旅游高等专科学校校长，全国旅游职业教育教学指导委员会会展专业类专业委员会主任委员）

执行总主编：

宋　波（上海师范大学教授，上海旅游高等专科学校旅游研究院常务副院长，全国旅游职业教育教学指导委员会会展专业类专业委员会秘书长）

编委（排名以姓名拼音为序）：

安小霞	仓 俊	陈 超	陈 萍	陈 姝	陈彬彬	陈翊霖
程致远	褚玉静	丁 旭	段玉敏	葛 菲	宫 博	关庆飞
哈丽旦·巴克		韩 健	郝俊谦	洪伟鑫	黄可筠	贾巧云
蒋天骏	雷 敏	李 健	李 杨	李荣艳	李小蓉	李悦玫
林海榕	刘 硕	刘 文	刘 臻	刘馥馨	刘淼晶	罗绮琦
彭慧翔	钱红阳	任子荣	宋慧娟	孙景然	唐新安	田明舸
田志武	万 涛	王 菱	王琳艳	王姗姗	邬 燕	吴 桦
吴杰楠	吴舒姗	武 君	向 军	谢予馨	徐敏钰	徐若然
徐永君	闫 敏	杨 洁	杨 欣	杨 正	姚 歆	叶大海
余音梅	袁 丽	张 磊	张 素	张 媛	张慧娟	张立英
张素霞	张岩岩	张颖真	张芝敏	赵 建	赵慧娟	赵中华
郑 伟	郑晓星	钟梦婷	周春旺			

《会展概论》编委会

主　编：

赵中华　上海旅游高等专科学校/上海师范大学旅游学院
葛　菲　上海旅游高等专科学校/上海师范大学旅游学院
吴舒姗　珠海城市职业技术学院

副主编：

王姗姗　石家庄职业技术学院
向　军　重庆财经职业学院
蒋天骎　汉诺威米兰展览（上海）有限公司

总序 PREFACE

  会展业以多维度、深层次的经济与社会功能，不仅为现代服务业的发展注入了强劲动力，更在推动城市经济繁荣、促进全球经济一体化等方面扮演着举足轻重的角色。近年来，全球会展业步入了持续且高速发展的轨道，其市场规模以前所未有的速度扩张，到2028年，全球会展活动市场规模将达到15 529亿美元（ResearchAndMarkets.com）。国内会展业更是迎来了蓬勃发展的春天，市场规模连年攀升，已跃升为全球会展版图中不可忽视的重要力量。从被誉为"中国第一展"的中国进出口商品交易会（广交会），到世界上首个以进口为主题的中国国际进口博览会（进博会）等国家级展会，均具有高度的国际影响力和重要性，它们不仅促进了国内外经济交流与合作，更展示了国家的发展成就和未来趋势。2023年，国内会展经济的直接产值约为5820.6亿元，全国线下展览总数为7852个，展览总面积为14 345万平方米，展览城市由2011年的83个增至197个（《中国展览数据统计报告》）。

  伴随着经济社会和数字技术的发展，会展行业发展不断升级，对相关人才培养提出了新的要求。自2018年起，上海旅游高等专科学校作为牵头单位，顺利完成了教育部和全国旅游职业教育教学指导委员会委托的《会展行业人才需求与职业院校专业设置指导报告》《高职会展策划与管理专业教学标准修订》等工作，准确分析把握会展行业人才需求与会展专业人才培养的匹配性。为适应会展行业优化升级需要，本系列教材对接会展产业数字化、网络化、智能化发展新趋势，对接新产业、新业态、新模式下的会议、展览、节庆、会奖旅游等职业群的新要求，满足会展行业高质量发展对高素质技术技能人才的需求，推动职业教育专业升级和数字化改造，提高人才培养质量，遵循推进现代职业教育高质量发展的总体要求。

  2023年底，经过前期与旅游教育出版社的沟通酝酿，上海旅游高等专科学校牵头，组织了"会展策划与管理专业系列教材"核心课程设置暨系列教材编写研讨会，联合浙江旅游职业学院、无锡城市职业技术学院、成都职业技术学院等院校共同组成本系列教材牵头编撰团队，确定了《会展概论》《会展策划》《会展项目管理》《会展营销》《会展沟通与商务礼仪》《会展展示设计与搭建》《会展文案写作》《会展财务管理》《会展运营与执行管理》《会展数字化应用》整套10本教材。本套教材面向会展行业着力培养具有会展策划能力、营销能力、运营能力和服务能力等素养的高素质服务型人才，注重培育学生的创新精神和实践能力，使学生既能够熟悉会展的相关政策和理论知识，又能从事会展企业经营管理和服务运作等方面的工作。

  本套教材主要特点体现在：一是匹配专业核心课程体系。系列教材与高职会展策划与管理专业核心课程高度匹配，可直接服务专业核心课程建设与教学。二是贯穿活动管理理念和过程。系列教材贯穿活动管理理念，教材内容和主题，与会展活动管理（Event Management）知识框架保持一致。三是瞄准行业数字化发展趋势。系列教材对接新兴职业岗位需求，满足数字化服务技能的需要，结合数字化新技术应用，助力会展新业态发展。四是迎合职业教材形式创新需求。推行项目—任务结构式教材，并配套开发数字化资源，保证后续教材内容及时动态更新，积极与行业共建产教融合教材。

  本套教材既可作为中高职职业教育会展类专业教学用书，也可作为职业本科会展类专业教育的参考用书，同时可作为工具书供从事会展策划与管理的企事业单位专业人员借鉴与参考。

  作为全国首套会展策划与管理专业系列教材，难免存在缺陷与不足，恳请读者朋友指正，我们将在再版过程中予以完善与修正。

总主编：上海旅游高等专科学校

前言 FOREWORD

在全球化与信息化交织、自由贸易和贸易保护并存的当下，世界正经历百年未有之大变局。会展业作为现代服务业的重要组成部分，以其独特的魅力和强大的经济辐射力，日益成为推动城市经济发展、促进国际交流与合作的重要平台。随着"一带一路"倡议的深入实施和中国货物贸易进出口总额的不断提升，我国会展业专业化、品牌化、国际化的进程逐步加快，对会展专业人才的需求也达到了前所未有的高度。因此，编写一本既符合时代要求，又能满足高职高专院校会展策划与管理专业学生需求的《会展概论》教材，显得尤为迫切和重要。

尽管目前国内《会展概论》教材已不少，内容涉猎也很广泛，但目前会展策划与管理专业的该种教材基本可以分为两类：一类是从传统会展业态着手，按照不同的模块介绍会展业的发展；一类是从会展经济的角度着手，从产业链、经济构成的视角阐述会展知识。这些教材大多具有以下特点：一是教材注重理论体系的搭建，缺乏与会展实际操作的结合，不利于激发学生的学习兴趣和锻炼动手能力；二是注重成熟的会展业态架构，内容更新不及时，未能充分反映会展业最新发展趋势和前沿动态，导致学生所学知识滞后于市场需求；三是注重选择传统会展案例，分析不够丰富和深入，难以帮助学生从具体实践中提炼出一般性的规律和经验。我们希望通过这本教材的编写和出版，能够为广大学生提供一本既具有理论深度又具有实践指导意义的专业教材。

为了满足新时代职业院校会展策划与管理专业教学的需要，我们组建了长年承担《会展概论》教学的编写团队，并与知名会展企业专家联合，共同编写这本《会展概论》教材，力求在继承前人优秀成果的基础上，有所创新、有所突破，为会展策划与管理专业提供更多样化的教科书选择。

在编写过程中，我们秉承以下原则：

一是理论与实践并重。本书在编写过程中，始终坚持理论与实践相结合的原则。在介绍会展基本概念、发展历程、行业现状等理论知识的同时，注重引入大量实际案例，通过案例分析的方式，帮助学生更好地理解理论知识，并学会如何将其应用于实际工作中。此外，我们还特别设置了"思考与练习"环节，鼓励学生结合所学知识，对案例进行深入分析和讨论，以培养学生的批判性思维和解决问题的能力。

二是内容更新及时。本书紧跟会展业发展的步伐，及时吸收和反映了会展业的最新发展动态和前沿趋势。随着信息化的进一步发展，各种新技术在会展行业不断应用，人工智能（AI）在会展活动中大放异彩，我们注重在相关内容中对这些变化加以体现。同时，会展新业态不断涌现，会展发展热点不断轮换，在知识架构搭建中，我们也尽量将反映会展业时代特点的业态进行重点介绍。

三是案例丰富深入。本书在编写过程中，精心挑选了多个具有代表性的会展案例，涵盖了会议、展览、节事活动、奖励旅游等多个领域。这些案例不仅具有典型性和代表性，而且分析深入、视角独特，能够帮助学生从多个角度理解会展活动的策划、组织、执行和管理过程。同时，我们还特别注重案例的时效性和地域性，确保学生所学知识与实际市场需求紧密接轨。

四是结构清晰合理。本书在结构上采用了"思维导图＋学习目标＋正文＋案例分析＋思考与练习"的编排方式，既方便学生快速把握章节重点和难点，又有利于培养学生的自主学习能力和思维能力。此外，我们还特别注重各章节之间的逻辑关系和内在联系，确保整本书的内容连贯与条理清晰。

五是注重国际视野与本土特色相结合。在编写过程中，我们充分考虑到会展业的国际化特点，特别注重引入国际会展业的先进理念和管理经验。同时，我们也紧密结合我国会展业的实际情况和发展特点，深入分析我国会展业的优势和不足，提出有针对性的发展策略和建议。这种国际视野与本土特色相结合的编写方式，有助于学生更好地理解我国会展业在国际市场中的地位和作用，从而为他们未来的职业发展奠定坚实的基础。

本书是由来自院校和企业专家共同编写完成的，第一章和第四章由上海师范大学赵中华编写，第二章由石家庄职业技术学院王姗姗编写，第三章和第七章的第一节、第二节由珠海城市职业技术学院吴舒姗编写，第五章由重庆财经职业学院向军编写，第六章和第七章的第三节、第四节由上海师范大学葛菲编写,全书的案例分析由汉诺威米兰展览（上海）有限公司蒋天骃编写。全书由赵中华进行统稿。

本教材在编写过程中得到了上海旅游高等专科学校的大力支持，感谢上海师范大学康年教授、宋波教授、褚玉静副教授、上海对外经贸大学王春雷教授、汉诺威米兰展览（上海）有限公司刘国良董事总经理等对本教材编写提供的帮助和启发。本书在编写过程中，我们参阅和借鉴了大量相关书籍、论文和行业报告，主要的参考文献已经标注或列出，在此向相关作者表示衷心感谢。由于编者学识有限，书中难免存在错误与不足之处，恳请读者批评指正。联系方式为：zhao@shnu.edu.cn。

赵中华

目录 CONTENTS

第一章
绪论 / 1

第一节　会展的基本概念……………………………………………2
第二节　会展行业市场………………………………………………9
第三节　会展活动管理体系…………………………………………18
第四节　会展行业管理组织…………………………………………22
第五节　会展行业标准体系…………………………………………28

第二章
世界会展业发展现状与趋势 / 39

第一节　世界会展业发展现状………………………………………40
第二节　我国会展业发展历程及趋势………………………………52
第三节　国内外会展城市发展………………………………………58

第三章
会议业 / 67

第一节　会议的基本概念……………………………………………68

第二节　会议的历史与演变 …………………………………… 77
第三节　会议的策划与执行 …………………………………… 81

第四章
展览业　/ 93

第一节　展览的基本概念与形式 ……………………………… 95
第二节　展览的策划与执行 …………………………………… 102
第三节　展览场馆与设施管理 ………………………………… 109

第五章
节事活动　/ 125

第一节　节事活动概述 ………………………………………… 126
第二节　节事活动的策划与推广 ……………………………… 133
第三节　节事活动场地与设施管理 …………………………… 147

第六章
奖励旅游　/ 167

第一节　奖励旅游的概念与原理 ……………………………… 168
第二节　奖励旅游的类型与特点 ……………………………… 177
第三节　奖励旅游的策划与实施 ……………………………… 182

第七章
其他会展活动业态 / 189

第一节　体育赛事活动 ··· 190
第二节　演艺活动 ··· 198
第三节　研学旅行活动 ··· 204
第四节　婚庆活动 ··· 213

参考文献　/ 225

期末考试题 A 卷　/ 233

期末考试题 B 卷　/ 237

第一章 绪论

思维导图

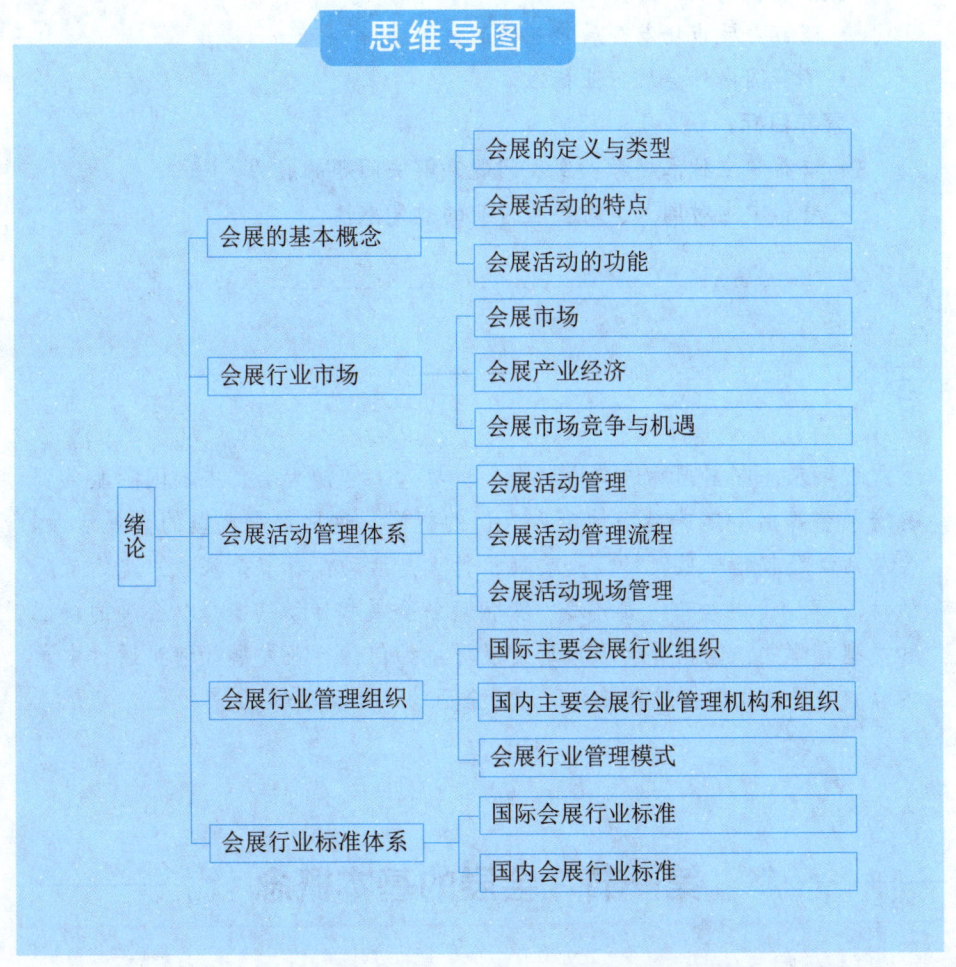

> **学习目标**
>
> 知识目标：
> - 掌握会展的基本概念和本质
> - 了解会展的基本分类
> - 掌握会展活动管理知识体系
> - 了解全球会展市场环境
> - 了解主要的会展行业组织
>
> 技能目标：
> - 理解会展市场及会展产业的运作
> - 了解国内外会展行业标准
>
> 素养目标：
> - 培养学生独立思考、发现问题、解决问题的能力
> - 培养学生对国家、对会展行业的热爱感情

导言

近年来，中国国际进口博览会、世界人工智能大会、中国国际服务贸易交易会等展会越来越多地走入人们的视野，这些都是典型的会展活动。会展活动还包括哪些？什么是会展，什么是活动？春节是家喻户晓的节庆活动，"双11购物节"是不是？如何理解会展和活动的概念？会展的特征和类型有哪些？国内外会展市场发展环境如何，行业发展如何？通过本章内容的学习，我们将对会展活动形成全面的认知和了解。

第一节 会展的基本概念

随着全球贸易一体化的逐步发展，会展已经成为了一种重要的经济活动形式，其在促进经济增长、文化交流、科技创新等方面发挥着重要作用。本节将介绍会展的基本概念，包括其定义、特点以及分类等内容。

一、会展的定义与类型

（一）会展的定义

会展是随着经济社会发展不断演进发展的一种经济活动形态。不同时期、不同地域的研究者对会展概念的理解是不同的，至今仍存在不同的观点。

会展的定义与类型

第一种观点认为会展是会议（Meeting）和展览（Exposition）的统称，这种观点在欧洲大陆国家较为盛行。第二种是MICE的观点，认为会展包括企业会议（Meeting）、奖励旅游（Incentive Travel）、协会和社团会议（Convention）、展览（Exposition或Exhibition），这一观点源于美国业界，当前我国学界大多认同这一概念。随着行业的发展，其中的"奖励旅游"规模不断缩小，并且变得更像是一次高档的会议或大会，因此，也有人主张用活动（Event）代替奖励旅游，形成MEEC的观点。第三种是活动（Event）的观点，认为会展是特殊活动（Special Event）或有计划的活动（Planned Event），这一观点盛行于当下的英美学界。

通常来讲，会展作为会议、展览及大型集体活动的统称，指的是在明确的时间与空间范围内，围绕特定主题展开的多人参与的信息交流活动。这类活动通常聚焦于经济、文化、产品等多个领域，为参与者提供了一个展示、交流与合作的平台。

（二）会展活动的类型

1. 会议（Meeting）

会议作为会展活动的核心组成部分，同时也是人们日常生活中最普遍的沟通方式。它为人们提供了一个围绕特定主题、在特定时间和地点进行深入讨论和交流的平台。会议的形式多样，既可以是正式的，也可以是非正式的；既可以是临时的，也可以是定期的。但无论何种形式，其核心目的都是促进人们之间的信息沟通与交流。这些会议通常由企业、单位或组织举办，涵盖了研讨会、培训活动、公司会议、协会会议、学术论坛、文化交流、商务洽谈以及政治会谈等多种类型。近年来，随着互联网技术的不断进步和信息化业务的广泛普及，一种新型的线上虚拟会议室应运而生，逐渐融入人们的社会生活。与传统的线下实体会议相比，线上会议以其便捷性和地域灵活性，极大地满足了现代人对于高效信息交流的需求。

2. 奖励旅游（Incentive Travel）

奖励旅游，作为会展活动的一种特殊形式，通常是指企业为下属员工提供的一种奖励措施。该措施旨在通过"旅游"这一奖赏方式，激励员工提高工作效率或实现特定的业绩目标。奖励旅游常常与定制旅游、团队建设以及晚会节目等活动相结合，以打造全方位的激励机制。奖励旅游的概念最初起源于20世纪的美国，当时企业发现，为员工安排一次充实的假日旅行，能有效提升其工作积极性。相较于其他激励模式，组织员工旅游的成本并不高，因此许多美国企业都愿意将免费旅游纳入员工福利体系。随着交通运输业的迅猛发展，人们的旅游活动日益普及，美国的奖励旅游模式也随之繁荣起来，对当代旅游市场经济的发展起到了重要的推动作用。作为一种高效的管理和激励手段，奖励旅游已在美国和欧洲国家广泛推行，并受到各行各业的青睐。

3. 协会和社团会议（Convention）

协会和社团会议是一种重要的大型活动，它汇聚了来自各方的代表，围绕特定主题展开深入探讨或研究。这类大会通常由各类协会、社团等组织举办，并由行业核心协会引领其成员单位积极参与。由于参会人数众多且议题研究深入，大会在业内享有较高的权威性和影响力。这种会议形式被广泛应用于各个领域，如学术研究讨论、行业市场分析以及国际文化交流等。它不仅具有独特的价值和举办意义，还为参会者提供了一个广阔的合作与交流平台，对于推动行业发展、促进文化交流等方面起到了举足轻重的作用。

4. 展览会（Exhibition/ Exposition）

展览会是会展的重要组成部分，也是规模最大的活动形式。它围绕不同主题，在特定规模和时间内，利用多种媒介推广产品或文化，并促进参展商与观众的交流。展览会按性质分为贸易展和消费展，前者聚焦于行业技术与产品展示，旨在信息交流和商业洽谈；后者则面向公众，展出消费品，以促销和了解市场需求为主。按内容，展览会又分综合展和专业展，前者涉及多行业展品，规模大、内容广；后者则专注于特定行业或产品，如航空、汽车、珠宝等，展示行业尖端技术，吸引业内专家和爱好者参与。

5. 节事活动（Festival & Special Event）

节事活动，即节庆活动和特殊事件的统称，是经过精心策划的各类活动的简称。这些活动既可以是国家级别的大型盛典，也可以是社区级别的小型聚会。它们涵盖了从传统节日、地方庆典到大型演出赛事，以及新时期富有创新性的各类活动。节事活动通常融合了传统、文化、参与性、地域特色和多元交融等元素，每个活动都围绕特定主题展开，如文化、宗教、民俗、体育或自然景观等，同时承载了深厚的历史传统和民族特色。通过这些活动的举办，不仅使得民俗文化得以传承和弘扬，更吸引了大量当地居民、游客和各类团体的广泛参与，极大地丰富了人们的精神文化生活，也有力地推动了当地旅游产业的经济发展。如今，节事活动在各地如火如荼地展开，更成为众多城市提升地域形象和品牌建设的重要途径。

图 1.1　陕西西安大唐芙蓉园灯光秀

二、会展活动的特点

会展活动的特点

（一）集聚性

会展是一项具有高度流量集聚性的活动。会展平台的建设极大地推动了各行业参与者在短时间内高效地完成信息交流、商品交易等活动。它实现了参会人群、产品、信息和资源在时间和空间上的有效集中。衡量会展活动成功的主要依据，是看会展活动是否能够吸引和聚集尽可能多的参加者，并进行线上或线下交流和体验，促进参与各方开展消费、创新或交流活动。会展活动组织者需要聚集大量的信息、大量的参加人员和组织，短时间内形成以会展活动举办地点为中心的人流、物流、信息流、资金流。会展活动的开展，使得各相关产业活动在短时间内迅速聚集到一起成为了可能，会展活动本身则成为行业开展信息交流、产品体验、市场营销和技术创新的平台。

（二）关联性

会展是一项具有高度产业关联性的活动。在会展活动开展过程中，会展产品的形成，需要多产业、多行业、多部门的相互协调和配合才能完成，包括与会展主题直接相关的产业部门、行业组织、策展和组展机构、会展场馆、会展活动管理部门等。除此之外，它还能有效地拉动酒店、餐饮、交通、旅游、购物、娱乐、物流、广告、金融等相关产业的发展。同时，会展活动的成功举办也离不开信息、通信、安保、电力以及行业协会等多个部门的支持和紧密配合。当前，会展活动的关联性也体现在会展项目的融合创新上，出现展中有会、会中有展、节中带展等现象，会展活动元素有机结合，在节约成本提高效益的同时，也提升了会展活动本身的活力和影响力。

（三）传播性

会展是一项具有高度信息传播性的活动。会展在信息传递、交流及推广方面展现出了显著的活动效应。借助展览、会议、表演等多种形式，参展商与观众能够在极短的时间内迅速获取到所需的行业动态、产品信息以及市场前沿情报。在会展活动中，通过文字、语音、图像和视频等，可以向参观人员传递明确的信息，加快知识信息的分享传播速度，提升展会活动的影响力。随着现代科技的不断进步，会展的形式已不再局限于现场实体活动，举办方还可以巧妙地利用在线直播、媒体报道等现代化手段进行广泛的交流与宣传，从而进一步拓展会展活动的影响力与传播范围，实现信息传播的高效化与多样化目标。会展活动信息的高度传播特征，对举办地形象的树立具有深远的影响。

（四）经济性

会展是一项具有高度产业经济性的活动。会展活动展现出显著的经济效益性，其为企业与客户之间构建了高效的信息沟通桥梁。通过会展平台，参展企业与目标买家得以实现贸易上的深度互动，进而促成双方贸易合作，这对推动企业销售业绩的增长起到了至关重要的作用。同时，在会展活动期间，大量的人流、物流、资金流和信息流的汇聚，极大地拉动了场馆建设、展台搭建、交通运输以及周边酒店餐饮消费等相关产业的繁荣发展，为当地经济的增长和相关行业的进步带来了积极影响。根据市场调研咨询企业 Fortune Business Insights 的统计数据，2023 年全球会展产业规模达到 9043 亿美元，并预测将以年均 8.99% 的增长速度，在 2032 年达到 19 327 亿美元。

（五）创新性

会展是一项具有高度产品创新性的活动。创新是会展活动的生命线，无论是周期性举办的展览，还是非周期性举办的活动，要获得持续的关注和客户的满意，就必须要进行策划手段、展会主题、展示形式、展示技术、沟通手段、艺术表现等多方面的创新。会展活动为参与各方构建了一个高效的沟通交流平台，人们希望通过这一平台，能够全面、专业、超前地了解或探讨未来某一行业、某一领域的发展趋势和最新成果，从而加强会展活动在新产品、新技术、新知识和新观念等方面的推广和展示功能。会展活动平台不仅是创新创意成果集中展示和发布的平台，同时也是创新技术和研发趋势的交流平台。

三、会展活动的功能

（一）促进经济发展

会展活动的功能

会展活动具有强大的经济功能。贸易性展会体现出很强的经济联系、交易功能和调节供需功能。通过展览会平台，供需双方可以完成产品选择、商业谈判、合同签署等多项工作，实现贸易往来。同时，会展活动也具有整合营销、技术扩散、产业联动和促进经济一体化等功能。一是增加产值。会展活动促进了展示企业产品和服务的机会，有助于企业开拓市场，增加销售量和产值。通过与潜在客户的接触和交流，促进了交易的达成，推动了经济的发展。二是创造就业。会展活动涉及到会展策划、搭建搬运、安保服务、导览解说等多个环节，为当地提供了大量的就业机会，促进了就业率的提高，推动了就业的增长。三是带动消费。会展活动吸引了大量的观众和参展者，他们在参加活动的同时会产生相应的消费需求，包括交通、住宿、餐饮、购物等，推动了相关行业的消费增长。四是拓展市场。会展活动是企业开拓市场、寻找客户的重要途径。通过展示产品、宣传企业形象、洽谈合作等方式，企业能够接触到更多的潜在客户，扩大市场份额。

（二）扩大文化交流

会展活动表现出较强的文化交流功能。会展不仅仅是商业活动的场所，更是文化传承和交流的平台。在会展中，各地的文化、艺术和传统工艺得以展示和传播。一是弘扬民族文化。文化类会展活动是展示民族文化的重要平台，通过展览、演出、论坛等形式，展示了各地区的民俗风情、传统工艺、文化底蕴，有助于民族文化的传承和弘扬。二是促进国际文化交流。国际性的文化类会展活动吸引了来自世界各地的观众和参展者，有助于不同国家、不同文化之间的交流与理解，促进了文化多样性和文化软实力的提升。三是传播艺术文化。文化艺术类会展活动为艺术家提供了展示才华、交流经验的平台，通过各种形式的展览、表演、演出等活动，推动了艺术文化的传播与发展。

（三）助推社会交流

会展活动为人们提供了一个面对面交流的机会。在会展活动中，人们可以结识来自不同地区、不同行业的人士，拓展自己和组织的社交圈子。一是传播文明理念。会展活动不仅仅是商业活动，更是传播文明理念、弘扬社会正能量的平台。通过文化艺术展示、公益活动等形式，传递社会主流价值观，促进社会和谐与稳定。二是增进民族团结。一些民族文化类会展活动有助于增进不同民族之间的了解与友谊,促进民族团结和社会和谐。三是推动公益事业。一些公益类会展活动,如慈善义卖、健康公益展等,为公益事业的发展提供了平台,促进了社会的公益参与和文明进步。此外,在会展活动中,政府、企业和社会各界人士可以共同探讨和解决一些社会问题,如环境保护、公益事业等,这种集思广益的方式有助于形成社会共识,推动社会的进步和发展。

（四）推动科技创新

会展活动在推动科技创新方面发挥着重要作用。一是展示最新科技成果。会展活动为各种科技公司和研究机构提供了一个展示其最新科技成果的平台。这些展示不仅能让公众了解最新的科技趋势,还能激发人们对科技的兴趣和热情,进一步推动科技创新。二是促进技术交流和合作。会展活动汇聚了来自各行各业的专业人士,为技术交流和合作提供了机会。通过参加会展,企业可以了解其他行业的技术动态,寻找合作伙伴,共同研发新技术,推动科技创新。三是加速科技成果转化。会展活动为科技成果的转化提供了渠道。一些创新性的科技成果在会展上被展示后,可能会吸引投资者的关注,从而加速科技成果的商业化进程。此外,会展活动还能促进科技成果的推广应用,让更多人受益。四是激发创新思维。会展活动通常会有各种创新性的展示和表演,这些都能激发人们的创新思维。通过观察和参与这些活动,人们可以受到启发,产生新的想法和创意,进一步推动科技创新。五是营造创新氛围。会展活动可以营造一种创新氛围,鼓励人们勇于尝试新的技术和方法。这种氛围有助于培养人们的创新精神和创新能力,进一步推动科技创新。

（五）推进城市建设

会展活动对举办地城市的建设具有重要作用。一是提升城市知名度和美誉度。会展活动通常是城市形象的重要展示窗口,一个成功的会展活动可以迅速提高城市的知名度和美誉度。会展活动能够向世界各地的与会人员宣传城市的经济发展实力、科学技术发展水平以及城市的精神风貌,扩大城市的影响力,提高城市在国际国内的知名度。二是促进城市经济发展。会展业是城市经济的重要组成部分,具有强大的产业联动效应。通过举办会展活动,可以吸引大量的参展商、观众和媒体,带动交通、餐饮、住宿等相关产业的发展,增加城市的就业机会和税收收入,进而促进城市经济的增长。三是推动城市产业升级。会展活动为城市提供了一个交流合作的平台,不同领域的企业和机构可以在此展示最新的产品和技术,交流行业发展趋势。通过会展活动,可以促进城市产业之间的合作与交流,推动城市产业升级和转型,提高城市的综合竞争力。

四是完善城市基础设施建设。为了成功举办会展活动，城市需要不断完善基础设施建设，如交通、通信、展馆等。这些基础设施的建设和完善不仅可以满足会展活动的需求，也可以提高城市的整体运行效率和居民的生活质量，进一步推动城市的发展。五是提高城市文化软实力。会展活动不仅可以展示城市的经济发展和科技水平，还可以展示城市的文化魅力和历史传承。通过举办各种文化艺术类展览和活动，可以让外界更好地了解当地的文化特色和历史传承，提高城市的文化软实力。

（六）推动绿色发展

会展活动促进环境保护与可持续发展。随着绿色会展理念与实践的推广，主办方鼓励参展商和观众关注环保问题，通过实际行动减少会展活动对环境的影响，在会展活动的各个环节中，如展位搭建、材料使用、废弃物处理等方面，采取环保措施，减少资源浪费和环境污染；鼓励参展商使用环保材料进行展位搭建和装饰，如可回收材料、低挥发性有机化合物（VOC）涂料等，减少对环境的影响；引导参展商和观众正确分类投放废弃物，委托专业的废弃物处理机构对废弃物进行分类处理和回收利用，降低环境污染；在会展场馆内使用高效节能的照明设备、空调系统等，减少能源消耗；提供便捷的公共交通服务，鼓励参展商和观众使用公共交通工具出行，减少私家车的使用量，降低交通拥堵和空气污染；举办环保主题的讲座、研讨会等活动，分享环保经验和成功案例，促进环保知识的传播和应用。同时，通过对会展活动进行绿色认证，鼓励参展商和场馆方采取环保措施，提高会展活动的环保水平，并在会展场馆的设计和建设中，推广绿色建筑理念，采用节能、环保的建筑材料和技术，降低能源消耗和环境污染。

第二节 会展行业市场

会展产业是一个充满活力和蓬勃发展的行业，在全球商业格局中发挥着举足轻重的作用。会展行业市场作为一个平台，汇集了来自世界各地的个人、组织和行业，促进合作、知识共享和经济增长；作为商业网络的催化剂，使公司能够展示他们的产品和服务，建立伙伴关系，并探索新的市场机会；作为专业发展和教育的中心，举办会议和研讨会，让行业专家分享见解和最佳实践。

尽管会展市场前景广阔，但也面临着一定的制约。经济波动和地缘政治的不确定性会影响企业差旅预算，从而影响对活动的参与。此外，对安全和安保的担忧，特别是在地区冲突和地区政治不稳定之后，可能会给活动组织者和与会者带来挑战。

一、会展市场

（一）全球会展市场现状

德国产业咨询公司 JWC 发布的《全球会展业发展报告 2023》显示，2023 年全球范围内共举办了约 3 万场专业贸易展，净展览面积达 1 亿平方米，参展商数量约为 440 万家，吸引了近 2.8 亿参展观众，全球展览业市场规模超越 300 亿欧元。在会展场馆方面，全球范围内目前共有 1425 座规模在 5000 平方米以上的专业会展场馆，它们的室内净展览面积总计约为 4200 万平方米。其中，10 万平方米以上的大型会展场馆共有 81 个，这些大型场馆主要分布于欧洲和亚太地区，分别为 40 个和 35 个。[1]

欧洲会展行业在全球范围内占据领先地位。作为世界会展业的发源地，欧洲不仅拥有丰富的展馆资源、成熟的管理体制和领先的运营经验，更在全球会展行业中占据绝对优势份额。其中，德国、意大利、法国、英国等国家更是凭借其会展业的卓越表现，跻身世界级的会展业大国行列。Grand View Research 发布的研究报告指出，2023 年欧洲 MICE 市场规模估计为 4019.5 亿美元，预计 2024 年至 2030 年复合年增长率为 9.4%，达到 7515 亿美元[2]。尽管随着全球会展市场的不断发展，欧洲会展行业市场的增长率可能略低于发展中国家，但欧洲会展企业仍积极将其本土的展览经验输送至新兴市场，以期获得新的利润增长点，并借助品牌战略吸引更多展商，应对未来可能出现的低增长率挑战。

欧洲在全球展览市场占据主导地位，达到 50% 以上，预计这一地位将保持到 2030 年。此外，根据国际大会和会议协会（ICCA）的报告，在国际协会会议举办数量方面，欧洲也是世界上最大的市场。有研究显示，欧洲出境游中有 6% 与 MICE 有关。在出境 MICE 旅行中，48% 与会议有关，42% 与展览会有关，10% 与奖励旅游有关。值得注意的是，会展活动对企业、城市和目的

---

[1] jwc.Global Industry Performance Review 2023[EB/OL].https://jwc.eu.com/global-industry-performance-review-2023-gipr/,2024-05-05.

[2] Grand View Research.Market Analysis Report[EB/OL].https://www.grandviewresearch.com/industry-analysis/europe-mice-market-report#.2024-05-25.

地的经济增长有着积极的影响，这是因为：商务旅客在短时间内比休闲旅客花费更多、MICE活动为所有参与的企业提供了交流的机会、专业接触和知识共享有助于促进创造力和创新、MICE活动可以促进当地的就业市场。

会议是会展活动皇冠上的宝石，因为会议是最赚钱的。国际协会的会议，如建筑师或心脏病学家的会议，它们每年会吸引多达30 000名与会者。随着MICE行业越来越多地寻求独特而难忘的体验，新的MICE目的地不断涌现。拉丁美洲、非洲和亚洲的国家正在越来越多地关注即将到来的MICE旅游。像埃及、印度等国家，一直在加快基础设施建设，这些国家的会奖旅游业增长显著。

在全球会展公司的竞争格局中，2010—2019年全球头部40家展览公司的总收入年均复合增长率达到了5.8%，这一增长率甚至超越了同期全球GDP的年均增长率。值得一提的是，无自营展馆的展览公司表现尤为出色，其年均复合增长率高达8.7%，而有自营展馆的展览公司则以4.1%的年均复合增长率稳步发展。

与此同时，北美会展市场亦保持着稳定的增长态势。据全球展览业协会（UFI）相关报告显示，2023年北美场馆数量有352个，场馆及室内展览总面积达750万平方米，超半数会展公司营业利润相比2019年平稳增长10%及以上，预测2024年北美会展公司平均收入将达到2019年的112%。考虑到北美地区的居民可支配收入和生活水准均处于较高水平，这一市场已然成熟，且竞争企业众多。北美自由贸易协定的实施，积极推动了该地区货物与服务的贸易往来。此外，各类展会中先进科技的广泛应用，也为展商带来了丰厚的潜在收益，进一步推动了北美会展市场的繁荣发展。

（二）中国会展市场现状

2023年，中国国内生产总值超过126万亿元，增长5.2%，中国经济发展回升向好，政策支持力度不断加强，会展业呈现全面复苏的局面。

《2023年度中国展览数据统计报告》通过网络检索和广泛社会调查，对我国各地区展览的举办情况进行深入统计，在调研国内675个城市基础上，汇集了国内197个城市的展览业数据。报告梳理2023年全国正在使用的展览馆有366座，总共举办线下展览7852个，展览总面积为14 345万平方米，采集了全国5283个展览的具体信息。

1. 城市规模

根据2023年的统计数据，全国按展览总面积排名的前十个省（直辖市、自治区）为：广东省、上海市、山东省、四川省、江苏省、浙江省、北京市、江西省、湖南省、福建省。其中，广东省展览总面积达2889.44万平方米，占据全国展览面积的20.14%，大幅领先于排名第二的上海市（展览总面积1732.70万平方米）和第三的山东省（展览总面积1375.33万平方米）。值得注意的是，以上十个省（直辖市、自治区）的展览数量占全国展览总数的62.06%，展览总面积已经占据全国展览总面积的71.76%。

在城市排名中，上海市以展览总面积1732.67万平方米的显著优势位居首位，全国占比达12.08%。广州市和深圳市分别以1181.07万平方米、1030.66万平方米展览总面积位居第二和第三。其次为成都市、北京市、青岛市、重庆市、合肥市、南京市、武汉市。以上十个城市的展览总面积达到全国展览总面积的49.13%，展览数量占据全国展览总数的39.38%。

深入剖析全国各省（直辖市、自治区）展览规模总面积的排名情况，可以发现长三角、大湾区等东部沿海经济较为发达的地区仍是全国热门展览区域，展览业的区域集聚效应体现得更加明显，地方经济能力与展览业发展水平呈密切正相关关系。例如，广东省会展业在近年的发展中超过上海市跃升全国第一，反映出粤港澳大湾区的经济发展势头迅猛、充满活力。

2. 展会规模

根据2023年项目清单所列5283个展览信息，按展览面积作为规模分类划为五个档次。其中，10万平方米及其以上的展览210个，占展览项目总数的3.98%，展览总面积4067.45万平方米，占展览项目总面积的30.79%。值得注意的是，大型展会通常是场馆运营的主要收入来源，以新建投用的深圳国际会展中心为例，其展览面积达40万平方米，不仅极大提升了展会接待能力，为展馆带来了可观的经济效益，也同时为城市建设发展发挥了重要作用（表1-1）。

表1-1　2023年按清单项目的展览规模划分表

展览规模	数量（个）	占比（%）	展览总面积（万平方米）	占比（%）
10万平方米及其以上	210	3.98	4067.45	30.79
5万平方米及其以上至10万平方米	382	7.23	2416.41	18.29
3万平方米及其以上至5万平方米	595	11.26	2132.31	16.14
1万平方米及其以上至3万平方米	2211	41.85	3612.58	27.35
1万平方米以下	1885	35.68	981.69	7.43
总计	5283	100.00	13 210.44	100

数据来源：2023年度中国展览数据统计报告。

从展览规模看，1万至3万平方米的展会数量最多，总数达2211个，占展览项目总数41.85%。其次为1万平方米以下的展会，有1885个，占展览项目总数35.68%。相对而言，在10万平方米及其以上的展览数量最少，为210个，占展览项目总数3.98%。

在办展机构方面，中华人民共和国商务部以展览总面积772.92万平方米，展览数量42个位居榜首。其次为中国对外贸易中心和中国国际贸易促进委员会，展览总面积分别为755.81万平方米和545.77万平方米，展览数量分别为31个和62个。

在项目展览方面，广州市第133届中国进出口商品交易会以展览面积155万平方米排名第一，排名第100的展览面积为14.52万平方米，前100名的项目展览总面积达到2827.97万平方米，占比全国展览项目总面积21.41%。

3. 行业分布

从行业分类看，展览数量最多的是汽车类、休闲娱乐类和家居类，分别举办了737个、706个和489个，各自占比13.95%、13.36%和9.26%。展览面积最大的是汽车类、家居类和综合贸易类，分别为1692.83万平方米、1339.92万平方米和1223.16万平方米，各自占比12.81%、10.14%和9.26%。这反映与消费相关的展体仍是中国展览市场的热点项目。

值得一提的是，装备制造类、食品饮料类和文教类也表现出强劲发展的势头，举办展览数量分别为380个、372个和329个，展览面积分别为1186.88万平方米、1051.68万平方米和757.52万平方米。这类增长趋势一方面反映出我国制造业增势良好、工业经济发展稳中向好的态势，另一方面反映出随着人民生活水平的不断提高，大众对日常生活与文化产业呈现日益增长的美好生活需要。

与此同时，随着国家相关产业战略的深化实施，医药、能源、环保、信息电子以及交通物流等类型的展会亦将迎来显著的成长机遇。这些领域的展会不仅为相关产业的交流与合作搭建了重要平台，更将注入强劲动力，全方位推动我国经济高质量发展。

（三）市场政策环境

展览业作为现代服务业的不可或缺的一环，因其高度的产业关联性和显著的带动效应，对引导产业发展、推进经贸交流、刺激消费升级、引领技术创新以及促进区域经济的均衡发展等方面均起到了举足轻重的作用。2023年，各级政府对展览业的重要性给予了高度关注，并连续推出了一系列扶持政策，以积极推动线下展会的迅速复苏。

国家层面支持政策层出不穷。2023年1月28日，国务院常务会议特别指出，要大力推动国内线下展会的恢复，并支持我国企业出境参展，以拓宽国际视野和加强国际合作。2023年4月，国务院办公厅正式发布《关于推动外贸稳规模优结构的意见》，其中首要建议就是优化和提升重点展会的供需对接效率，全力推动国内线下展会的全面恢复，着重办好如中国国际进口博览会、中国进出口商品交易会、中国国际服务贸易交易会以及中国国际消费品博览会等一系列具有国际影响力的重点展会。2023年7月31日，国务院办公厅转发了《国家发展改革委关于恢复和扩大消费措施的通知》，强调要促进文化娱乐、体育和会展消费的增长，鼓励各地政府增加对商品展销会、博览会、交易会、购物节、民俗节、品牌展和特色市集等活动的政策支持，从而进一步扩大会展消费，助力经济复苏。

2023年，全国各地也相继出台了支持政策，密集制定并实施了一系列展览业的扶持政策。这些政策涵盖了发展规划、资金扶持、产业促进、行业标准制定等多个重要领域，为各地展览业的持续复苏和健康发展提供了坚实有力的政策支撑。多地将展览业作为经济高质量发展的重要发力点，北京、上海、湖南、武汉、济南、苏州等地均出台了推动本地展览业高质量发展的政策措施（见表1-2）。

表1-2 2023年部分地区出台的展览业支持政策

地区	时间	政策措施
福州	2023.2	《福州市关于加快打造东南会展高地的若干措施》
广州	2023.3	《广州市品牌展会认定办法（暂行）》
厦门	2023.5	《厦门市进一步促进会议展览业发展扶持办法》
雄安新区	2023.5	《关于雄安新区促进会展业发展的若干措施》
上海	2023.6	《上海市推动会展经济高质量发展 打造国际会展之都三年行动方案（2023—2025年）》
宁夏	2023.7	《关于促进会展博览产业发展政策措施》
湖南	2023.8	《湖南省推动会展业高质量发展的若干措施（征求意见稿）》
苏州	2023.8	《苏州市关于推动会展业高质量发展的若干政策措施》《苏州市会展业高质量发展三年行动方案（2023-2025年）》
济南	2023.8	《济南市促进会展业高质量发展的若干措施》
北京	2023.9	《关于促进本市会展业高质量发展的若干措施》
郑州	2023.9	《郑州航空港经济综合实验区加强会展引领作用、支持会展业优先发展的若干意见》
哈尔滨	2023.10	《哈尔滨市支持第三产业（会展业）发展补贴资金管理暂行办法》
武汉	2023.10	《武汉市推动会展业高质量发展 建设国家会展中心城市三年行动方案（2023—2025年）》
沈阳	2023.11	《推动沈阳市会展业高质量发展三年行动计划（2023—2025年）》

二、会展产业经济

（一）会展产业带动效应显著

会展行业拥有较长的产业链，其所带来的产业带动效应尤为显著。该产业不仅通过租赁费、会务费、展位费和搭建费等渠道为会展活动创造直接收益，更能够有力推动城市周边的餐饮、酒店、通信、交通、旅游、物流及娱乐等多个行业的协同发展，进而产生深远的间接经济效益。在会展业内，普遍认同会展活动可产生 1∶9 的经济拉动作用，即展会主办方的收入若为 1，则相关产业能获得的总收入可达 9。一些大型展会的带动作用会更突出，如广交会对区域经济的拉动效应比例高达 1∶13.6，凸显了其在服务国际贸易、促进对外交流与联通以及推动经济发展中的举足轻重地位。

由此可见，会展产业作为一个重要的支撑点，通过其强大的产业带动作用，能够激活并推动城市多个相关行业的共同发展，为城市带来丰厚的直接和间接经济效益。这种以会展活动为核心，汇聚多元经济活动的综合经济现象，被冠以"会展经济"之名。

（二）会展产业链构成

会展产业链涉及多个领域和环节。这包括会展策划、场地租赁、布置搭建、服务供应、参展商、观众等方面。从会展活动的规划到执行再到参与各方的互动，会展产业链涉及了众多环节和参与者，形成了一个复杂的产业生态系统。

产业链上游主要包括会展的前期准备工作和资源供应。主要涉及：场地供应商，提供展览和会议的场地，如展览中心、会议中心、酒店会议室等；设计和搭建公司，提供展位设计、展览布置、展台搭建等服务；设备和材料供应商，提供会展所需的各种设备和材料，包括音响设备、照明设备、显示屏、展板等；物流和运输公司，负责会展物资的运输和物流服务；广告和宣传公司，负责会展的广告策划、宣传推广等工作，以吸引参展商和观众。

产业链中游主要包括会展活动的实际组织和运营主体。主要涉及：会展主办方，通常是政府机构、行业协会、专业会展公司等，他们负责策划和组织会展活动；会展承办方，有时与主办方重叠，但更多时候是具体执行会展的公司，负责实施会展的各项活动和运营管理；服务提供商，包括注册服务、信息服务、咨询服务等，为参展商和观众提供便利；媒体和宣传单位，负责会展的媒体报道、现场宣传、社交媒体运营等工作，提升会展的影响力和知名度。

产业链下游主要包括会展的后续工作和衍生服务。主要涉及参展商和采购商，参展商展示产品和服务，采购商寻找合作机会和供应商，达成交易和合作；普通观众和专业观众，普通观众参观展会，专业观众（如行业专家、学者、企业高管等）参与会议、论坛等活动；数据分析和报告，会展结束后，对参展效果、观众反馈等进行数据分析，提供报告和改进建议；后续跟进服务，包括客户关系管理、商务对接服务、市场推广等，为参展商和观众提供持续的支持和服务。

从更广义的角度来看，会展产业链还可以包括与会展活动密切相关的其他产业，如旅游、餐饮、住宿、交通等。这些产业在会展活动期间为与会者提供各种服务，同时也因会展活动而受益。总的来说，会展产业链是一个复杂而庞大的系统，涉及多个环节和多个相关产业。这些环节和产业之间相互依存、相互影响，共同推动着会展业的发展。

三、会展市场竞争与机遇

（一）全球会展市场的竞争格局

全球会展市场的竞争格局已呈现出多元化与白热化的态势。国际知名会展品牌与本土会展品牌在全球范围内展开了激烈的较量。国际会展品牌在规模、品牌影响力和服务水准上展现出显著优势，它们凭借丰富的经验和资源，能够提供高品质的展会服务，从而吸引大量的参展商和观众。而本土品牌则凭借对本地市场和行业的深入了解，以及更强的针对性服务，赢得了市场份额。

此外，全球会展市场的竞争也体现在地域间的差异。欧洲作为全球会展业最发达的地区之一，以德国、法国、英国等国家为代表，孕育了众多知名的会展城市和品牌。例如，德国的法兰克福以其宏大的会展中心和举办的多场国际性展览会而声名远扬，汉诺威工业博览会更是享誉全球的最大工业技术展会。在北美，美国和加拿大主导了会展市场，尤其是美国的会展业在全球具有举足轻重的地位。北美的会展市场强调专业化和市场化运营，诸如 E.J.Krause & Associates, INC. 等领军企业，其展览项目广泛涵盖电讯、计算机、农业等多个领域，始终坚持以客户需求为导向，打造既创造利润又成效显著的展会，同时不断创新服务，以满足市场需求，推动行业的持续繁荣与发展。

（二）中国会展市场的竞争态势

随着中国会展市场的蓬勃发展，竞争日益加剧。从城市层面来看，众多城市都致力于推动会展业的壮大，期望通过丰富多彩的会展活动为当地经济和相关产业注入新的活力。像上海、北京、广州等大城市，已经稳坐中国会展中心的地位。这些城市凭借先进的会展设施和丰富的办展经验，成功吸引了诸如上海世博会、广交会等国际级会展盛事。在会展企业间的竞争中，中国会展市场上虽然企业众多，但各企业的实力和服务品质却大相径庭。大型会展企业依托强大的资源和品牌优势，能够提供一站式的会展服务，从而在市场上稳居领先地位。而中小型会展企业则需在激烈的市场竞争中不断求新求变，通过持续创新和服务升级来争取更多的市场份额。

（三）会展市场的机遇分析

产业升级为会展企业带来的新契机。伴随经济的持续进步和产业升级的不断推进，越来越多的行业领域开始认识到会展活动的重要性，将其视为宣传推广、交流合作的关键平台。这一转变不仅为会展行业注入了新的活力，也为相关企业提供了更为广阔的市场机遇与发展空间。

技术创新助力会展行业焕发新生。在互联网、大数据、人工智能等前沿技术的驱动下，会展行业正迎来技术革新的浪潮。这些新技术的融入，为会展企业带来了更多的创新路径和服务模式，显著提升了展会的整体品质与运营效率。

国际合作推动会展业走向全球舞台。全球化进程的加速，使得国际间的交流合作变得更为紧密。会展企业通过与国际展览组织、海外会展企业等建立稳固的合作关系，不仅能够拓展其国际市场版图，还能有效提升展会的国际影响力，为行业的全球化发展贡献力量。

（四）会展市场的策略建议

深入市场调研，精准定位需求。深入洞察行业动态，通过定期收集、分析包括行业动态、政策调整以及市场需求在内的各类信息，确保展会主题和内容的时效性和市场契合度。同时对展会进行精确的市场定位，明确目标受众，以提供更加精准、个性化的服务和产品。

持续创新，技术引领。积极引入新技术，如虚拟现实（VR）、增强现实（AR）以及物联网（IoT）等前沿科技，旨在为参展商和观众打造独一无二的互动体验。此外，通过组织研讨会、论坛等活动，邀请业内专家和领袖分享行业最新资讯，从而丰富展会的知识内涵，扩大其行业影响力。

推进国际化战略，拓宽国际视野。积极拓展国际合作，与国际展览机构、商会等组织建立长期稳定的合作关系，共同策划或参与国际级别的展会活动，以提升展会的全球影响力。同时通过提供多语种服务和加强国际宣传推广,吸引更多的国际参展商和观众参与。

强化品牌建设,多渠道宣传推广。积极打造具有行业影响力的品牌展会,通过提供持续优质的服务、进行专业的策划以及开展有力的宣传活动,不断提升展会的品牌价值。同时充分利用社交媒体、网络平台以及行业杂志等多种渠道,对展会进行全方位的宣传推广,以进一步扩大展会的知名度和影响力。

第三节 会展活动管理体系

一、会展活动管理

会展活动管理是指对会展活动进行全面规划、组织、实施和控制的管理过程。这一过程涉及多个环节,包括会展策划、参展商管理、观众管理、场地布置、活动执行以及后续跟踪等,目标是确保会展活动的顺利进行,实现预期的效果和目标。

会展活动作为一种综合性的商业活动形式,不仅是企业间交流、推销和展示产品的场所,更是展示企业形象、促进品牌传播和产业协同发展的平台。因此,会展活动管理需要具备全面的组织能力、市场分析能力和项目管理能力。

二、会展活动管理流程

(一)市场调研与策划

在会展活动的起始阶段,市场调研工作具有举足轻重的地位。策划团队必须通过市场调研来洞察行业走向,剖析市场需求,并评估潜在参展商与观众的期望。市场调研应结合当地经济结构、地理位置及交通和展会设施等实际情况展开。调研内容应涵盖会展环境、企业状况、项目情况、市场竞争态势以及参观商和支持单位的情况等。此阶段的核心是明确会展活动的目标和定位,为后续策划打下坚实的基础。策划团队需广泛搜集并分析市场数据,掌握行业动态与竞争格局,同时深入了解潜在参展商和观众的需求与期望,从而为策划方案提供坚

会展活动管理流程

实的数据支撑。此外，策划团队还需确立会展的主题、时间和地点等关键要素，确保主题紧贴行业热点，时间和地点的选择也应充分考虑参展商与观众的便利性。

（二）活动立项与筹备

在市场调研与策划阶段完成后，策划团队需向相关部门正式递交立项申请，并清晰阐述会展活动的规模、预算及预期目标。立项一旦获得批准，即进入筹备阶段。此时的首要任务是迅速组建一支高效的会展筹备团队，团队成员需具备丰富的经验和专业技能，他们将被合理分配至招展、宣传、现场管理、客户服务等关键岗位。各岗位均设有明确的职责范围，以确保会展活动的顺利推进。同时，筹备团队还需精心设计会展活动的详细流程和时间表，涵盖参展商报名审核、观众邀请接待、现场布置物料准备以及活动安排执行等关键环节。这些流程和时间表将经过团队的多次研讨和调整，以确保各环节之间的紧密衔接，实现活动的高效运作。

（三）项目招展与招商

项目招展与招商在会展活动管理流程中占据至关重要的地位。在此环节，筹备团队必须精心制定招展策略和招商计划，明确招展的目标及招商的对象。同时，需利用多种渠道广泛发布招展信息和邀请函，以引起潜在参展商和赞助商的关注和兴趣。在与参展商和赞助商进行洽谈时，筹备团队应充分了解他们的具体需求和期望，并提供量身定制的服务与支持。招展和招商在会展活动中相辅相成，招展为会展提供了展示内容，而招商则为会展带来了观众和人气，两者共同构成了会展活动的基础。在会展策划和执行过程中，招展和招商的工作需要同步进行，以确保会展的成功举办。

（四）媒体宣传与推广

媒体宣传与推广对于会展活动的成功至关重要。在筹备阶段，团队需制定宣传策略和推广计划，明确宣传目标和受众。通过线上、线下媒体及社交媒体等多渠道宣传，提升会展的知名度和影响力。宣传方式多样，包括媒体广告和户外广告。媒体广告可利用专业媒体如报纸、杂志、网站，以及大众媒体如电视、电台等，围绕会展的亮点进行宣传。此外，新闻发布会、行业研讨会等也是传播展会信息的有效途径。户外广告则通过在人流密集场所设置海报、灯箱、广告牌等形式进行宣传。同时，邀请媒体参与活动，能进一步提高活动的曝光度和传播效果。

图 1.2　武汉光谷光电子博览会展厅外的宣传海报

（五）现场管理与执行

现场管理与执行是会展活动管理流程的核心。筹备团队需确保会展现场的安全与秩序，为参展商和观众提供周到的接待与咨询。同时，实时监控活动进度，保证计划的有效执行。在管理过程中，团队应密切关注参展商和观众的反响与需求，及时调整策略，优化服务。通过高效管理和优质服务，不仅能保障活动的顺利进行，更能提升客户满意度与忠诚度，为会展的长远发展和品牌建设打下坚实基础。

（六）后续跟进与总结

会展活动结束后，筹备团队需进行后续跟进与全面总结。团队应积极与参展商和观众保持沟通，广泛收集他们的反馈与建议，以深入了解活动评价。同时，对会展活动进行全方位的总结和评估，客观分析活动的成效与不足。这些总结成果将为未来的会展活动提供宝贵的经验借鉴，助力团队不断优化管理流程，进而提升会展活动的质量与效果，推动行业的持续繁荣与进步。

三、会展活动现场管理

会展活动现场管理是一个综合性的管理结构，它涵盖了会展现场各个方面的工作流程和责任分配，主要分为以下四个部分。

（一）接待管理

接待管理是会展现场管理的核心任务，科学安排接待工作对于确保会展活动顺畅进行至关重要。在设施完备的展览场所,可利用科技产品与现代通信设备提升接待效率与质量;条件有限的场地则可增派工作人员与志愿者,强化人力接待与疏导。工作内容包括准确识别来访者身份,如参展商、各类观众、嘉宾等,并制定人员流动管理方案。同时,协助办理证件、提供展会信息介绍、帮助填写参观注册资料,并设立信息咨询台解答疑问,维护现场秩序,保障观众有序参观等。

(二)商务事务管理

商务事务管理涵盖财务管理、手续补办、商务租赁及证件补办等方面。商务事务管理的工作量取决于展会前期的准备情况。若前期工作充分,现场工作量会相对较小;反之,则会导致现场商务管理任务繁重。具体任务包括验证相关手续、办理费用交纳并开具发票、收取商务租赁及临时入场费用、办理会刊资料领取手续,同时提供现场打印、传真等服务,并负责编辑管理相关协议文本等。

(三)后勤保障服务

后勤保障服务是会展现场物资管理与供应的核心,负责展会期间运输设备、仓储、餐饮、车辆调配等工作。后勤服务保障内容是多方面的,旨在确保活动的顺利进行和参与者的满意体验。具体工作包括管理与调度现场餐饮服务商、运输设备、移动展具、模型、可移动广告载体、展示租赁设备,以及管理与回收现场绿植和各种开幕、闭幕物品等。

(四)展区展务管理

展区展务管理,亦称现场参展商服务,是会展组织者于展览场所为参展者提供的全方位服务与展出事务协调的统称。服务内容包括:对展区进行精确测量、细致检查展品、及时更换并调整展位布局,规范展位促销活动,有效控制展位噪声,全面协调展位所需的水、电、气及餐饮服务,积极协助展品知识产权的保护工作,高效协调展位施工与设备安装,严格检查核实展位门楣信息,认真核实展商代表及展出品信息,确保展区广告内容准确无误,以及合理疏导展区参观人流等。

总而言之,会展的现场活动管理是会展取得成功的关键所在。借助专业的活动管理,组织者可以保障会展的顺利进行,为参展商营造一流的展示环境,同时为观众提供愉悦的参观体验。此外,通过科学的现场管理,能够有效应对各类突发状况,确保活动的安全与平稳运行,进而提升会展的整体水准。这不仅将大幅提高参展商与观众的满意度,还能够显著增强会展的品牌效应和行业认可度,为其长远发展打下牢固的基础。

第四节　会展行业管理组织

一、国际主要会展行业组织

(一)国际展览业协会(UFI)

国际展览业协会(The Global Association of the Exhibition Industry,简称UFI)在1925年4月15日于意大利米兰成立,是一个集商业展览办理、会展运营管理、国际展览协会和相关成员单位组成的国际性会展组织,曾用名国际博览会联盟(Union des Foires Internationales),即UFI的由来。在2003年10月20日于埃及开罗举办的年会上,该组织更名为现用名称。UFI的总部设在法国巴黎,是世界展览业最著名与最具权威性的国际性组织之一,经UFI审核和认证的展会成为高品质展览会的标志。

UFI是一个国际性的非营利性协会,其组织架构涵盖了决策机构、区域分会和工作组,旨在为成员和整个展览业的利益服务。该协会通过精心构建的组织结构,为所有UFI成员提供业务关键信息,从而满足他们的需求和要求,推动行业的持续发展和繁荣。

至2023年,UFI共有857个会员,其中包括477个展览组织者,126个场地业主,97个场地业主兼展览组织者,以及71个协会单位。UFI正式会员有权在其所有公司通信和营销材料上使用UFI会员标志作为质量标签,并且UFI认可的活动标志也可以用于与已被认可的展览活动的相关材料上。

拓展阅读1-1

UFI的发展历程和组织架构

(二)国际展览局(BIE)

1928年国际公约通过规范国际展览会的举办频率并界定组织者和参与者的权利和责任,为国际展览会领域建立了秩序。为了确保该条约的实施,国际展览局(BIE)应运而生。国际展览局(Bureau International des Expositions,

简称 BIE）是一个政府间组织，从 1928 年成立的 31 个国家发展到现在的 184 个成员国，总部位于巴黎，负责监督和管理所有为期三周以上且非商业性质的国际展览会（世博会）。目前，国际展览局主办了四种类型的世博会：世界博览会、专业博览会、园艺博览会和米兰三年展。国际展览局主要保证这些世界盛会的质量和成功，保护其组织者和参与者的权利，并维护其教育、创新和合作的核心价值。BIE 负责遴选世博会的主办国，为候选国和主办国提供在活动管理、国家品牌和公共外交方面的专业知识，规范活动的组织，并确保主办国和所有参与者遵守国际展览局的公约和世博会规则。

（三）国际展览和活动协会（IAEE）

国际展览和活动协会（International Association of Exhibitions and Events，简称 IAEE）成立于 1928 年，总部位于美国达拉斯，前身为全国展览经理协会，代表贸易展览和展览经理的利益，是全球展览业的领先协会。如今，IAEE 代表着来自 50 多个国家的 12 000 多名个人，他们在全球举办和支持展览。

IAEE 超过 50% 的会员直接参与展览和买卖双方活动的规划、管理和制作。其余会员为行业提供产品和服务。IAEE 重视并提倡会员的多样性，包括公司规模、产品和地理区域。每个活跃会员组织都有一票，无论规模大小。IAEE 会员的福利包括专业发展、行业新闻和出版物、行业和专业资源、服务合作伙伴折扣、政府和媒体宣传、领导力发展和分会会员资格。

（四）德国展览业协会(AUMA)

德国展览业协会（AUMA）以合作方式整合了德国影响展览市场的所有力量。该协会成立于 1907 年，目前代表 67 个成员的国内和国际利益。这些成员包括所有大中型展览公司和一些专业组织者，以及代表参展商、服务公司和参观者的领先协会。AUMA 的成员有着以下共同目标：展览会是参展和参观行业的首要营销工具；德国是全球国际展览会的主要举办地。AUMA 致力于以与企业、政府和社会的紧密关系为基础，推动德国展览会行业的发展。AUMA 章程规定了四个组成机构：大会、董事会、主席和两名具有代表权的副主席以及管理部门及其行政部门。

作为该行业的主要协会，AUMA 主要促进成员之间的信息和经验交流，并在合作基础上协调合作，并为展览会媒体进行营销和公共关系协调，使市场透明化。AUMA 为潜在和现有的参展商和参观者提供信息，启动研究项目，优先支持在国外展览会上参展的德国中型公司，以及在德国展览会上参展的年轻创新型公司。

（五）国际大会及会议协会（ICCA）

国际大会及会议协会（International Congress and Convention Association，简称ICCA），成立于1963年，总部位于荷兰阿姆斯特丹。最初的发起者是一群旅行社代理，他们最初的目标是收集和分享有关国际会议市场的实用信息。ICCA成立后不久，会议行业就蓬勃发展，许多来自旅游行业各个领域的代表申请成为会员。60多年来，ICCA的会员网络已遍布全球，拥有1000多家国际会议行业供应商，会员遍布近100个国家。如今，ICCA是国际会议领域最杰出的组织之一，也是国际会议领域的倡导者。ICCA协会社区为世界各地的协会提供教育、联系、工具和资源，帮助他们组织更有效、更成功的会议。

（六）国际会议专家协会（MPI）

国际会议专家协会（Meeting Professionals International，简称MPI）成立于1972年，总部位于美国达拉斯，有159人加入了当时的会议组织者国际协会（Meeting Planners International），1994年更改为现名。该组织目前包括20个国家的68个分会和俱乐部，在欧洲、中东、非洲、亚洲和美洲加拿大等地开设有办事处。MPI致力于在教育、网络和创新解决方案方面引领世界，这些解决方案不仅推动了会议和活动行业的发展，还推动了其中专业人士的职业生涯。MPI服务于整个会议和活动行业，包括需求方、受众和专业人士。MPI提供的领导力和教育赋予会员权力，使其能够策划和执行独一无二的体验，激励人们改变观点、重新审视先入之见并采取积极行动。MPI相信，"当我们相遇时，我们会改变世界"。

（七）专业会议管理协会（PCMA）

专业会议管理协会（Professional Convention Management Association，简称PCMA），1956年成立于美国费城，1958年正式注册为非营利组织，之前在阿拉巴马州伯明翰运营，现总部位于美国芝加哥。协会的年度标志性活动会议领导者（CONVENING LEADERS）于1956年首次举办。PCMA协会成员包括商业活动、会议和大会的管理方。它拥有8400多名会员，遍布59个国家，在北美、欧洲、亚洲、中东及大洋洲的澳大利亚和新西兰的37个国家设有分支机构。PCMA致力于教育、启发和倾听，创造有意义的体验，将激情、目标和商业融为一体，是世界上最大的商业活动战略家协会，为全球商业活动行业提供高级教育、交流和市场情报。

（八）活动行业委员会（EIC）

活动行业委员会（Events Industry Council，简称 EIC），前身为会议行业委员会（Convention Industry Council，简称 CIC），是一个由 30 多个参与会议和展览行业的美国和国际组织组成的非营利性联合会。活动行业委员会的成员组织代表了活动行业各个部门的 103 500 多名个人和 19 300 多家公司或机构。该协会源于在美国纽约成立于 1949 年的会议联络委员会（Convention Liaison Council），最初由美国协会管理人员协会（ASAE）、美国酒店和汽车旅馆协会（AH&MA）、国际酒店销售和营销协会（HSMAI）和国际会议和旅游局协会（IACVB）等四个组织发起。2000 年，该组织更名为会议行业委员会（CIC）；2017 年，该组织更名为活动行业委员会（EIC），目前总部位于美国弗吉尼亚州亚历山大市。活动行业委员会的愿景是成为活动专业人士和活动行业卓越的全球倡导者。委员会通过认证会议专业人员（CMP）计划和标志性计划活动，促进活动行业的高标准和专业化。其中，CMP 证书是全球公认的活动行业卓越标志。

（九）奖励旅游精英协会（SITE）

奖励旅游精英协会（Society for Incentive Travel Excellence，简称 SITE）成立于 1973 年，总部位于美国芝加哥，是全球唯一的非营利性的奖励旅游专业协会。协会拥有 2650 名会员，遍布 90 个国家或地区，服务于企业、机构、航空公司、邮轮公司以及整个目的地供应链。协会通过建立网络，以及提供在线资源、教育、认证和宣传，为全球和地方分会的会员带来价值。SITE 通过全球联系、教育和宣传，利用奖励旅游和激励体验的变革力量构建和沟通文化，推动奖励旅游和激励体验的商业案例，通过奖励旅游和激励体验的变革力量构建和沟通文化，致力于培养新一代人才，并开展卓越青年领袖计划和专门的年度会议。

（十）国际节日和活动协会（IFEA）

国际节日和活动协会（International Festivals and Events Association，简称 IFEA）是一个非营利性协会，成立于 1956 年，总部位于美国爱达荷州博伊西（Boise），并于 20 世纪 80 年代采用现名。其成员来自五大洲的约 38 个国家，包括节日和活动的主办者、供应商和管理人员，其支持的活动范围从小型县级和市级活动到可吸引数十万名观众的大型游行。IFEA 每年为其成员举办一次国际会议和博览会。IFEA还提供多种教育课程，可让成员获得认证节日和活动执行官（Certified Festival and Events Executive, CFEE）的专业称号。

二、国内主要会展行业管理机构和组织

（一）商务部服务贸易和商贸服务业司

中华人民共和国商务部是主管我国国内外贸易和国际经济合作的国务院组成部门，承担制订和实施我国国内外经济贸易政策、推进扩大对外开放的重要职责。商务部的历史可追溯至1952年成立的对外贸易部和1961年设立的对外经济联络总局。至1982年，对外贸易部、对外经济联络总局与进出口管理委员会、外国投资管理委员会合并，共同组建了对外经济贸易部。随后，在1993年，该部门更名为对外贸易经济合作部。到了2003年，对外贸易经济合作部与原国家计划委员会、原国家经济贸易委员会的部分职能司局进行了整合，从而正式成立了现今的商务部。商务部服务贸易和商贸服务业司是我国会展行业的主管部门，负责会展业促进及管理工作，指导、管理境内举办的对外经济技术展览会和赴境外非商业性办展活动。

（二）中国国际贸易促进委员会

中国国际贸易促进委员会（简称中国贸促会）自1952年成立以来，一直作为我国全国性的对外贸易投资促进机构，在推动国家外经贸发展方面发挥着举足轻重的作用。其主要职责包括深入贯彻国家有关重大发展战略，积极推动对外贸易、双向投资以及经济技术合作，以此促进我国经济与世界经济的深度融合。同时，中国贸促会还致力于推进与境外对口机构的机制化合作，加强国际经贸交流与沟通。中国贸促会内设展览管理部（国展局和世博会事务办公室），负责展览会的协调和管理工作。1957年4月，由中国贸促会主办的第一届广交会，开启了新中国商贸展的新篇章。

拓展阅读1-2
中国国际贸易促进委员会发展历程和机构

（三）中国会展经济研究会

中国会展经济研究会（China Convention / Exhibition / Event Society，简称CCEES），经国家民政部报国务院批准，于2006年2月18日正式成立，是由从事或热心会展经济研究和教学的专家、学者以及会展相关行业工作者和团体自愿组织的学术性、全国性的非营利性社团组织，它以会展的基础理论、应用

理论和政策理论为研究方向，紧密联系中国会展经济的实际，聚集各方面的人才和力量，共同为促进中国会展经济的发展贡献力量。中国会展经济研究会是目前国内唯一经国务院批准的，冠以"中国"、"会展经济"字样的，全国性的组织机构。

（四）中国展览馆协会

中国展览馆协会（China Association For Exhibition Centers，简称中国展协或CAEC）成立于1984年6月，是一个全国性的展览行业组织，属国家一级社团，为国家AAA级协会，也是全球展览业协会（UFI）的国家级会员。中国展协由中国展览主办机构、展览场馆、展览中心、展览工程公司、展览运输公司、展览媒体、高等院校、展览科研机构以及与展览行业相关的具有法人资格的企事业单位自愿组成。目前会员单位5000余家，分布在除台湾外的全国33个省、直辖市、自治区和特别行政区。

中国展协内设立组展专业委员会、展览工程专业委员会、展览理论研究委员会、展示陈列专业委员会。中国展协为会员提供政府与业界信息与交流的平台，组织不同主题的论坛活动，加强协会内部联系与沟通。中国展协在全国范围开展展览工程企业资质认证，是国资委、商务部认定授权的展览行业唯一具有企业信用评价资格的商协会组织。中国展协通过组织各种论坛、培训、资质认证等活动，推动了我国展览行业的健康发展，并提高了行业的整体水平和国际竞争力。

三、会展行业管理模式

会展行业的管理模式可根据不同的维度进行分类。目前，国内外普遍采用的标准是基于政府干预力度和市场竞争程度来划分。依照这一标准，会展业的管理模式可被明确分类为三种：政府推动型、市场主导型以及政府市场结合型。每种模式都有其独特的特点和运作机制，反映了政府与市场在会展行业发展中的不同角色和定位。

1. 政府推动型

政府推动型展会是由国家政府作为举办主体，通过投入资金、调配行政资源等多种方式筹办和组织的展览活动。此类展览的核心目的在于扩大举办地的经济影响力，宣传和推广当地文化，进而推动区域经济发展，并提升该城市在国家层面上的经济地位和政治影响力。举办这类展会的政府主体可能涉及多个层级，从中央到地方各级政府部门，包括市级、区级或县级行政单位，均可能成为展会的组织者。展会活动的策划与实施紧密围绕会展业的特点，以展馆作为资源配置的核心。在这一模式下，政府发挥着主导作用，为会展活动的蓬勃发展创造了广阔的空间。这种会展业发展模式显著特征在于政府的积极介入和引导，政府通过行使其行政职能，有效地吸引和动员会展企业参与到各类展会活动中。

2. 市场主导型

市场主导型产业，是指在资本市场演进中，那些主要依赖市场机制调节和推动的产业。市场主导型的会展业发展模式多见于会展业高度发达的区域。在这些地区，会展业的管理主要通过市场化的经营和运作来增强其市场影响力。在市场主导型模式下，市场机制的作用被充分发挥，从而激励企业更积极地参与市场竞争，提升自身综合实力，不仅有助于企业规模的扩大，更有利于其实现长远的战略目标。会展活动与市场机制紧密相连，当会展业发展到一定阶段时，应引入市场竞争机制，通过市场机制来优化会展资源配置，从而促进会展业的高效与持续发展。

3. 政府市场结合型

政府市场结合型管理模式，是一种将政府调控与市场机制相融合的管理模式。该模式旨在在政府干预和市场自由运作之间寻求一个最佳平衡点。在此模式下，政府既是行业的引导者，也是监管者，它通过制定相关政策、提供基础设施和完善公共服务等手段，为会展行业的稳健发展提供有力支撑。与此同时，市场机制在会展活动的策划、组织及运营过程中依然保持其重要影响。此模式的显著优点在于能够集政府与市场之所长，既保障行业发展的有序性，又能灵活响应市场的多变需求。然而，该模式也面临一定挑战，即如何精准地平衡政府与市场的关系，从而避免政府过度介入或市场功能失效的情况。

第五节 会展行业标准体系

一、国际会展行业标准

（一）确立行业标准的必要性

在国际会展市场中，行业标准的重要性不言而喻。国际会展行业标准为会展业的健康发展提供了有力保障，主要作用体现在以下几个方面：

（1）提高会展业整体水平：国际会展行业标准有助于规范会展企业的经营行为，提升服务质量，从而提高整个行业的水平。

（2）促进国际交流与合作：遵循国际会展行业标准，有助于我国会展业与国际市场的接轨，加强与国际会展业界的交流与合作。

（3）保护消费者权益：国际会展行业标准规定了会展活动的各项要求，有助于保障参展商和观众的利益，提高会展活动的满意度。

（4）推动行业创新与发展：国际会展行业标准可以为会展业提供新的发展思路和方向，推动行业不断进行技术创新、管理创新和服务创新。

因此，深入研究国际会展行业标准，对于我国会展业的发展具有重要的指导意义。

（二）国际会展行业标准概述

1．标准的定义与分类

国际会展行业标准是对会展业各类活动进行规范化、统一化的准则，旨在保障会展活动的品质、提高会展组织者的管理水平以及提升参展商和观众的满意度。会展行业标准可分为以下几类：质量标准、环境标准、健康与安全标准、数据保护标准、商业合同标准、行业认证和指南、风险管理标准以及文化多样性管理标准。各类标准相辅相成，共同构成了一个完整的会展行业标准体系。

2．国际会展行业标准的发展历程

国际会展行业标准的发展历程可以追溯到20世纪初。随着全球经济一体化和会展业的快速发展，国际会展行业标准逐步得到重视。以德国、美国、法国等会展业发达国家为先导，国际会展行业标准经历了从无到有、从单一到全面的发展过程。特别是进入21世纪，随着信息技术的广泛应用，国际会展行业标准不断完善，逐渐成为会展业发展的重要基石。

3．国际会展行业标准的主要内容

国际会展行业的标准涵盖了多个方面，以下是一些具体的国际会展标准及其内容。

（1）质量管理标准

ISO 9001:2015（质量管理体系）：此标准帮助会展企业建立和实施有效的质量管理体系，以确保其服务持续满足客户需求，提高客户满意度。内容包括质量方针、目标、组织架构、责任、过程和资源管理等。

（2）环境管理标准

ISO 14001:2015（环境管理体系）：该标准提供了一个框架，帮助会展企业通过系统化的方法改善环境绩效，减少对环境的负面影响。内容涵盖环境方针、法律法规遵循、环境目标和措施、环境管理体系的运行和控制等。

ISO 20121:2012（可持续事件管理体系）：专门针对活动组织者的标准，帮助他们识别和管理活动的经济、社会和环境影响。内容包括可持续发展政策、利益相关方识别、可持续发展目标和措施等。

（3）健康与安全标准

ISO 45001:2018（职业健康与安全管理体系）：该标准为会展企业提供了一个框架，帮助他们改善员工健康和安全条件，减少工伤事故和职业病风险。内容涵盖健康与安全政策、风险评估与控制、培训与意识提升、应急准备与响应等。

（4）数据保护标准

ISO/IEC 27001:2013（信息安全管理体系）：该标准帮助会展企业保护信息资产的机密性、完整性和可用性。内容包括信息安全政策、风险评估与管理、信息安全控制措施、合规性管理等。

（5）商业合同标准

ICC标准合同模板：国际商会（ICC）发布的标准合同模板为会展行业提供了规范的合同文本，涵盖展位租赁、服务协议、保密协议等。内容包括合同条款与条件、责任与义务、付款条件、争议解决等。

（6）行业认证和指南

UFI认证：全球展览业协会（UFI）认证的展会需要符合严格的质量和透明度标准。内容包括展会的统计数据、参展商和观众的数量和国际性等。

AIPC质量标准：国际会议中心协会（AIPC）制定的标准，特别针对会议中心的运营和管理，包括服务质量、安全、环保等方面。

（7）风险管理标准

ISO 31000:2018（风险管理）：提供了一个系统的方法来管理各种风险，适用于会展企业的风险评估、风险控制和风险沟通等。

（8）文化多样性管理

AIPC多元文化管理指南：该指南帮助会议中心管理和服务不同文化背景的参会者，包括多语言服务、文化敏感培训、多样化的饮食选择等。

总之，国际会展行业标准为会展业的健康发展提供了有力保障，对于提升会展业整体竞争力具有重要意义。

拓展阅读1-3

国际会展行业标准化发展历程

二、国内会展行业标准

（一）国内会展行业标准体系建设背景

2008年，全国会展业标准化技术委员会正式成立，标志着我国会展业标准化建设进入了一个新的阶段。次年，委员会编制并发布了首个会展业国家标准体系，这是我国会展行业首次在标准化方面进行系统性探索和规范。自首次发布以来，该标准体系经历了三轮迭代和升级，不断优化和完善，以适应行业发展的需求。

最新一次迭代于2022年完成，这次更新对会展业国家标准体系进行了全面的修订和扩展。最新版的标准体系将会展业的标准划分为三个主要领域：通用基础、服务以及技术支撑。在这三个领域下，进一步细分为15类子体系，涵盖了从会展活动的策划、组织、执行到技术支持的各个方面。这样的划分不仅细化了会展服务的标准要求，也为实际操作提供了更明确的指导和规范（蔡弘，2019）。

具体而言，通用基础领域主要涵盖了会展活动的基本原则、术语定义以及基础管理等方面的标准；服务领域则详细规定了会展服务的各个环节，如客户接待、现场管理、后勤支持等；技术支撑领域则包括了会展活动所需的技术支持和设备标准，如信息系统管理、数据安全、技术保障等。

这套完善的标准体系的建立和不断更新，反映了我国会展行业在标准化建设方面的持续努力和显著进步。通过标准化的实施，不仅提高了会展服务的质量和效率，也增强了我国会展行业在国际市场的竞争力。

（二）国内会展行业标准

根据现行的《国民经济行业分类（GB/T 4754-2017）》，会展业已从2011年版中的"L7272 会议及展览服务"小类提升至目前的"L728 会议、展览及相关服务"中类。新的分类"L728 会议、展览及相关服务"明确界定为主要以会议和展览为核心，同时可涵盖其他相关联的活动形式，这些活动包括但不限于项目策划组织、场馆租赁以及各类保障服务等。此外，该行业种类下进一步细分为五个行业小类，以便更精确地分类和统计该行业的各种活动和服务（表1-3）。

表1-3 国民经济行业分类（会展业）

国民经济行业分类（GB/T 4754-2017）	
行业代码	行业名称
7281	科技会展服务
7282	旅游会展服务

续表

国民经济行业分类（GB/T 4754–2017）	
行业代码	行业名称
7283	体育会展服务
7284	文化会展服务
7289	其他会议、展览及相关服务

国内会展业服务标准可分为以下类型：服务规范、场馆服务质量规范、经营规范、公共信息标志、物业服务规范、租赁服务规范、物流服务规范。

我国已颁布的有关服务规范的会展业标准，分为国家标准、行业标准和团体标准。国家标准是由国家标准化委员会发布的标准，行业标准是对没有国家标准而又需要在全国某个行业范围内统一的技术要求所制定的标准，团体标准是由团体按照团体确立的标准制定程序自主制定发布，由社会自愿采用的标准。现行的会展业国家标准见表1-4。

表1-4　国内会展行业相关国家标准一览

序号	标准号	标准中文名称	发布日期	实施日期	标准状态
1	GB/T 43467–2023	商业会议组织管理指南	2023–12–28	2023–12–28	现行
2	GB/T 43425–2023	经济贸易展览会 境外举办指南	2023–11–27	2023–11–27	现行
3	GB/T 43213–2023	模块化展览展示系统 基本要求	2023–09–07	2023–09–07	现行
4	GB/T 42496–2023	绿色展览运营指南	2023–03–17	2023–03–17	现行
5	GB/T 41129–2021	绿色展台评价指南	2021–12–31	2022–07–01	现行
6	GB/T 41130–2021	展览场馆安全管理基本要求	2021–12–31	2022–07–01	现行
7	GB/T 26165–2021	经济贸易展览会 术语	2021–12–31	2022–07–01	现行
8	GB/T 37073–2018	展览展示工程企业能力评价导则	2018–12–28	2019–07–01	现行
9	GB/T 36681–2018	展览场馆服务管理规范	2018–10–10	2019–05–01	现行
10	GB/T 36682–2018	展览物流服务基本要求	2018–10–10	2019–05–01	现行
11	GB/T 35659–2017	经济贸易展览会分级与评定准则	2017–12–29	2018–07–01	现行
12	GB/T 34398–2017	区域展览场馆规划指南	2017–10–14	2018–05–01	现行
13	GB/T 34395–2017	展览场馆功能性设计指南	2017–10–14	2018–05–01	现行
14	GB/T 33489–2017	展览会信息管理系统建设规范	2017–02–28	2017–09–01	现行
15	GB/T 33490–2017	展览展示工程服务基本要求	2017–02–28	2017–09–01	现行
16	GB/T 31082–2014	展览会数据审核规则	2014–12–22	2015–07–01	现行
17	GB/T 30520–2014	会议分类和术语	2014–02–19	2014–08–01	现行
18	GB/T 30521–2014	经济贸易展览会 数据统计	2014–02–19	2014–08–01	现行

（三）国内会展行业标准发展现状

我国会展业服务标准涵盖多个方面和角度，形成了较为完整的体系。目前国内会展业标准以国家标准为基础引领，行业标准针对特定的会展类型或需求提供了更细致和专业的规范，而地方标准则考虑到地区特色和具体情况，解决本地会展行业的特定问题。团体标准则由行业协会或专业组织制定，更多地反映了市场和企业的实际需求。它们共同构成了国内的会展业标准体系，主要涉及术语和分类、数据统计、项目评价、场馆、物流、展览展示、设施设备、信息化、安全、绿色环保等方面，为会展产业链协同发展、行业水平整体提升发挥了基础性支撑和方向性引领功能。

目前我国的会展业标准虽然具有体量优势，但在活动组织、资质评定、安全管理等方面，行业标准、地方标准及团体标准交叉重叠问题依然存在，地方标委会和社会团体之间交流合作意识仍有待提升，标准体系的联动整合势在必行。而且对目前已发布的标准未有权威解释，导致组展商和参展商对其产生片面的理解和误解（郭海霞等，2023）。

数字会展标准需要制定会展业向数字化等方向发展。国家出台多项政策要求加快推进会展业转型升级和创新发展，鼓励探索线上线下相融合的新发展模式。在此背景下，融合移动通信、扩展现实、远程互动等技术后的新业态、新模式在探索中前行。当前的信息化技术能够满足线上展览活动的开展，但是线上展览的运营模式尚未在行业中形成共识，服务质量上也无法满足各方需求，因此急需通过标准统一认识、打通产业链、提升服务质量（裴超，2021）。

拓展阅读 1-4

国内会展行业标准化组织

 案例分析 | 法兰克福车展的前世今生

法兰克福车展全称为 Internationale Automobil-Ausstellung（IAA），即国际汽车展览会，由德国汽车工业协会（VDA）主办。因长期在德国的法兰克福市举办，因此也被称为法兰克福车展。每两年的 9 月举办，是公认的世界五大车展之一[①]。曾经的法兰克福车展风光无限，展会历经一战、大萧条、二战、德国汽车业低谷、石油危机而始终屹立不倒，被誉为"汽车工业的奥林匹克"。2021 年，展会更名为 IAA MOBILITY，一改以往传统形式，转变为

---

① 编者注：世界五大车展：法兰克福车展、日内瓦车展、巴黎车展、东京车展和北美车展。上海车展可算第六大车展，疫情后各大车展规模呈现下滑，上海车展在规模上排名上升。

展示 360 度移动出行平台，并从法兰克福迁至慕尼黑。

一、车展前世今生

IAA 车展具有悠久的历史。1897 年，首届 IAA 车展在德国柏林的 BRISTOL 酒店举办，当时被称为柏林车展。1900 年，IAA 车展首次在法兰克福举办。此后，展会因为一战、全球经济危机、二战等事件陆续停办多届。1946 年，巴黎举办了二战后的首次巴黎车展，但主办方不允许德国企业参展（因为德国挑起了战争）。因此，在 1947 至 1949 年期间，德国车企只能在汉诺威工业博览会上展示他们的产品。1950 年，德国汽车工业协会（VDA）成立，并在柏林举办了第 33 届 IAA 车展。1951 年后，IAA 开始固定在法兰克福举办。随着经济快速发展，汽车逐渐成为人们重要的出行工具，IAA 的展会规模水涨船高。

1989 年，法兰克福展馆已无法容纳车展的体量，当年近 2000 家参展商被安排在 25.2 万平方米的场地，参观人数超过 120 万，展商对展位面积的要求无法被满足。鉴于此，VDA 决定将展会一分为二，单年在法兰克福举办乘用车展，双年在汉诺威举办商用车展，前者便是日后举世闻名的法兰克福车展[①]。

法兰克福车展代表了传统汽车工业的辉煌。20 世纪后半叶起，全球经济高速增长，汽车工业飞速发展，德国因其出色的制造实力在汽车工业傲视群雄，IAA 的规模与影响力持续扩大，成为名副其实的全球汽车业盛会，每届展会都能吸引各大世界知名汽车品牌以及海量业内人士、消费者到场参与。法兰克福车展的鼎盛时期，展会的现场盛况堪比"万国来朝"。

人们为什么会对法兰克福车展趋之若鹜？不仅仅因为德国庞大的汽车消费市场，其背后的逻辑是百年汽车工业沉淀下来的传统——在全球顶级车展上展现品牌和实力、"秀肌肉"，这是行业的历史底蕴所赋予的，也是传统汽车品牌尤其是豪车品牌的最重要宣传方式之一。顶级车展是每年展示企业重磅车型和首发车型的不二选择，无论是法兰克福车展还是其他四大车展均是如此。

2017 年，法兰克福车展疲态渐露。当年的车展，日产、英菲尼迪、三菱、特斯拉、Jeep、沃尔沃、标志等众多知名车企缺席法兰克福车展。2019 年，丰田、克莱斯勒、通用汽车等车企也不再参展。至此，展会缺少美系、法系、日韩系汽车品牌的支持，开始由德国品牌和中国品牌挑起大梁。

---

① 数据来源：搜狐汽车.【车展】追溯法兰克福车展前世今生，还原一个你所不知道的 IAA [EB/OL]. https://auto.sohu.com/20170915/n511906360.shtml, 2024.3.29.

2021年，IAA迁至慕尼黑，更名为IAA MOBILITY（下称慕尼黑车展），展会从一个纯粹的汽车展扩大为包括电动自行车在内的"出行方式展"。然而，首届慕尼黑车展并未实现一炮而红，丰田、通用等非欧洲本土车企依旧缺席。不知不觉间，展会由全球性国际车展向地域性欧洲车展开始转变。

二、展会搬迁之谜

展会由法兰克福搬迁至慕尼黑，新址的选择是外界关注焦点。对此，IAA的官方解释为：慕尼黑是德国汽车重镇，具备深厚的产业基础和氛围，宝马与奥迪的总部均设在慕尼黑附近。慕尼黑也是德国学术研究和人才的高地，拥有许多著名大学、科研院所和科技公司。慕尼黑持续在智能城市、智能交通和车联网领域布局，这与展会的新主题不谋而合。事实上，当主办方刚决定搬迁展会时，据传汉堡、汉诺威、科隆、斯图加特、柏林等多城均提出了办展申请。最终慕尼黑一举夺魁，成为IAA再出发的新伙伴。当然，展会的搬迁绝不会仅考虑产业基础，决策的背后往往伴有多方面影响因素。

第一，是主办方主动求变。知名车企的缺席，参展人数的下降以及汽车电动化浪潮下展会理念的变化，从产品生命周期来看，IAA已步入衰退期。主办方VDA不得不寻求改变，期望换个环境重新开始。VDA希望将展会打造为全球性数字平台，将展会原本的移动属性向气候中立属性转变，意图通过扩大展品范围、升级展会理念，从而延缓展会的衰退甚至力挽狂澜。

第二，是政府的支持力度。车展是政治和经济的结合。因为车展蕴藏的巨大利益和影响力，导致官方往往会亲自下场参与，世界各国的车展大抵如此。中国的主流车展基本由贸促会指导，而德国的车展则有地方政府的参与。德国展览企业通常都是国企，一般由州政府和市政府出资成立并建设展馆，经营实行完全市场化，政府不干涉内部经营，只参与高层的任命和战略决策。台面上是展览公司和展馆，背后站着的是地方政府。因此，关于车展去留，本质上是主办方VDA能否与地方政府在博弈中达成一致。

慕尼黑政府对IAA的支持力度很大。2021年，展会不再局限于展览场馆，而是利用了城市空间和开放区域，通过展馆、蓝色通道、城市公共展示区三大形式呈现，公共展示区包括国王广场、音乐厅广场等慕尼黑地标性建筑。蓝色通道连接了展馆和城市公共展示区，是专为公众打造的移动出行试驾路线。政府的全方位支持让IAA取得了更好的展示效果。

第三，是环保示威和抗议。尽管不会宣之于众，但德国展会一贯寻求所谓的"政治正确"。环保就是一个典型"政治正确"。进入21世纪后，人们对于环保问题愈发关注。这些年来，越来越多的环保主义者现身法兰克福车展，几乎每届车展都有环保组织的示威活动，他们会占领道路甚至是展馆，严重影响了展会的正常举办，让主办方不堪其扰却又徒呼奈何。正因如此，重新出发的 IAA MOBILITY 也向环保妥协，开始强调零碳、低排放、气候中立等理念。

第四，是展会品牌所有权。品牌是展会的核心价值，所有权代表话语权。多年来，法兰克福车展的所有权，始终掌握在主办方德国汽车工业协会手中。无论是法兰克福展览公司、法兰克福展馆还是法兰克福市政府，都并不具备车展的所有权，双方的合作停留在展馆租赁的层面。因此，法兰克福方面对展会项目缺乏一定的掌控力，在发生变化时谈判容易陷入被动。

三、技术重心转移

2023 年 9 月，IAA MOBILITY 摆脱了疫情的阴霾重新出发。来自 38 个国家和地区的近 750 家参展商，集中展示了 300 多项全球首发产品和汽车、自行车等领域的未来移动出行创新技术成果，参展人数超过 50 万人。德国本土企业仍是绝对主角，丰田、本田、日产、三菱、通用、起亚等非欧洲车企继续缺席。中国参展企业数量达到 75 家，该项数据为历届之最[①]。

IAA 2023 整体数据虽与巅峰水平仍有差距，但展会呈现出新变化。主办方重新审视了业务模式，不再追求将庞大的展位卖给大企业，而是主动限制大企业的展位面积，设立初创公司展区，确保小企业的创新成果能获得更多关注。值得一提的是，特斯拉时隔多年再次参展，在国王广场展出改款 Model 3。韩国的信息通信业代表三星电子和 LG 电子同样是首次参展。

事实上，传统顶级车展均已呈现出不同程度的下滑。同为五大车展之一的瑞士日内瓦车展，正面临比 IAA 更严重的困境。自 2020 年起，主办方已连续 4 年取消了日内瓦的本土展出。2024 年，该车展时隔五年再次回归日内瓦，但规模大幅缩水，众多知名车企缺席，仅 29 家车企参展（2019 年为 180 家）[②]。

展览是经济的晴雨表，更是行业发展的风向标。经济大环境的不景气，叠加疫情冲击，消费者信心不足，全球汽车销量遇阻，行业发展放缓，这些因素导致头部车企在参展时不像往日般自如，纷纷削减营销预算、缩减展位面积，甚至作出不参展决策，这是传统顶级车展风光不再的重要原因。与之相对的，中国的主流车展的发展势头依然良好，可见中国的市场吸引力依旧存在。

传统顶级车展的困境反映出技术高地的转移。欧洲是汽车的发源地，百年来，世界汽车工业的重心始终在欧洲，德国更是其中的佼佼者。大众、奔驰、

---

① 数据来源：搜狐汽车.不负众望，IAA MOBILITY 2023 再创新高！[EB/OL].https://www.sohu.com/a/721520477_1212826381, 2024.3.29.

② 数据来源：中国工信新闻网.新能源汽车海外探路绿色共赢[EB/OL].https://www.cnii.com.cn/gxxww/qc/202403/t20240312_550772.html, 2024.3.29.

宝马等头部车企，博世、大陆、采埃孚等头部供应商均来自德国。德国的动力总成技术曾引领全球汽车产业数十年。因此，在燃油车时代，IAA 也顺理成章成为全球汽车业展示新技术、新产品的首选平台。然而，在智能电动车时代，德国逐渐丧失了技术引领者的角色，美国硅谷和中国的地位则日益重要。

展会是行业变迁的见证者。可靠的品质和具有竞争力的价格，让特斯拉、上汽、比亚迪等外来企业成功撬开曾经看似牢不可破的欧洲市场。数据显示，特斯拉旗下 Model Y 是 2023 年欧洲最受欢迎车型，全年销量达 254 822 辆[①]。而在智能驾驶、智能座舱等技术的应用上，中国企业也处于领先地位。如今，宁德时代、国轩高科等中国供应商甚至打入了欧洲车企的新能源核心供应链，这在燃油车时代根本无法想象。

如果说曾经的 IAA，是德国汽车业展示其强大领导地位的秀场，那如今的 IAA 更像是老牌豪强和新晋势力之间的平等聚会。

思考与讨论

1. 法兰克福车展退出历史舞台的主要原因是什么？
2. 如何理解展览会品牌的生命周期？影响因素主要是什么？

思考与练习

1. 会展是什么，有哪些基本类型？
2. 会展活动的特点有哪些？
3. 如何理解新时期中国会展业在国际市场环境中的竞争格局？
4. 会展活动的现场管理主要包括哪些内容？
5. 主要的会展行业管理模式有哪些？
6. 制定会展行业标准的作用是什么？

---

① 数据来源：新浪财经. 欧洲 2023 年销量 TOP 50 车型榜 [EB/OL]. https://finance.sina.com.cn/stock/relnews/us/2024-01-22/doc-inaekhcn4587678.shtml, 2024.3.29.

第二章

世界会展业发展现状与趋势

思维导图

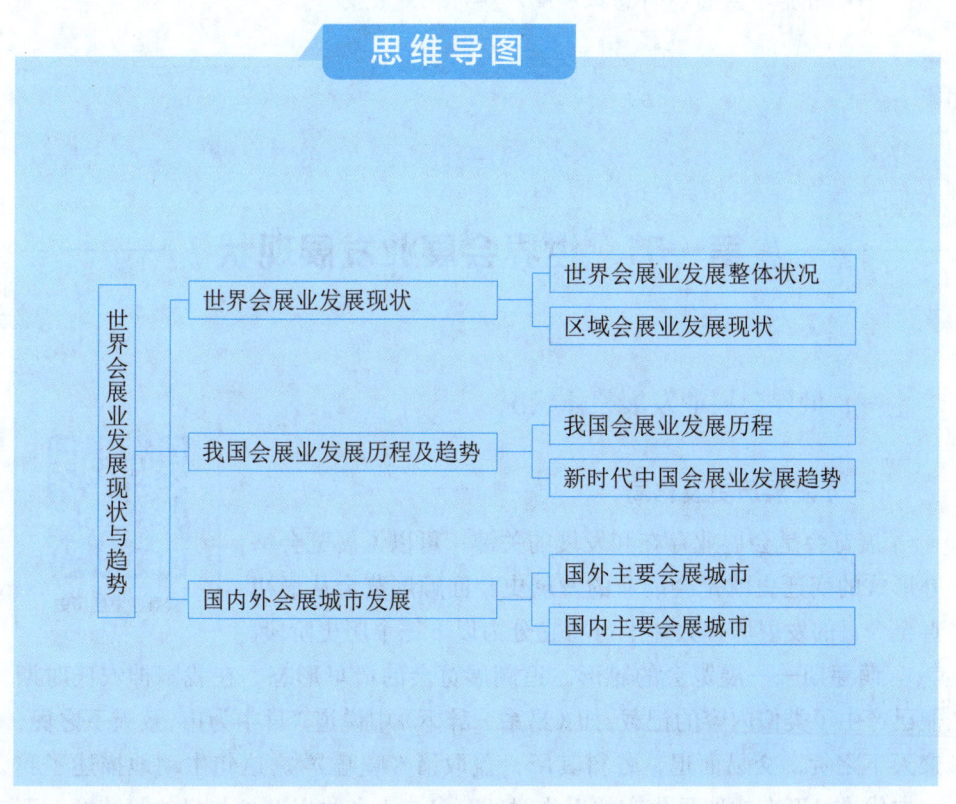

> **学习目标**
>
> **知识目标：**
> - 掌握会展业的起源及其发展历程。
> - 了解发达国家会展业运作模式。
> - 了解国内外主要会展城市。
>
> **技能目标：**
> - 能够阐述会展业的发展历史。
> - 能够分析会展业的发展趋势。
> - 能够对比国内外会展业发展的不同点和相同点。
>
> **素养目标：**
> - 厚植家国情怀，坚定道路自信、理论自信、制度自信、文化自信。
> - 培养学生的创新意识和解决实际问题能力。

第一节 世界会展业发展现状

一、世界会展业发展整体状况

（一）发展历史及格局

展览会是会展业存在和发展的关键，可以说展览会举办形式的变迁史就是会展业的发展史。回顾展览会从最初直至今日的发展历程大体上可将它分为以下三个历史阶段。

会展业发展历史

萌芽期——展览会的雏形。追溯展览会的最早形态，在我国神农氏时期便已产生了类似内容的记载，如《易系·辞下》中说道"日中为市，致天下之民，聚天下之货，交易而退，各得其所，盖取诸《噬嗑》"。这句生动地描述了我国古代最早形态的贸易集市的发生时间、参与人和物以及参与目的等特征。而在欧洲，集市源于希腊，在古奥林匹克时期这里就有了常规的集市，与奥林匹克运动会同时举行。到中世纪时代，贸易集市也开始定期或不定期地在人口集中、商业较为发达的城市中产生。11世纪后期，欧洲集市进入鼎盛时期，此时欧洲集市的规模逐渐变大，举办时间较长，功能也逐渐增多，具有零售批发、国际贸易、人文交流、文化娱乐等多重功能。因此，我们可以认为集市是现代展览会的最初形态，它揭示了展览会自诞生之初便作为社会经贸活动向市场化发展的产物。

发展期——现代展览会的形成。中世纪时期，波斯帝国繁荣的贸易活动已促使其成功举办了超越集市意义的展览会，推动展会活动在发展形式上向前迈进了一大步。欧洲的经贸活动以其持续的繁荣为展览业的发展奠定了坚实的基础，到了15世纪中期，众多欧洲城市已经以其卓越的展览活动而闻名于世，成为全球展览业的重要中心。1851年5月1日，英国在伦敦首次举办了万国工业博览会（The Great Exhibition of The Industries of All Nations），这是第一次发展到国际规模的工业展览会。本次博览会的核心宗旨在于向全球的商贸人士、旅游观光客以及其他各类观众群体全面展示并宣传工业革命所带来的创新科技成果以及崭新的生活理念。这一盛会不仅在展览会的历史长河中占据了里程碑式的地位，而且激发了各国竞相申办世界博览会的热情。每一届博览会都是对其举办时期社会、文化、科技和建筑等领域发展水平的生动记录，它们不仅承载着那个时代的印记，更对人类社会的经济、科技、文化进步发挥着重要的引领和推动作用，正因为如此，世界博览会被广泛视为和平与进步的国际象征。19世纪末至第一次世界大战前，展览会和博览会成为发达国家争夺世界市场的场所。随着时间的推移，这些展览的内容不再局限于单纯的展示与宣传，而是逐步扩展到了政治、宗教、科技、文化、休闲等多个领域，成为涵盖广泛议题的交流盛会。1894年6月，在法国教育家皮埃尔·德·顾拜旦的倡议下，在巴黎举行了国际体育大会。与会的15个国家的代表在大会上决议每四年举办一次奥林匹克运动会，并于6月23日成立了国际奥林匹克委员会。1896年，第一届现代奥林匹克运动会在希腊雅典举行，来自13个国家的300余名运动员参加了本次比赛，这是世界节事活动史上里程碑式的重大事件。

成熟期——会展活动的丰富。随着第二次世界大战的落幕，因战事而中断的会展活动纷纷恢复活力，为全球经济的复兴注入了勃勃生机。战后的欧洲国家将重点放在了经济重建以及科技与教育事业的全面进步上。社会劳动分工的日益细化，以及产品更新换代速度的显著提升，促使现代展览会开始朝着更加专业化的方向发展。到了20世纪60年代，专业性展览会已经成为欧洲展览业的主流形式，标志着会展行业的成熟与进步。

随着第三次科技革命的浪潮以及经济全球化的持续推进，会展业正在经历一场新的历史性变革。自20世纪70年代以来，国际分工体系的不断深化，伴随着经济全球化的显著趋势，会展活动已经在全球范围内迎来了蓬勃发展的新时期。会展业本身也逐步成长为一个具有国际性和全球化特征的产业。会展的形式和内容日益丰富多样，已经成为推动城市经济发展的重要动力。在欧洲等会展业较为发达的地区，会展业不仅在国民经济中占据了显著的比重，而且对全球各国的经济发展产生了深远的影响。当前，国际会展行业已形成了以欧美国家为中心，并向亚太、中南美、中东非等地区辐射的全球性格局。特别是亚太地区和中东非地区，会展市场的占比正在不断提升。随着经济全球化水平的不断提升以及国家间合作的不断加深，会展行业与旅游业、房地产业并称为"世界三大无烟产业"。会展业因此也被誉为城市名片和城市经济的助推器。随着人类社会文明的快速进步，人们对物质和文化交流的需求日益增长，会展业在国家经济发展中的地位也因此变得越发重要。

从会展业发展历程来看，会展经济发达国家和地区更多的是依靠市场力量来调节会展发展，但由于发展时间、国家制度与经济状况的区别，不同国家的会展经济发展模式存在一定的区别，主要包括政府推动型、协会推动型和政府市场结合型三种类型。德国和新加坡的会展业是政府推动型模式的典型代表，其共同点是政府在会展发展过程中发挥了重要的作用，为会展行业制定了系列的管理制度和政策措施，掌控行业的宏观调控；英国和澳大利亚是协会推动型会展发展模式的典型代表，主要特点表现为会展行业协会拥有完善而强大的调节功能，负责制定发展规则和把控发展方向；美国和中国香港是政府与市场结合发展模式的代表，在这种发展模式中，政府不直接参与会展管理，而是依靠行业协会引导，政府主要负责制定会展业的相关政策法规、统计行业数据、严格监控展会质量和组织水平等，拥有完善的行业协会系统会形成严格的行业规范和自律规则，从而维护行业秩序，实现行业监督自律。

（二）场馆基础设施

场馆是一个为举办各类活动、事件和聚会而设计的场所。它不仅仅是一个简单的空间，更是一个集活动规划、设施管理、技术集成、游客体验提升和安全措施于一体的综合体。这些场所可以是专为某一目的而建，如体育设施或文化机构，也可以是多功能的娱乐中心。

据《全球会展业发展报告2023》统计，目前全球共有1425座专业会展场馆（5000平方米以上规模），室内净展览面积共约4200万平方米，其中10万平方米以上大型会展场馆共81个，主要分布在欧洲和亚太地区，分别为40个和35个。中国共有288个展馆，共约1240万平方米室内展览面积，超过美国（283个展馆，共约630万平方米）和德国（51个展馆，共约310万平方米），展馆数量和总容量均为全球第一。

从展馆的规模来看，目前中国已建成的展览中心以展览面积 5 万平方米以下居多，展览面积 10 万平方米左右的展览中心也将扩改建、改善商务设施、扩大展览面积提上了议事日程。目前，我国规模最大的会展场馆是于 2014 年投入运营的国家会展中心（上海），总投资约 160 亿元，总建筑面积 147 万平方米，其中地上面积 127 万平方米，该中心集展览、会议、活动、商业、办公、酒店等多种功能于一体，是当前世界上最大的会展综合体之一。根据国际展览业协会（UFI）的统计数据，场馆室内可租面积达到 40.44 万平方米，排名世界第二，仅次于德国汉诺威展览中心。目前，国家会展中心（上海）已成功举办进博会、工博会、广印展、上海车展等大型展会。其次为位于广州的中国进出口商品交易会展馆，该馆于 2008 年全面启用，总建筑面积 110 万平方米，其中馆内可租面积为 33.80 万平方米，已成功举办广交会等展会。而其他会展城市如昆明、武汉、重庆、义乌、成都、北京、沈阳、深圳、长春、苏州等新建的国际展览中心占地面积一般超过了 100 万平方米，展览面积超过了 10 万平方米。

从场馆运营的角度来看，北京、上海、广州等一线城市的会展需求持续旺盛，展馆资源供不应求，呈现出一派繁荣景象。然而，与此形成鲜明对比的是，全国大多数展览馆的平均使用率仅维持在 20% 左右。特别是对于中小城市，过去几年在会展建设上的盲目扩张，使得众多会展中心如雨后春笋般涌现，但随之而来的是部分展馆的闲置率居高不下，实际使用率低迷，且缺乏必要的配套服务。此外，由于这些地区缺乏强有力的产业支撑和区域经济贸易优势，许多展馆在市场竞争中处于不利地位。那些无法适应市场需求、无法提供高效服务的展馆，最终将面临被淘汰的命运。这一现象反映出会展行业在发展过程中需要更加注重质量和效益，避免资源浪费，实现可持续发展。

从展览馆的地域分布看，东部沿海 10 省市（北京、河北、天津、山东、上海、浙江、江苏、广东、福建、海南）有 168 家，占比 58.74%，展览面积 669.26 万平方米，占比 61.16%。中部 6 省共有展馆 52 家，占比 18.18%，展览面积 147.54 万平方米，占比约 13.48%。东北三省共有展览场馆 24 家，占比约 8.40%，总展览面积 75.90 万平方米，占比为 6.90%。西部十二省市共有展馆 42 家，占比约 14.69%，展览面积 201.52 万平方米，占比 18.42%。从各省市的展馆数量来看，山东展馆最多，有 45 家，其次是江苏 30 家，广东 27 家，河南 26 家，浙江 22 家，河北 15 家，辽宁 11 家，上海和四川各 9 家，北京和福建各 8 家；从展馆面积来看，山东以 155.55 万平方米居全国第一位，其次是广东 124.38 万平方米，上海 97.7 万平方米，浙江 96.89 万平方米，江苏 85.3 万平方米。

近年来，全球场馆产业经历了一场由技术革新引领的快速发展。这些技术进步极大地提升了场馆运营的效率，并为公众带来了前所未有的体验。举例来说，传统的场馆管理方式正在逐步被数字化和智能化技术所取代。物联网（IoT）技术的应用使得场馆能够实时监控能源消耗、人流量和设备状态，这不仅提高了资源管理的效率，还优化了设施的维护工作。人工智能（AI）技术也被广泛应用于客户服务、安全监控和市场分析等领域，它能够提供更加个性化和高效的服务体验。此外，传统的票务系统也在数字化和智能化技术的浪潮中被革新。现代票务系统能够实时分析销售数据，为营销策略的制定提供了强有力的数据支持。同时，随着电子票和移动支付技术的普及，观众购票和验票的过程变得更加便捷，进一步提升了参与各类活动的体验。

在中国经济发展的大背景下，场馆产业正处于一个历史性的转折点，面临着前所未有的机遇与挑战，这些机遇与挑战将共同塑造行业的未来轨迹，并深刻影响着数百万游客和消费者的体验。

环境问题是一个场馆产业必须严肃对待的重要挑战。随着公众环保意识的不断提升，场馆在采纳可持续实践方面正面临日益增长的期望所带来的压力。一个注重环保、实施绿色运营的场馆，更有可能赢得公众的支持和良好的口碑。

同时，消费者行为的演变也为场馆产业带来了新的挑战。在线流媒体和虚拟活动的流行，给实体场馆带来了前所未有的竞争。为了吸引并留住游客，场馆必须提供独特而富有吸引力的体验，这些体验应当是无法通过在线平台简单复制的。这就要求场馆不断创新，以满足现代消费者对高质量体验的不断增长的需求。

因此，场馆产业在中国经济快速发展的浪潮中，需要积极应对环境挑战，紧跟消费者行为的变化，通过不断的创新和改进，来提升自身的竞争力和吸引力，从而确保行业的可持续发展。

（三）大型会展企业

按照经营业务划分，会展企业可以分为会展经营公司、会展场馆公司，以及为会展提供搭建、物流等服务的公司等。根据展览公司的综合实力、营收、国际声誉、承办重大展会影响力，以及办展历史、展会级别、展会规模、参展商规模与数量、服务水平等多项指标综合考量，全球大型展览公司有法兰克福展览公司（Messe Frankfurt）、汉诺威展览公司（Hannover Messe）、德马吉展览公司（DEMAGE）、科隆展览公司（Koelnmesse）、英富曼会展公司（Informa）、法国智奥会展集团（GLevents）、英国励展博览集团（Reed Exihibitions）等。

德国是全球最大的展会、会议和活动主办地，法兰克福展览集团的总部就坐落于有约 800 年举办展会历史的德国城市法兰克福，拥有 11 个多层展馆和两座会议中心，总面积达 591 049 平方米。其 372 350 平方米的室内展馆面积于 Association of the German Trade Fair Industry (AUMA) 公开的"Exhibition Centres Worldwide 2019"数据中显示，它是世界三大展览场地之一。法兰克福展览集团是一家国有机构，由法兰克福市和黑森州政府分别拥有 60% 和 40% 的股份。法兰克福展览集团凭借着分布世界各地的 29 家子公司和超过 50 个国际销售合作伙伴组成庞大的商贸关系网络，在会展行业内发挥重要的影响力，并将专业知识传播到全球约 190 个国家。法兰克福展览集团从 1987 年举办首个香港国际成衣及时装面料展，如今在中国已有 33 场展览会，在亚洲地区的展览会数量更是突破了 70 场。随着公司规模的稳步增长，集团持续优化其展览业务，积极适应并响应中国政府的经济政策，助力众多中国企业迈向国际舞台。作为连接中国与世界贸易的桥梁，这些展会为包括建筑技术、消费品、电子、娱乐、媒体与创意产业、食品技术、生产技术、交通运输与物流、安防、纺织品以及纺织品处理等多个行业提供了宝贵的商业机遇。通过精心策划和组织的展览活动，集团不仅促进了国内外企业的交流合作，还推动了中国品牌的国际化进程。这些展会已成为各行业展示最新产品、技术及服务，探索市场趋势，以及建立全球网络的重要平台。集团致力于搭建一个高效、专业的商贸交流环境，为参与企业提供了一个展示自身实力、拓展国际视野、实现互利共赢的舞台。

英富曼是全球最大会展及贸易展销会供应商之一。2018—2021 年全球会展行业策略顾问公司 AMR 国际发布的展会主办机构排名中英富曼均位居首位，蝉联多届全球最大展览主办机构。英富曼每年举办超过 450 个国际 B2B 展会与品牌活动，覆盖包括农业、航空航天、美容与医学、艺术、设计与家居、时尚、能源、工程等领域，展会遍及包括亚洲、欧洲、中东和非洲、南美和北美等地区。2019 年英富曼会展业务的营收已达到 13.38 亿英镑，但由于疫情影响，2020 年会展业务营收大幅下降，2022 年才恢复至 8.20 亿英镑。英富曼的收并购是其扩张版图、提升市场份额的主要驱动力。会展业自有品牌培育需要较长时间和丰富的资源积累，因此对于国际会展公司而言，收并购成熟的展会品牌 IP 和基础设施比自主培育更能迅速进入市场。英富曼会展（Informa Markets）的母公司是英富曼集团（Informa），该集团是一家领先的国际活动、数字服务和学术知识集团。除了会展业务之外，公司还拥有 Taylor & Francis（学术出版业务）、Informa Tech（商业研究、分析与咨询）、Informa Connect（B2B 内容分享平台）三大业务。英富曼集团在全球有 1.1 万名员工，英富曼会展有 3500

名员工，占比32%。

励展博览集团和英富曼会展相同的是，这两家会展巨头均出于全球领先的信息平台旗下。励展博览集团的母公司是励讯集团（RELX），是一家为专业和商业客户提供基于信息的分析和决策工具的全球供应商。励讯集团旗下包括风险业务、科技和医学业务、法律业务、展览业务四大板块。从励讯集团旗下业务板块的拆分可以看出，公司长期深耕信息化与数据、知识平台搭建。励讯集团2022全年收入85亿英镑，其中展览业务2022年全年收入9.53亿英镑，占比11.2%。

因此，从两家全球顶尖会展企业的背景追溯不难看出，英富曼和励讯集团的会展业务能够在全球脱颖而出，最核心的优势是两家企业的数据优势。这两家公司对于客户的理解与链接，对于数据收集和处理能力，让展会的成型事半功倍。展览的趋势转向关注观展者的需求，将数据驱动置于更重要的位置。全球会展行业策略顾问公司AMR国际在2022年提出了展览3.0的新架构，AMR公司提出展览业的趋势是将客户置于其商业模式中心。长期以来，参展商都是展会的核心关注目标，而展览3.0将关注目标转向了观展者的需求，旨在为观众提供产品和解决方案。为了实现这个目标，数据、技术和洞察力将至关重要，展览企业要使用数据来理解观展者，通过数据发现需求并和潜在客户互动。

二、区域会展业发展现状

（一）欧洲

作为世界会展业的发源地，历史悠久的欧洲在数百年的沉淀与成长中已经达到了高度成熟的状态。欧洲会展业以其国际化的视野、规模化的运营、市场化的运作以及专业化的服务，构筑了其在全球会展领域中的领导地位。

欧洲会展业发展现状

德国以其卓越的会展实力，被誉为世界会展强国的领头羊，而意大利、法国和英国也紧随其后，成为世界级的会展业大国。得益于其深厚的历史底蕴和发达的市场经济体系，欧洲会展经济不仅整体实力雄厚，而且会展规模宏大，成为全球会展业的标杆。这些国家通过不断地创新和完善，为会展业的参与者提供了一个高标准、高效率、多元化的交流与合作平台，进一步巩固了其在全球会展经济中的领先地位。欧洲会展经济以其高度的国际化和强大的现代服务业而闻名遐迩，世界上许多面积最大的展览场馆都汇聚于此。在展出规模、国际化水平、参展商数量、服务质量以及参观观众人数等多个关键指标上，欧洲会展业均稳居全球领先地位（表2-1）。欧洲会展业的成功模式可以归纳为以下几个核心要素：首先，会展业的发展规范有序，会展产业化程度高，得益于政府制定的一系列产业政策，为行业的健康发展提供了坚实的政策支持。其次，欧洲会展经济的品牌效应显著，具有强大的国际影响力。许多展会已经成为全球范围内的知名品牌，吸引了来自世界各地的参展商和观众。最后，会展业协会的实力雄厚，发达的会展行业协会和国际展会组织是欧洲会展经济的一大特色。这些组织不仅为会展业的发展提供了专业化的服务和指导，也为行业的国际交流与合作搭建了桥梁。综上所述，欧洲会展业凭借其国际化的视野、专业化的服务、品牌化的影响力以及行业协会的强大支持，确立了其在全球会展经济中的领导地位。

以德国为例，在1907年德国会展业协会就已成立，会员近百家，是德国最重要的会展业权威专业组织，涵盖专业的会展公司、会展组织机构、与会展业联系紧密的专业协会等。因此，德国会展业在全世界享有盛誉，与德国会展业协会提供的强有力的支持是分不开的。目前，德国每年举办近150个顶级贸易展览会，占据世界权威性专业贸易展览会的2/3左右。从展览设施来看，世界上最大的5个展览中心中有3个在德国，即汉诺威展览中心、法兰克福展览中心和科隆展览中心。德国展览机构在全世界的办事处近400个，形成了全球化的会展业营销网络。

表2-1 欧洲著名展览馆面积一览表

展览场馆名称	展览场地（平方米）	
	室内面积	室外面积
汉诺威（德国）	463 275	58 000
法兰克福（德国）	393 838	59 506
科隆（德国）	284 000	100 000
杜塞尔多夫（德国）	261 817	43 000
米兰（意大利）	345 000	
巴黎（Expo）（法国）	246 312	
巴塞罗那（西班牙）	203 106	143 230
博洛尼亚（意大利）	200 000	8000
伯明翰（英国）	178 856	
马德里（西班牙）	200 000	3000
慕尼黑（德国）	200 000	414 000
罗马（意大利）	167 000	
巴塞尔（瑞士）	141 000	11 300

续表

展览场馆名称	展览场地（平方米）	
	室内面积	室外面积
伦敦（英国）	110 411	
布鲁塞尔（比利时）	115 000	
日内瓦（瑞士）	106 000	

资料来源：国际展览业协会（UFI）www.ufi.org 和德国贸易展览协会（Association of the German Trade Fair Industry）www.auma.de.

目前，欧洲会展行业市场正在数字化进程中，其展会形式、互动与信息分析均在创新中。但是，随着全球会展行业市场的发展，欧洲会展行业市场的增长率低于发展中国家，欧洲会展企业也试图用品牌战略来吸引更多的展商以期对抗未来的低增长率态势。

（二）美洲

相较于历史悠久的欧洲，美洲的会展业起步虽晚，但其发展势头迅猛，尤其在北美洲地区表现尤为突出。北美洲会展业的兴起可以追溯至18世纪，而南美洲的巴西和阿根廷则作为后起之秀，尽管起步较晚，但发展速度令人瞩目。目前，北美洲的会展业发展水平仅次于欧洲，以美国和加拿大为突出代表。追溯北美洲会展业的发展渊源，我们可以看到它最初起源于专业协会举办的年度会议，这些会议主要聚焦于塑造企业形象和发布行业资讯。随着北美市场的巨大需求涌现和经济基础越发坚实，北美洲会展业迅速成长，并在全球会展业中占据了显著的位置，会展业对于经济的推动作用尤为显著，成为经济增长的重要驱动力。北美洲会展业的突出特征为：第一，会展市场容量巨大，国际会议和国际展览业具有规模优势。第二，会展经济发展速度快，会展业发展形式多样灵活。第三，会展业国际化程度高，会展业达到世界顶级水准。

以美国为例，自从1896年底特律会议局成立以来，美国会议产业开始得到越来越多的地方政府与相关机构的重视并逐步发展起来。对外贸易规模迅速扩大，给国际会展业的发展注入了强劲的活力。目前，拉斯维加斯、奥兰多、芝加哥等已成为美国最著名的会展中心城市，一些专业协会影响力也日益增加，如美国国际展览管理协会（IAEM）、美国专业会议管理协会（PCMA）、国际会议专家协会（MPI）等。目前，美国已经成为世界上最大的国际会议举办国之一，在会展规模、参展国别、展品展示方面优势明显，在举办高级别国际会议数量和高级别国际会议收入上均排名世界第一位。美国是许多国际协会组织和政府间组织的总部所在地，这些国际协会组织和政府间组织同时又是经常举办国际会议的主体。美国的会展场地不仅数量众多、规模宏大，而且配备了先进的设施。加之其丰富的自然景观和人文资源，这些都为美国会展经济的持续繁荣提供了强有力的支撑。据估算，美国国际会展业的产值大约占到了美国国民经济总量的1%，凸显了会展业对美国经济的重要贡献。此外，美国还拥有世界上最大的奖励旅游市场，其市场规模约占全球奖励旅游市场总量的三分之二。这一地位进一步巩固了美国在全球会展和旅游市场中的领导地位，展现了美国在提供高质量商务和休闲旅游体验方面的卓越能力。

目前，美洲会展业呈现出蓬勃发展的态势。从北美的美国和加拿大到南美的巴西、阿根廷等国家，各地都拥有一系列享誉全球的会展中心和大型展会。这些展会不仅是国际商业交流的重要平台，也吸引了全球各地的参展商和观众前来参与，也极大地推动了当地经济的繁荣。

（三）亚洲

近年来，亚洲会展业的发展势头强劲，整体水平显著提升。这一蓬勃的发展态势与经济全球化的进程以及亚洲经济的迅猛崛起息息相关。亚洲国家如日本、韩国、新加坡、阿联酋和中国，依托其优越的地理位置、高度的国际开放性以及庞大的消费市场，迅速崛起，成为世界会展业的新贵和关键力量。这些国家已经建立了众多高标准、大规模的会展场馆，为会展业的发展提供了坚实的基础设施。加之其庞大的消费市场，亚洲会展业的未来发展潜力不可限量。随着亚洲国家在国际会展组织中的地位日益提升，亚洲会展经济已经开始在一定程度上与欧洲和美洲的会展经济形成竞争格局。亚洲会展业的快速发展，不仅为地区经济的增长注入了新的活力，也为全球会展业的多元化发展作出了重要贡献。随着亚洲国家在国际舞台上的影响力不断增强，亚洲会展业有望在未来扮演更加重要的角色，成为推动全球会展经济发展的关键力量。总体而言，亚洲会展业及会展经济的突出特征为：第一，增长速度快，辐射范围广，市场前景广阔。第二，国际会展业专业化、市场化进程不断加快。第三，政府支持力度大，政策有力。

以新加坡为例，新加坡被称为"国际会展之都"，是亚太地区会展业最为发达的国家之一。新加坡的会展业自20世纪70年代起步，经过数十年的精心培育和发展，已经成为亚洲乃至全球会展业的佼佼者。新加坡之所以能够取得如此成就，得益于其高水平的经济发展、完善的基础设施、高度的国际开放性、发达的服务业以及较高的英语普及率。

新加坡政府高度重视会展品牌的建设，近年来，通过精心打造"会展企业品牌"、"会展场馆品牌"和"会展项目品牌"，形成了独特的"三位一体"复合品牌战略。在国际化进程中，新加坡凭借其作为全球第三大金融中心、第三大外汇交易市场和第六大财富管理中心的地位，进一步巩固了其在会展业的全球影响力。2007年，新加坡成功举办了四百多场大型国际会议，并被国际协会联盟（UIA）评为"世界第一大会议城市"，标志着新加坡会展业的国际化水平达到了新的高度。

新加坡政府在推动会展业发展方面发挥了关键作用，不仅在"硬件"方面大力投资会展基础设施建设，如新加坡博览中心、新达城会议与展览中心和樟宜会展中心等重要展馆，而且在"软件"方面也不断进行城市更新与城市形象推广活动，为会展业的繁荣创造了有利条件。在新加坡会展业的发展过程中，政府、会展企业和会展组织者以及供应商三方各司其职、相互协作，形成了良性互动的发展格局。政府主要扮演服务者的角色，通过投资建设会展基础设施等手段，提升会展举办地的形象，服务于会展企业；会展企业作为市场经营的主体，以市场需求为导向，经营展馆、主办展会；会展组织者和供应商协会则扮演着桥梁和代言人的角色，对内协调政府部门与会展企业的关系，对外代表国内会展行业的利益，共同推动新加坡会展业持续健康发展。

（四）大洋洲

大洋洲会展业作为该地区经济发展的关键驱动力，近年来正以其独特的市场吸引力和显著的增长潜力逐渐崭露头角。澳大利亚和新西兰作为大洋洲会展业的领军国家，在推动会展业的国际化、专业化和市场化方面走在了前列。特别是澳大利亚的悉尼、墨尔本，以及新西兰的奥克兰等城市，它们已经成为大洋洲会展业的重要枢纽。这些城市不仅拥有现代化的会展场馆，还配备了完善的配套设施，为各类国际会展活动的成功举办提供了坚实的基础和有力的支持。

以新西兰为例，作为一个拥有美丽自然风景和多元文化的国家，新西兰在会展业和旅游业方面拥有得天独厚的优势，随着全球经济的发展，国际会议市场也在不断扩大。伴随着全球经济的持续发展，国际会议市场也在迅速扩大。新西兰凭借其稳定的政治环境、完善的基础设施和迷人的自然景观，吸引了众多国际会议的举办。据统计，2019年新西兰成功举办了超过500场国际会议，吸引了超过50万名国际参会人员，为新西兰的经济发展作出了显著贡献。新西兰不仅是国际会议的热门举办地，也是许多大型国际展览的聚集地。例如，一年一度的新西兰国际农业博览会，作为南半球规模最大的农业合作交流会，展示了从优质农产品到农业机械、畜牧机械、农作物运输设备以及林业机械等各类相关产品。新西兰国际建材及室内装饰展会则是该国最重要的综合性贸易展览会之一，自2003年起与建材展联合举办。2023年的展会吸引了来自10多个国家和地区的360多家企业参展。为期2天的展会接待了超过10 000名专业买家，其中超过90%的买家对展会表示满意，83%的买家与参展商建立了联系，77%的买家拥有购买决策权。展会的良好声誉和影响力吸引了建筑领域的建筑师、工程师、设计师、房地产开发商等专业人士，为企业提供了一个展示新产品、分享创新理念、发展业务关系的优质营销平台。

新西兰得天独厚的气候条件和自然景观，不仅吸引了大量的旅游者，也为会展业的增长提供了强大的支持。越来越多的旅游者选择在新西兰举办婚礼、商务会议等活动，为新西兰的会展业带来了新的机遇和发展空间。随着旅游业的不断发展，新西兰会展业的前景将更加广阔，有望在全球会展市场中占据更加重要的地位。

目前，大洋洲会展业也面临着可持续发展的挑战，如何在发展经济的同时保护环境，是当前业界关注的焦点。大洋洲会展业虽然面临挑战，但整体发展态势良好，对地区经济的贡献日益显著。未来，通过不断提升服务质量、加强国际合作以及推动可持续发展，大洋洲的会展业有望继续保持增长势头，为地区带来更多的经济和社会效益。

（五）非洲

非洲会展业虽然起步较晚，专业化程度相对较低，市场环境也较为复杂，但其发展潜力不容忽视。非洲大陆的会展经济发展与拉丁美洲有着相似之处，主要集中在经济较为发达的南非和埃及两国。南非作为非洲会展业的领头羊，依托其雄厚的经济实力和对周边国家的辐射效应，其会展业在整个南部非洲地区处于领先地位。南非的会展业不仅为本国经济发展作出了贡献，也对周边国家的会展业发展起到了积极的带动作用。埃及作为北非的重要国家，其会展业也在区域经济中占有重要地位。埃及凭借其丰富的历史文化资源和独特的地理位置，吸引了众多国际会展活动的举办。通过加强行业规范、提升专业化水平和优化市场环境，非洲会展业有望实现跨越式发展，成为推动非洲经济发展的重要力量。

以卢旺达为例，卢旺达是中部非洲、东部非洲和西部非洲的一个十字路口，处于非常重要的地理位置，是非洲的心脏，这使得卢旺达充分享受了它的区位优势，成为整个非洲大陆的枢纽。卢旺达现在已成为会展的一个枢纽地，并投入了必要的基础设施建设，包括在酒店行业、会展行业，以及安保方面的投入。

中国在"一带一路"倡议框架下,支援了卢旺达的铁路与机场,以及其他基础设施建设,这使得卢旺达成为越来越有潜力的交通和会展枢纽。根据人类发展报告,卢旺达是人口增长最快的一个国家,很多人选择来此做生意。在卢旺达,注册一个公司只需要5天。同时,卢旺达也是信息通信行业发展最快的一个国家,2015年发展报告显示,卢旺达是非洲大陆数据化最全面的,并建立了必要的基础设施,比如宽带服务,卢旺达有很多诸如电子政务、电子银行和电子医疗等项目在建设。

目前,非洲各国政府已经意识到会展业对经济发展的推动作用,纷纷出台了一系列政策措施以支持会展业的发展,使得非洲在基础设施建设和会展服务方面取得了显著进展。许多城市建立了现代化的会展中心,提供了完善的会展设施和服务。同时,非洲的交通运输、住宿餐饮等配套设施也在不断完善,为会展业的发展提供了有力支持。但仍有不足,非洲科技较落后,许多场馆举办不了大型展览,只能迁移到更大的场馆。

第二节　我国会展业发展历程及趋势

一、我国会展业发展历程

我国会展业的发展历程经历了三个阶段:初始阶段(1851—1936年)、战争时期(1937—1949年)、新中国时期(1949年至今)。中国会展业真正进入发展轨道是在新中国成立后。新中国成立到1977年是中国会展业的起步期,当时的会展产业计划经济特征明显,还不能称作现代会展业;1978—1999年是发展期,会展业走向市场化,并基本具备了现代会展业的特征;2000—2005年是飞跃期,现代会展业体现出程度较高的专业化;2005年以来为现代会展业突破期。

(一)初始阶段(1851—1936年)

初始阶段主要的展览方式是集市,展出物品多为农副产品和土特产。会展业的兴起与发展与经济活动的繁荣紧密相连。在近现代中国,经济相对落后,尤其是工业发展滞后,以农耕经济和农耕文明为主导。小农经济的显著特征是自给自足，这使得作为流通领域服务的会展业在当时几乎没有发挥的空间。然而，即便在这样的背景下，集市作为一种在固定地点、定期举办的交易形式，已经初步具备了展览活动的性质和形式。事实上，欧美展览界普遍认为展览会的起源可以追溯到集市。在中国，集市的历史源远流长，古代的集市包括市、集、庙会等多种形式，它们是农副产品和地方特产交易的主要场所。集市作为展览活动的雏形，已经为后来会展业的发展奠定了基础。

1851年，第一届世界博览会在英国伦敦"水晶宫"举办。中国商人将丝绸、茶叶、中药材等中国传统出口商品运往世博会，并一举荣获金、银大奖。中国在参加一些国际大型展览活动之外，也尝试举办了中国的商业博览会，掀开了中国展览会史的第一页。1905年清政府正式颁布了出国参展的第一部管理条例——《出洋赛会通行简章》，同年清政府还设立了劝业陈列所，鼓励生产和展示国产产品。辛亥革命后，中华民国政府于1915年派代表团参加了"巴拿马—太平洋"万国博览会，在此次展览会上茅台酒开始走向世界。

此后，中国本土对展览活动的探索和尝试开始慢慢增多。特别值得一提的是1910年南京的"南洋劝业会"，这是中国历史上具有现代展览概念的第一个商业博览会，它的组织、规模、水平都能与同期世界大型博览会相媲美。全国各地提供了一百万余件展品，东南亚国家、英国、日本、美国和德国都有展品参展。展馆总数共32个，博览会历时近半年，参观人次达30多万，也是中国有史以来第一次举办的全国性博览会。但是，在此时期的展览会展出的基本上是中国传统的手工艺产品和土特产，与同期世界强国展览的令人眼花缭乱的各类发明和工业品相比，中国初始阶段的会展业相对落后。

（二）战争时期（1937—1949年）

抗日战争时期，由于日本帝国主义的入侵，刚发展起来的民族工业受到巨大破坏，各业经济萧条。这个时期的展览会一般不是经济功能，而是利用展览会来提升全国人民抗战的信心和决心，获取世界人民的支持。比如，1943年举办了"第二届双十节全国木刻展览会"，木刻工作者通过木刻艺术将我国人民的抗战情况传递到美国、英国和印度，获得了这些国家广大人民的同情；1944年举办了战绩、生产展览会，邓小平在参观后评价："这次战绩和生产两个展览馆宣传了我们太行军区几年来的奋斗成果，的确是惊人的。"

解放战争时期，国统区民不聊生，经济类型的展览基本没有，只举办过少数的文化性质展览，如摄影展览会。

(三)新中国时期(1949年至今)

新中国成立到1977年近30年时间,是中国会展业真正的起步期。由于建国初期实行的是计划经济体制,经济贸易不发达,产品的生产、交换、分配和消费都靠计划调拨,经济贸易型展览在国内市场失去存在和发展的土壤,只有极个别的展览会是贸易性质的,如"中国进出口商品交易会"(广交会)。起步期的中国会展业,经济功能淡化,主要是为政治提供服务,目的在于宣传经济建设的成就和大好形势,促进中国同世界各国的友谊。

改革开放以后,随着中国对外开放进程的加快和社会主义市场经济体制的建立,会展活动的经济功能得到强化,逐步走向市场。1978年,在北京举行了新中国成立以来首次举办的国际博览会,即中国国际贸易促进委员会主办的"十二国农业机械展览会",该展会的成功举办标志着中国展览业由起步期的"单国展览时期"向发展期的"国际展览时期"过渡。1985年,中国国际展览中心竣工,成为20世纪80年代北京十大著名建筑之一,并于同年10月成功举办了开馆的第一个展览——第四届亚太国际博览会。在此阶段北京、上海、大连、珠海等城市会展业脱颖而出,出现一批较有影响力的知名专业展览会,如中国国际纺织机械博览会、国际机床展览会、北京国际汽车展览会、大连时装博览会、珠海航空博览会等。据不完全统计,仅1998年在中国境内举办的较有规模的经济贸易展览会共有600多个,是起步期来华展览数量总和的3倍。

进入21世纪以来,中国会展业已渗透到各个行业,不论是机械、电子、汽车、建筑,还是纺织、花卉、食品、家具,均有各自的国际专业展。北京、上海、广州、杭州等城市已成为全国知名的会展城市。在此期间我国开启了一系列的大型国际国内重大活动:北京奥运会、上海世博会、世界园林博览会、中阿博览会、中国—东盟博览会、世界机器人大会、数博会、智博会、工博会、北京冬奥会等。2019年开始的疫情三年,现实的经贸环境与疫情带来的影响,对中国会展业的发展也造成了深度破坏,产业链、价值链、供应链遭受到不同损伤,给中国会展业市场发展造成严重影响。面对百年变局与世纪疫情相互交织的局面,中国会展业面对挑战,孜孜不倦,奋勇前行。同时,在国家政策的大力支持下,走出一条创新发展,融合发展的道路,并向着高质量发展的目标前行。疫情过后,随着AR、VR、5G技术、云计算技术、AI人工智能技术的发展,虚拟展览成为线下展览在互联网上的延伸,在有限的空间表现无限的内容。随着国民经济的持续恢复、政策支持力度的不断加强、国际交往的不断恢复,2023年中国展览业也呈现全面复苏的局面。

二、新时代中国会展业发展趋势

（一）区域协调，全面对接产业化趋势

会展经济在我国作为一种新兴的经济形态，已经日益展现出其蓬勃的活力和巨大的潜力。随着产业化特征的不断强化，会展经济在多个方面呈现出显著的发展态势，主要表现在会展经济的产业内涵不断延伸、会展经济产业效益快速增长和会展经济产业规模持续扩大。展览业形态也将向更为多元的产业融合形态转变，与此同时，展览产业链增值更加具有溢出效应。

随着我国区域发展战略的深入推进，在长三角、环渤海、珠三角、东北、中西部的"五个会展经济带"的基础上，未来会展业将逐渐形成以京津冀、长三角、珠三角三大产业圈为主，二三线内陆城市协同发展的格局，成渝双城经济圈建设有望推动成渝会展成为全国第四大会展产业圈，在推动西部大开发和一带一路等战略方面发挥重要作用。而区域内会展业资源将趋于整合，以规模效应在全国范围内拓展，并走向世界。

（二）数字智能，促进会展业线上线下融合发展

互联网技术的广泛应用催生了线上虚拟展会与线下实体展会相结合的新模式，这种模式正迅速普及。线上与线下的互动为会展经济注入了新的活力，并拓宽了其发展空间。展望未来，虚拟展会将在会展经济的发展中扮演日益重要的角色。因此，会展行业需要重视虚拟展会的开发，并与实体展会相结合，充分利用"互联网+"带来的机遇，以实现最大的效益。这种融合展览模式不仅提升了会展企业的经营效率，也增强了会展服务的品质。

数字智能技术的运用能够显著提升线上展会的效能。线上虚拟展会在宣传、招展等前期准备上的投入成本较低；在展会进行期间，现场管理和服务成本接近于无；而在展会结束后，能够迅速搜集客户的需求和反馈，优化售后服务。同时，利用电子商务的在线交易方式，简化了实体交易流程，加速了企业资金流转，实现了高效的沟通与服务。移动互联网为会展活动的各个环节提供了全面的信息服务，涵盖展馆内外的人流和交通状况。会展管理方可借助移动互联网提高数据收集的效率，进而提升管理水平和服务质量。对于会展相关行业，大数据技术的应用能够精准挖掘客户的兴趣点，制定个性化的营销策略。政府则可以利用大数据技术完善数字政务体系，展会期间通过数据化处理居民、交通、治安等信息，智能化调配公共资源，为会展提供高效的公共服务。

（三）品牌支撑，提升会展业国际竞争力

品牌是会展业发展的核心，也是中国会展业在21世纪实现可持续发展的关键所在。放眼全球，所有会展业发达的国家无一例外都拥有自己的标志性品牌展会和会展名城。以德国慕尼黑为例，每年举办40多个重要展览会，其中超过一半是各自行业的领军展会，这些高品质的展览会不仅吸引了众多参展商，也极大地提升了对旅游者的吸引力。为了提升中国会展业的国际竞争力，走品牌化发展之路是必然选择。

中国会展业的品牌化进程主要聚焦于三大核心领域：培育品牌展会、打造会展名城以及支持领军企业。目前，国内已经初步形成了一些具有知名品牌的会展企业和展会，例如北京国际会展中心、上海国际会议中心、大连星海国际会展中心、中国进出口商品交易会、中国国际进口博览会、北京国际汽车展览会、深圳高交会等。这些品牌企业和展会为其他城市会展业的发展提供了宝贵的经验。

尽管如此，与德国、意大利等国家的国际知名会展公司或展览会相比，中国的民族化会展品牌在品牌知名度、无形价值以及扩张程度上仍有较大差距。未来，中国会展业将更加注重展览内容的深耕细作，新兴产业类展览将迎来新的发展机遇，新消费领域的展览也将释放新的动能。

中国会展业将专注于新一代信息网络、生物技术、新材料、高端装备制造、新能源、节能环保以及新能源汽车等新兴产业领域，致力于打造具有全球影响力的专业品牌展会。可以预见，品牌化将成为中国会展业发展的重要战略任务。

（四）绿色低碳，走国际化发展道路

面对国际会展理念的发展、全球对生态环境的关注，以及我国"双碳"战略的实施，中国会展业需顺应时代潮流，深刻理解会展产业的独特性——它不仅是一项工程项目，更具有深远的社会影响力和文化辐射力，能够在绿色经济中发挥示范效应。因此，我们应积极推进会展产业的转型升级和创新，倡导绿色会展理念，以促进会展业的可持续发展。

可持续发展是社会永恒的追求，任何经济产业的长远与健康发展，都需要在经济效益、社会效益与生态效益之间找到平衡。中国会展业正朝着生态化方向迈进，主要体现在以下四个方面：（1）注重场馆的生态化设计。投资者在兴建会展场馆时将从会展场馆选址、建筑材料选择到内部功能分区，突出生态化的特色，有关管理部门也会对此制定相应的规范。目前，"绿色会展场馆"的概念在国内已经备受重视。（2）大力倡导绿色营销理念。会展城市在

组织整体促销或展会主办者在对外宣传招徕时，都将更加强调自身的生态特色和环保理念，以迎合参展商和大众的环保需求心理。（3）强化环境保护意识。除积极建设绿色场馆外，展会组织者和场馆管理人员将比以前更加注重节能降耗和三废处理，在布展用品的选用上也应做到易回收的材料优先。（4）以环保为主题的展览会将倍受欢迎。随着中国会展业的日益成熟，国内会展产品中必将涌现出大量与环保相关的专业会议或展览，并且这些展会具有极大的市场潜力。

中国会展业正将绿色低碳理念深度融入到展会策划、组织与管理的各个环节，通过制定政策、建立机制和制定标准，致力于实现可持续发展的目标。展览业界正加速开发与绿色、低碳、可持续主题相关的新展览题材，逐步向新能源汽车、智能制造、环保等前沿领域拓展。

（五）"会展+"，引领会展业态转型升级

会展业正在经历一场深刻的转型，涉及功能、形态和规模等多个方面。首先，会展业的功能正从传统的展示交易这一"硬功能"向信息发布、沟通交流、市场研判等"软功能"转变，由纯粹的商业行为向更加注重人文和科技的方向发展，由单一的卖场逐步演变为多元化的展示平台。这种转变可以用"展览会+"来概括，其中"+"代表的不仅是会议、节事、演出等传统元素，还包括旅游、演艺、赛事、秀场等创新形式。其次，互联网等现代信息技术在展览业的应用日益广泛，推动了展览与会议、商务、活动经济的融合，加速了会展业与新技术、新产业、新业态的深度整合。这一过程不仅提升了会展业的服务能力和效率，也为行业的创新发展开辟了新的道路。

会展业的迅猛发展对会展产品类型提出了更高的要求。中国会展企业需依托本地的产业经济优势和自身的办展能力，积极开拓新的专业性展会。这些展会的专业内容可以覆盖汽车、建筑、电子、房地产、花卉等多个行业领域，关键在于迅速打造具有自身特色的品牌。此外，会展形式正逐步从传统的静态展示过渡到集商务洽谈、展会参观、旅游观光、文化娱乐等多功能于一体的综合项目，这代表了全球会展业发展的必然方向。面对激烈的市场竞争，我国大多数会展公司将致力于拓展业务范围，构建"以主业为核心，多元化经营"的模式，旨在分散经营风险，提升企业的整体竞争力。

第三节　国内外会展城市发展

一、国外主要会展城市

（一）汉诺威

汉诺威（Hannover），坐落于莱纳河畔，是德国下萨克森州的首府，一个地理位置优越的水陆交通枢纽。这座城市位于北德平原与中德山地的交会处，既是德国铁路干线的枢纽，又紧邻中德运河。

作为工业制造业的重镇，汉诺威是德国汽车、机械、电子等产业的核心区域。第三产业在当地就业人口中占比高达 2/3，除了商业、金融和保险业之外，汉诺威的会展业和旅游业尤为突出。欧洲最大的旅行社组织 TUI 的总部便设在此地，使汉诺威同时享有会展之城的美誉。

拓展阅读 2-1

会展城市汉诺威

汉诺威每年都会举办上百场不同类型的国际性展会，包括汉诺威工业博览会（Hannover Messe）、汉诺威 CeBIT 信息技术与通信展览会、DOMOTEX 地板展、AGRITECHNICA 农机展、EuroTier 动物饲养与农牧业展等，这些展会在欧洲乃至全球都是规模最大的行业盛会。

汉诺威的会展业运营模式以政府为主导，协会负责协调，公司直接经营。在这一模式下，政府、行业协会和公司三方各司其职，相互配合，既避免了资源的重复浪费，又充分发挥了企业的自主性和创新能力，确保了汉诺威会展业持续保持其国际领先地位。

（二）巴黎

巴黎是法国的首都，位于法国北部，其地理位置优越，拥有全球最繁忙的交通枢纽之一，为其会展业发展打下了坚实基础。巴黎作为全球著名的文化和商业中心，其会展业在国际上占据着举足轻重的地位。

拓展阅读 2-2

会展城市巴黎

巴黎成为国际会展知名举办地有着许多优势。首先，巴黎拥有多个世界级的会展中心，如巴黎展览中心、维乐班特展览中心和布尔日展览中心，展览总面积超过 55.4 万平方米，这些场馆承办了众多国际性的展会和会议，包括汽车展、时尚周、农业博览会和世界经济论坛等。法国每年举办的约 1500 个各类展会 70% 以上都是在巴黎举办的，其中全国性展会和国际展约为 175 个，专业展 120 个左右，参展企业超过 50 万家，参观商 620 多万人。巴黎国际工程机械展、巴黎国际建材及设备展、巴黎博览会、巴黎休闲车展、巴黎国际农牧业设备及技术展、巴黎家居装饰博览会、巴黎国际游艇及水上运动器材展等入围 2016 年世界商展 100 强，还有巴黎航空展、巴黎国际汽车配件展览会、巴黎国际卫浴展览会、巴黎国际食品及饮料博览会等都在世界上具有很大影响。其次，巴黎的会展业得益于其优越的地理位置和完善的基础设施。作为欧洲的交通枢纽，巴黎拥有发达的航空、铁路和公路网络，方便来自世界各地的参展商和观众。此外，巴黎的酒店、餐饮、旅游和零售等相关服务行业也非常成熟，能够为各种规模的会展活动提供全方位的支持。最后，巴黎会展业的发展还得益于法国政府的支持和推广。法国政府认识到会展业对国家经济的重要贡献，因此制定了一系列政策来吸引国际会展活动，并提供财政补贴和税收优惠等激励措施。

总体而言，巴黎作为国际会展中心，拥有繁华的都市魅力、便捷的交通网络以及丰富的旅游资源等独特优势，展现出巨大的发展潜力。尽管存在挑战，但随着全球经济的逐步复苏和科技的不断进步，巴黎会展业有望持续保持其领先地位，并在全球经济与文化交流中发挥更加积极的作用。

（三）维也纳

维也纳，作为奥地利的首都，以其音乐遗产、丰富的文化和历史，以及优越的地理位置，成为世界著名的会展中心。这座城市不仅孕育了无数音乐大师，如海顿、莫扎特、贝多芬等，而且拥有世界级的音乐设施，包括豪华的国家歌剧院和音乐大厅。

会展城市维也纳

作为世界五大会展中心之一，维也纳每年承办约 200 项国际性会议。其便利的交通、深厚的文化底蕴、美丽的城市景观和顶级的生活质量，使维也纳成为举办国际会议和活动的理想场所。维也纳的地理位置位于欧洲中心，拥有现代化的地铁系统、广泛的有轨电车网络以及自行车道，为参展者提供了便捷的交通服务。维也纳的会议中心和活动场馆设施完善，如霍夫堡艺术中心，能够满足各种规模的展览和会议需求。会议中心拥有 80 多个高科技会议室和 6000 平方米的展厅面积，适合举办大型展览和活动。

维也纳丰富的文化遗产和建筑遗产为会展业提供了独特的场地和背景，吸引着全球参展商和参观者。商业环境的提升也促进了高科技和创新型企业的参与，为会展业带来了新的发展和创新动力。

维也纳政府积极推广"维也纳会展"品牌,提供财政支持和政策优惠,加强国际交流与合作,不断提升维也纳作为会展城市的国际地位。这些努力共同塑造了维也纳作为国际会展中心的独特魅力和实力。

(四)东京

东京都是日本国的首都、一级行政区、首都圈中心城市,也是日本内阁和日本国会的所在地,日本的政治、经济、文化、交通等众多领域的中心。日本东京会展业起步比较早,在20世纪50年代中期。随着日本经济进入高速发展时期,东京会展业应运而生,迅速产生了强大的产业带动效应,有力地推动了整个城市乃至日本经济发展和社会进步,成为了时代前进的晴雨表。

日本展览类型包括食品医药类、健康美容类、纺织服装类、机械电子类、五金建材类和礼品工艺品类等六大类,涵盖农产品、食品、礼品、超市、家具、珠宝、服装纺织、医药、化学、美容、电子通信、办公用品、机械设备、精密仪器、汽车、建筑、物流等40多个行业。从参展规模、参观人数、专业水平、业界影响看,主要国际性展会包括东京国际服装展览会、东京国际礼品展览会、东京国际食品饮料展、东京电玩展、东京车展等。

总结东京的会展业发展历程,有以下六个特点:一是专业化程度高,80%以上的展会都是专业展会。二是产业辐射广,通过充分发挥会展业在信息沟通、技术交流、项目洽谈等方面的作用,有力带动着旅游、餐饮、宾馆、交通、通信、运输等相关服务业发展,推动整个城市社会经济进步。同时,东京会展业积极采用新技术新装备,提高现代化水平。三是市场化进程快,高度重视发挥市场在会展业资源配置中的决定作用,充分调动会展企业和行业协会的积极性,不断完善政府与社会合作的官民协调宏观管理模式。四是注重效果评价,为了切实提高展会实效,主办方一般会采取展会全面分析评价系统对材料和大数据进行事前、事中和事后的总体评估,并将相关信息和最新动向以报告和建议方式反馈给参展商和专业观众。实践证明这种评价体系效果很好。五是国际化程度很高,东京各类国际展会60%以上的参展商来自海外。这些展会都拥有系统全面的海外招展招商网络,通过JEXA等渠道与海外行业商协会保持密切联系,同时充分利用优质服务不断扩大展会的国际知名度和美誉度。六是机制化体系完善,这一管理体制可以充分保障展会相关各方与东京市政府间形成通畅的对话渠道和有效的协调机制。

(五)纽约

纽约,位于美国东北部,是世界上最大的城市之一,也是美国商业、金融、文化和娱乐的中心。纽约的会展业非常发达，能够成为全球重要的会展目的地之一，有以下几点原因。

拓展阅读2-4

会展城市纽约

首先，纽约是全球商业和金融中心，拥有发达的会展业和现代化会展设施。其优越的地理位置和繁忙的港口为国际贸易提供便利。会展业与纽约经济、文化、旅游紧密相连，促进商业交流合作，吸引国内外参观者，带动相关产业发展。其次，纽约会展业注重创新和科技应用，提升展会品质，同时关注环保和可持续发展。联合国总部的设立使纽约成为国际会议之都，每年举办大量国际会议，创造了显著经济效益和就业机会。最后，纽约举办过多个有影响力的国际会议和活动，如CES、联合国大会、纽约时装周等，展示其国际大都市魅力，促进经济文化交流。面对未来挑战和机遇，纽约会展业有望通过技术创新、环保和国际合作继续增长，为城市发展作出更大贡献。

二、国内主要会展城市

（一）北京

北京是中国的首都，不仅承载着丰富的历史文化遗产和众多名胜古迹，同时也是一个经济繁荣的现代化城市。作为全国的政治、经济、文化、国际交往和科技创新中心，北京在举办国家级和世界级政治会议方面拥有独特的地位。这些优势使得北京在发展会展经济方面具有显著的地理和资源禀赋，长期以来，北京的会展经济发展始终走在全国的前列。

随着北京会展业规模的持续扩大，其服务品质也得到显著提升。一方面，北京市通过增加对会展业的扶持，改善服务质量，出台了多项政策，包括资金支持会展场馆建设和优化营商环境，以激励行业成长。同时，北京加强了与全球会展机构的合作交流，引进国际先进的会展理念和管理技术，有效提升了会展业的国际化水平。另一方面，北京吸引了众多国际性展览和会议，为行业品质的提升增添了新动能。这些活动不仅引入了前沿科技、文化及商业模式，还促进了北京与国际会展业的深入交流合作，进一步推动了北京会展业的品质提升和国际化进程。

目前，北京会展业正迈向高质量和国际化的发展方向。标志性展会如中国国际服务贸易交易会、中关村论坛和金融街论坛已成为国际高端要素汇聚的重要平台，同时也是北京对外交往和形象展示的关键窗口。特别是中国国际服务贸易交易会，作为国家级、国际性的服务贸易专业展会，已成为全球最大的服务贸易综合展会之一。

图2.1　2024年中国国际服务贸易交易会场馆

同时，北京的国际性专业会展数量不断增加，例如中国国际机床展览会已跻身世界四大机床展之列，北京国际汽车展览会也成为世界五大汽车展览会之一。这些展会不仅彰显了北京会展业的特色化发展趋势，也标志着北京会展业格局的初步形成。北京的特色品牌会展活动持续增多，与首都的优势产业如现代服务业、高新技术产业、文化创意产业等加速融合。科博会、世界机器人大会、国际图书节、国际电影节等活动已成为国内相关行业的标杆。此外，茶博会、婚博会、家博会等专业精品展会，以其扩大内需、促进消费的功能，逐渐成为业内的知名品牌，进一步丰富了北京会展业的特色（表2-2）。

表2-2　北京部分展览活动

序号	展会名称	举办时间	举办地点	展会面积（平方米）
1	亚洲运动用品与时尚展	1月	国家会议中心	35 000
2	北京国际珠宝展	3月	国家会议中心	22 000
3	中国国际石油石化技术装备展览会	3月	中国国际展览中心	106 800
4	中国国际展模型博览会	4月	北京展览馆	15 228
5	北京国际汽车展览会	4月	中国国际展览中心	143 200
6	北京国际图书博览会	6月	国家会议中心	36 500
7	亚洲消费电子展	6月	北人亦创国际会展中心	15 500

资料来源：北京市商务局。

（二）上海

上海，这座国际化大都市，长期领跑中国会展业。近年来，得益于经济的稳步增长和对外开放的不断扩大，上海会展业迎来了迅猛的发展势头。自1843年开埠以来，上海凭借其深厚的经济底蕴，始终位列中国城市经济发展的第一梯队。曾经的远东第一大城市，享有"东方巴黎"的美誉，吸引了全球的人流和物流在此交汇，为城市的繁荣发展注入了活力，也为上海会展业的兴盛奠定了坚实的基础。

对上海而言，2010年举办的第41届世界博览会是一个重要的里程碑。以"城市，让生活更美好"为主题的上海世博会，历时184天，吸引了190个国家、56个国际组织以及中外企业参展，累计接待参观者7308万人次。这是世博会首次在发展中国家举办，成为世博会历史上一次极为成功、精彩、难忘的盛会。世博会的成功举办，向世界展示了上海的蓬勃发展，为上海会展业的快速发展注入了强劲动力。

2018年11月，第一届中国国际进口博览会在上海成功举办。作为世界上第一个以进口为主题的国家级展会，共有172个国家、地区和国际组织参加，吸引了3600多家境外企业参展，展览面积达30万平方米，累计意向成交金额578.3亿美元。到2020年，第三届中国国际进口博览会克服新冠肺炎疫情的影响如期举办，展览面积扩大至近36万平方米，累计意向成交金额达到726.2亿美元。中国国际进口博览会的成功举办，不断提升上海会展业的国际竞争力和影响力，赢得了全球的认可。

截至"十三五"规划期末，上海已成功实现"基本建成国际会展之都"的目标。在场馆设施方面，上海以国家会展中心和新国际博览中心为龙头，构建了"2+7"的专业展馆布局，室内展览面积近100万平方米，展览能力位居世界首位。在"十四五"开局之年，尽管全球许多地区仍受新冠肺炎疫情影响，上海会展业的快速恢复为世界会展经济的复苏带来了希望。

展望未来，全球会展业正逐渐从传统欧美城市向新兴经济体国家城市转移，这一趋势对上海来说，既是挑战，更是机遇。根据上海市"十四五"规划及《"十四五"时期提升上海国际贸易中心能级规划》，上海明确提出在"十四五"期末要"全面建成国际会展之都"。朝着这一宏伟目标，上海会展业发展前景广阔，大有可为。

（三）广州

广州，位于珠三角的核心地带，是我国历史悠久的贸易港口城市。凭借其优越的地理位置和雄厚的产业基础，

会展城市——广州

广州成为国内会展业起步最早、经济活动最活跃的地区之一。广州在展览数量和展览面积方面均位居全国前列，并孕育了多个世界知名的品牌展会，如广交会、家具展、照明展、美博会等，这些展会极大地推动了广州经济的发展，广州因此被誉为中国南方的"会展之都"。在"2016中国城市会展业竞争力指数年度发布会暨高端学术论坛"上，由商务部和中国会展经济研究会主办，广州被评为首批"中国最具竞争力会展城市"，彰显了其在会展行业中的领先地位。

广州的会展场馆以中国进出口商品交易会展馆为核心，形成了会展场馆集群，包括中国进出口商品交易会展馆、广州保利世贸博览馆、中洲国际商务展示中心、南丰国际会展中心、广州国际采购中心等五大专业展馆。这些展馆室内可租用面积达55万平方米，规模各异，能够满足不同类型展会的需求。此外，展馆周边的酒店、交通、商务中心等配套设施也十分完善，为会展参与者提供了便利条件。

以广交会为例，有"中国第一展"美誉的广交会，是中国出口商品交易会的简称。自1957年春季创立以来，已经历了60多年的发展历程。从最初的19个国家和地区的采购商参与，商品种类有限，到现在展位总数达到60 228个，吸引了24 700家境内外企业参展，广交会的规模和影响力不断扩大。广州凭借其广阔的消费市场，吸引了来自世界各地的参展商，为他们提供了寻找目标消费者和市场主体的平台。这种市场优势不仅孕育了各类会展活动，还吸引了包括德国法兰克福展览公司、香港雅式公司、中贸推广公司和蒙歌玛利集团在内的国际展览公司在广州举办展览。广交会的成功，与国家政策的支持和扶持密不可分，这是其能够持续取得良好效果的重要保障。在广交会的基础上，广州市委、市政府借鉴其经验，不断创新，推出了一系列新的综合博览会和专业展会。通过"以博带专，以专促博"的发展策略，广州逐步实现了从以综合展为主向以专业展为主的模式转型，其在国内外的知名度和影响力不断提升。

得益于广交会的带动效应，广州的展览活动呈现出日益繁荣的景象。据不完全统计，广州每年举办上百个展览会，其中超过30个为国际性展览，如广交会、广州博览会等。广州的会展经济已形成规模，并在华南地区发挥着日益显著的辐射和带动作用。

（四）成都

成都，这座位于中国西南部四川盆地的地级市，素有"天府之国"的美誉。近年来，凭借其独有的魅力和活力，成都在会展业的发展上展现出鲜明的特色。这得益于成都的优越地理位置、丰富的文化底蕴、完善的产业配套以及政府的大力支持。目前，成都已成功吸引了众多国内外知名会展活动，无论是大型国际展览会还是高端专业论坛，成都都能以其独有的魅力和优质服务赢得与会者的广泛赞誉。成都在国际会展舞台上逐渐崭露头角，成为会展业界的璀璨明星。成都会展业正聚焦于打造"名展、名馆、名企、名业"，不断推动外向型资源平台的建设和提升会展业对城市的赋能作用，加速提升城市会展水平。

2022年11月12日，第106届全国糖酒商品交易会在成都成功闭幕，这是首次采用"一展双馆"模式的盛会，展览总面积达26万平方米。此次糖酒会的成功举办，对于增强行业信心和推动产业发展起到了积极作用。数据显示，2022年，成都会展业的展出总面积达到了620.8万平方米，总收入高达711.3亿元，成功促成715个签约投资项目，协议投资金额达到5510.1亿元。成都会展日程表上已经列入了多项重要活动，包括中国西部国际博览会、全国医院建设大会暨展览会、中国质量大会、亚洲营养大会以及全球城市绿色发展与乡村振兴论坛等，进一步彰显了成都会展业的繁荣和活力。

目前，成都拥有600余家重点会展企业，吸引了英国英富曼、瑞士迈氏、法国智奥等国际知名企业在此办展。成都凭借其市场辐射力、航空条件和优质的会展环境等优势，已成为中西部地区举办国内外重大会展活动的首选地，并成功跨入亚太十大会展城市之列。

图2.2　2024年成都国际房车露营户外旅游展览会

依托国家支持成都建设国际会展之都的契机，成都会展业正致力于开放门户、资源链接，精心策划和组织重大展会活动。成都会展业充分发挥其在促进消费、项目合作和贸易往来中的作用，以四川天府新区和成都高新区为"双核"，聚焦航空枢纽、运动赛事、会奖旅游、特色农业等四大特色领域，依托全域会展资源和重点产业链，构建了"2+4+N"的会展业发展新格局。

同时，成都正聚焦重点产业链，推动会展业与先进制造业、现代服务业等深度融合。鼓励和支持本土会展龙头企业组建大型会展集团,力争进入全球会展 50 强和国内会展 30 强。此外,成都还积极推动智慧会展平台和智慧场馆的建设,充分利用天府绿道、体育场馆等优势资源,策划并打造具有成都特色的消费展会,如露营旅游休闲产业博览会、冰雪产业博览会等,进一步丰富会展业的内涵和外延。

思考与练习

1. 谈谈会展业对城市发展的作用。
2. 与会展业发达地区相比,我国会展业还存在哪些差距。
3. 发达国家的会展业运作模式有何特点。
4. 试述我国会展业的城市发展格局。

第三章 会议业

思维导图

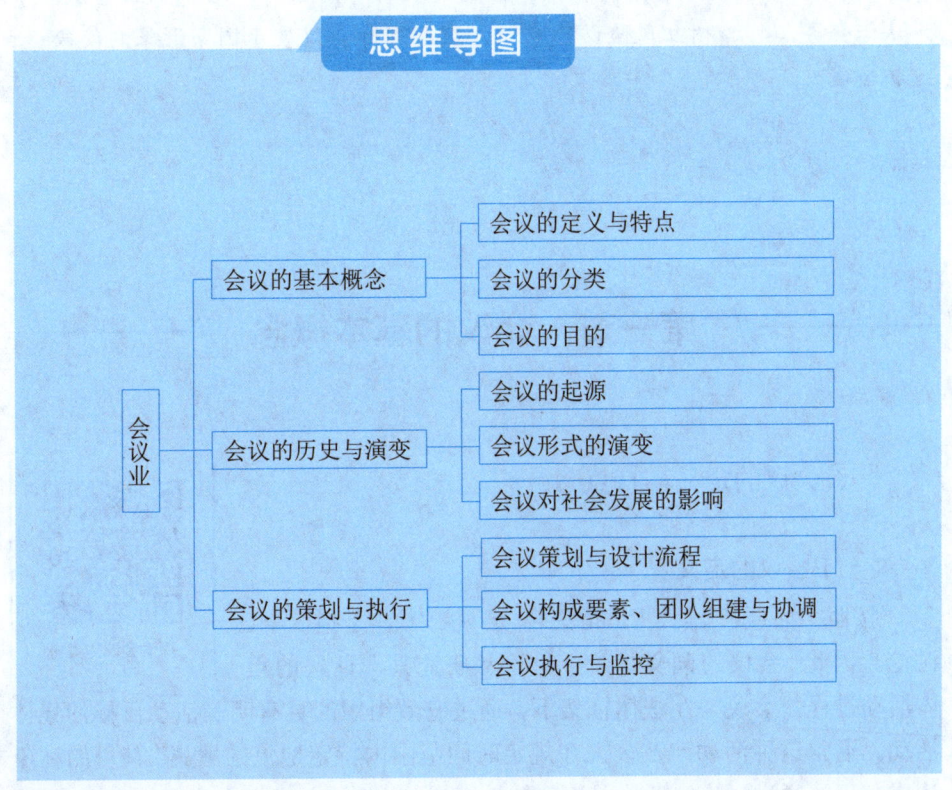

🎯 **学习目标**

知识目标：
- 掌握会议概念与特点。
- 能够阐述会议的发展与演变。
- 认知会议对社会发展的作用。
- 熟知会议团队构成要素

技能目标：
- 能够识别不同的会议分类标准。
- 能够掌握会议策划工作流程。
- 掌握会议工作协调步骤与监控的流程。

素养目标：
- 运用系统思维，梳理会议历史发展的时间顺序，培养职业意识，认识会务工作，树立风险防范意识，理解国际会议展示国家形象的使命担当。

第一节 会议的基本概念

一、会议的定义与特点

（一）会议的定义

按照字面理解，"会"是指集合、会聚，"议"是指议事、讨论。因此，会议的词义是一个讨论和研究某一话题的集体活动过程。会议是在法律框架下，通过有效组织的具有明确活动目标的集体活动。通常这种活动涉及多人在规定时间范围内特定地点的聚集，其目的在于达成共识或通过讨论、研究、交换信息、商讨事项等方式作出决定。当今世界，各种名目繁多的会议此起彼伏。从大型国际组织和国家政府机构，到小型组织之间、学校内部成员之间、家庭内部成员之间，到处都可以看到会议的身影。

探索会议的奥秘

孙中山先生在其著作《民权初步》提到："凡研究事理而为之解决，一人谓之独思，二人谓之对话，三人以上而遁一定规则者，则谓之会议。"《现代汉语词典》对会议的解释是：首先，会议可以指经常商讨并处理重要事务的常设机构或组织的名称，如人民代表大会和政治协商会议。其次，会议可以指有组织、有领导地了解、协商和决定某些事项的临时性集会，即一种社会活动方式。第一种解释显示会议是法律规定范围内的机构，第二种解释则体现了会议的一些特征，如组织性、聚集和活动。维基百科将会议定义为一种人类社会的社交、共同、政治、意见交流和信息传播的活动，至少有两个人及以上参与。世界旅游组织（UNWTO）解释会议为一群人聚集到某个地方，就某个事情进行商讨或举办一项活动，其主要目的是激励参与者开展业务活动和分享观点等。

在2014年发布的《会议分类与术语》国家标准中，首次对会议进行了定义。标准中指出，会议是在特定的时间和空间内，通过发言、讨论、演示、商议、表决等多种形式，达到议事协调、信息交流、知识传播、联络推介等目的，且具备一定人数的群体活动。

（二）会议的特点

在会展行业中，会议通常指的是一种正式的、有组织的活动，它具有以下特点：

（1）目的性。会展行业中的会议通常有明确的目的，比如行业交流、产品展示、市场调研、教育培训或商业洽谈。

（2）组织性。会议由专业的组织者或机构策划和执行，包括会议的主题、议程、时间、地点和参与者等。

（3）专业性。会议往往围绕特定的行业或领域，参与者通常是该领域的专业人士或对主题感兴趣的人士。

（4）交流性。会议提供了一个平台，让参与者可以交流思想、分享经验、讨论问题和建立联系。

（5）商业性。在会展行业中，会议常常与商业活动相结合，如产品发布、商务洽谈和交易。

（6）多样性。会议的形式多样，可以是大型的国际会议、小型的专业研讨会，或者是在线虚拟会议。

（7）技术性。现代会展行业中的会议越来越多地利用技术手段，如多媒体展示、在线直播、虚拟现实等，以增强会议的互动性和吸引力。

（8）法规性。会议的举办需要遵守相关的法律法规，包括安全、健康、版权和商业法规。

（9）持续性。许多会议是周期性举办的，如年度会议或季度会议，以保持行业交流的连续性和深度。

（10）品牌性。成功的会议可以成为品牌活动，吸引固定的参与者群体，并对行业产生长远的影响。

（11）经济性。会议对举办地的经济有积极影响，包括增加旅游收入、促进当地商业活动和提高地区的知名度。

（12）可持续性。随着对环境保护意识的提高，会展行业中的会议也越来越注重可持续性，包括减少资源浪费和碳排放。

总的来说，会展行业中的会议的概念是一种具有明确目的、组织性、专业性和交流性的活动，通常围绕特定行业或领域进行，为专业人士提供交流思想、分享经验、讨论问题和建立联系的平台。这些会议往往与商业活动相结合，利用现代技术手段提升互动性和吸引力，同时遵守法律法规，注重可持续性，减少对环境的影响。成功的会议能够成为品牌活动，对促进行业发展、技术交流和市场拓展具有重要作用，并对举办地的经济产生积极影响，增加旅游收入和提高地区知名度。此外，许多会议是周期性举办的，以保持行业交流的连续性和深度。

二、会议的分类

（一）按会议范围划分

会议可分为国内会议与国际会议。国际会议并没有统一的定义，但为了方便统计，国际会议组织对国际会议进行了相关界定。其中，ICCA(International Congress & Convention Association)和国际协会联盟(Union of International Associations, 简称UIA)的界定应用较为广泛。

（1）ICCA对国际会议的界定：国际会议(interationalconference)，至少在3个国家巡回举办过、参会者不低于50人的定期举行的会议。

① 定期举行。

② 至少在3个国家巡回举办。

③ 参会者不低于50人。

（2）UIA对国际会议的界定（国际协会联盟UIA界定国际会议需满足以下任一条件）：

① 由UIA年鉴收录的国际组织所举办或赞助的会议，且参与者不少于50人。

② 由UIA年鉴收录的国际组织所举办或赞助的会议，但具有明显的国际特征，特别是由国内组织和国际组织的国内分部举办；至少40%的参与者来自东道国以外的国家和不低于5个国家的代表参加；会议至少持续3天；有同时

举办的展览或至少有 300 人参加。

③ 由 UIA 年鉴收录的国际组织所举办或赞助的会议，但具有明显的国际特征，特别是由国内组织和国际组织的国内分部举办；至少 40% 的参与者来自东道国以外的国家和不低于 5 个国家的代表参加；会议至少持续 2 天；有同时举办的展览或至少有 250 人参加。

（二）按会议形式划分

根据会议的具体沟通与交流形式，会议可分为大会(conference)、代表大会(congress)、"会+展"(convention)、峰会(summit)、论坛(forum)、研讨会(seminar/symposium)、工作坊(workshop)等。虽然每种形式的会议没有严格的区分，但其都有特色的交流方式。围绕特定的主题进行交流、讨论、磋商，也用于向公众或特定领域的专业人士传达特定信息。

1. 大会

大会(conference)：围绕特定的主题进行交流、讨论、磋商，也用于向公众或特定领域的专业人士传达特定信息与交流的会议(Rogers,2008)。大会的举办不一定需要定期或连续举办，规模通常比代表大会要小(Roger,2008)。

2. 代表大会

面向特定组织成员定期召开的会议。一般代表大会每年或多年定期举办，成员聚集在一起讨论特定的议题(Roger,2008)，如全国人民代表大会、联合国大会等。

3. "会+展"

以讨论、社交和参加相关活动为主的会议，带有学习的性质(Roger,2008)。这类会议规模相对较大，尤指政党组织或专业人士参加的会议。会议期间往往有配套的展览举办，服务行业发展，形成展中有会、会中有展的格局。

4. 峰会

峰会是聚集各国最高领导人围绕特定主题进行磋商的会议，往往同时有媒体曝光、严格的安保和设定好的议程。如 G20 峰会，Group of Twenty Finance Ministers and Central Bank Governors；地球峰会，又称联合国可持续发展大会，UNCSD。此外，还有聚集重要企业领导者探讨行业前沿的行业峰会。

5. 论坛

论坛是一种交流想法与意见的会议形式，重视就某一议题的讨论与辩论。如博鳌亚洲论坛(Boao Forum for Asia,BFA)。

6. 研讨会

研讨会是一种以讨论和教育培训为主的会议形式，通常规模较小，设有多个讨论环节，参会者需要围绕特定议题进行展示和讨论。研讨会在教育行业应用较为广泛。

7. 工作坊

工作坊是一种小型会议，参与者虽少但需要活跃参与和发言，是一种重视高强度讨论与产出的会议形式。工作坊在教育与培训行业应用较为广泛。

（三）按会议主办方和参与者划分

根据会议的主办方和参与者，会议可以分为企业会议(corporate meeting)和非企业会议(non-corporate meeting)。

1. 企业会议

企业会议由企业内部发起，其目的是与其员工及利益相关者沟通，可分为企业内会议和企业间会议。企业内会议包括企业内部日常会议与年会等，企业间会议包括供应商大会、新品发布会等。

企业会议的特点：会议举办地选址决策的过程较为快速，多在商务型酒店、培训中心、会议中心举办。决策者多样化，参会者多为企业内部职员，持续时间较短，一般为1～2天，人均预算较高。

2. 非企业会议

非企业会议又被分为政府会议与非政府会议两类。政府会议由政府发起，商讨相关政策与公共事务。非政府会议由非营利组织、协会等非企业非官方组织发起。现有研究对会议类型进行了进一步细分，分为企业会议、协会会议、政府会议和SMERF会议。其中，SMERF是社交(social)、军队(military)、教育(educational)、宗教(religious)和联谊团体(fraternal)的简称。

协会会议的特点：会议选址决策过程较长，基于协会会议组织委员会讨论选址事宜，亦有可能会议场地为协会会议提供。会议参与者多为自愿参加，举办时间2～3天。定期举办，往往提前很久开始筹办以及提前处理报名参会事宜。多在会议中心、高校举办。人均预算不高，部分参会者需自付会议费用，对于价格比较敏感。

政府会议的特点：政府会议因涉及国家资金，预算与花费需要审计与监管，会议时长和会议选址因预算而定。政府会议安保措施必不可少，风险要素较其他会议多。

SMERF会议的特点：对于会议价格较为敏感，同时还体现在会议产生的住宿、会议场馆选址，住宿标准以经济型酒店偏多。这类会议的策划组织运营多为社会团体自身，通常在周末或者节假日举办。参会者携带家属等随行人员几率大，在会议目的地停留进行旅游观光的活动。

（四）按会议规模划分

会议的规模主要指参加会议的人数多少，有时也包含会期的长短。依据这一标准，可以将会议分为：小型、中型、大型、特大型会议类型。

（1）小型会议。小型会议一般指参加的人数少则几人，多则几十人。在会议行业认定的小型会议规模是一百人以下的会议。例如：公司会议、某企业的工作会议、员工座谈会、经销商洽谈会等。这类会议多在商务型酒店召开。

（2）中型会议。中型会议一般指参与人数在百人以上千人以下的会议。如代表会议、全国知名企业全体会议、专业性会议、学术型研讨会、国际企业招待会等。

（3）大型会议。大型会议一般指参加人数在千人以上万人以下的会议。如全国人民代表大会、省域级别以上的表彰大会、各种大型节庆盛典等。

（4）特大型会议。特大型会议一般指参加人数在万人以上的会议。

（五）按会议的活动特征划分

根据会议活动特征的不同，会议可以分为商务型会议、政治性会议、学术性会议、展销会议等。

1. 商务型会议

公司、企业因业务、管理、发展等需要而召开的会议被称为商务会议。出席这类会议的人员素质比较高，一般是企业的管理人员和专业技术人员。商务会议一般对设施、环境和服务有较高的要求，消费标准也比较高。召开商务会议一般选择与公司形象大体一致或更高层次的饭店，如大型企业或跨国公司一般都选择当地最高星级的饭店。商务型会议经常办宴会，会议效率高，会期短。

2. 政治性会议

国际政治组织、国家和地方政府为某一政治议题召开的各种会议属于政治性会议。政治性会议根据内容需要一般采取大会和分组讨论等形式。

3. 展销会议

参加商品交易会、展销会、展览会的各类展商及一些与会者除参加展览外，还会在饭店、会议中心等场所举办一些招待会、报告会、谈判会、签字仪式、娱乐活动等，这些会议可以统称为展销会议。另外，一些大型企业或公司在饭店举行会议时，同时还会在饭店举办小型展销活动，这些会议也可划入展销会议范畴。

4. 专业学术会议

专业学术会议是某一领域具有一定专业技术能力的专家学者参加的会议，如专题研究会、学术报告会、专家评审会等。

5. 文化交流会议

文化交流会议是各种民间和政府组织组成的跨区域性的文化学习交流活动，常以考察、交流等形式出现。

6. 培训会议

培训会议是用一个会期对某类专业人员进行的有关业务知识方面的技能训练或新观念、新知识方面的理论培训，培训会议形式可采用讲座、讨论、演示等形式进行。

7. 度假型会议

度假型会议是一些公司或社团协会等机构利用节假日、周末等时间组织人员边度假休闲、边参加会议。这样既能增进互相了解，增强机构的凝聚力，又能解决所面临的问题。度假型会议一般选择在风景名胜地区的饭店或度假区举行。会议通常会安排足够的时间让员工观光、休闲和娱乐。

三、会议的目的

（一）信息交流的目的

会议是信息交流的重要平台，参与者可以分享最新的行业动态、研究成果和市场趋势。

会议作为信息交流的重要平台，其促进信息交流的原因在于：首先，会议提供了一个集中的交流环境，使得来自不同地区和领域的专业人士能够面对面深入讨论共同感兴趣的主题。其次，会议的专题讨论和多样化的交流形式，如座谈会、研讨会和工作坊，不仅丰富了交流方式，也满足了不同参与者的需求。此外，会议鼓励参与者之间的互动，如提问、评论和辩论，这有助于深化对信息的理解和认识。会议还是学者和研究人员展示最新研究成果的场所，这些成果往往首次公开，为信息交流提供了新鲜内容。同时，会议帮助参与者建立专业联系和网络，这些联系在会议之外也能持续促进信息的交流。跨学科的交流打破了信息孤岛，促进了不同领域之间的知识和信息融合。会议中信息的快速传播，通过口碑、会议材料和媒体报道等途径迅速扩散，扩大了信息的影响力。技术和创新的展示推动了行业和技术的发展。最后，国际会议促进了不同文化背景下的观点和信息交流，增进了相互理解和尊重。这些因素共同作用，使得会议成为了促进信息交流的有效平台。

（二）知识分享的目的

会议往往聚集专业人士，他们通过会议分享他们的专业知识和经验，促进知识的传播和更新。会议作为知识分享的枢纽，其目的在于多维度的专业知识传播和经验交流。专业人士在会议中通过演讲和研讨，不仅传授专业技能，也分享实践中积累的宝贵经验。这种交流有助于与会者拓宽视野，促进个人和专业层面的成长，同时确保知识库的持续更新以跟上行业发展的步伐。跨学科的会议为参与者提供了学习不同领域知识的独特机会，激发创新思维。通过分享，专业人士还能建立自身的专业声誉，并为未来的合作奠定基础。此外，会议也是进行教育和培训的有效场所，特别是对于那些需要不断学习和适应新知识的专业人士。最后，知识分享还包括文化和观点的交流，这不仅促进了不同背景人士之间的相互理解，也加深了对不同观点的尊重和认识。总之，会议在促进知识传播和更新方面发挥着至关重要的作用。

（三）寻觅商业机会和建立网络的目的

会议是商业机会和网络构建的催化剂，其目的在于提供一个多维度的互动平台。在这里，企业能够展示自己的产品、服务和创新成果，洞察市场趋势和消费者需求，从而为市场定位和产品开发提供信息支持。面对面的交流有助于建立信任，这是商业关系成功的基石，同时也促进了新的合作想法的产生。通过参与会议，企业和个人能够扩展自己的专业网络，这对于职业发展和业务拓展至关重要。积极参与会议讨论和展示，有助于提升品牌形象，同时了解竞争对手的动态和战略。此外，会议还是资源对接和长期关系投资的重要场所，这些关系在未来可能转化为宝贵的商业机会。

综上所述，会议通过提供商业展示平台、市场洞察、建立联系、信任建立、合作机会、网络扩展、品牌提升、竞争分析、资源对接和长期关系投资等途径，有效地促进了商业机会的寻觅和专业网络的建立。

（四）行业标准和规范的制定的目的

会议之所以能为行业带来标准和规范的制定，是因为它汇集了行业专家和领导者，集中了丰富的知识和经验，为制定行业标准提供了坚实的基础。在会议中，通过开放和深入的讨论，参与者能够分享最佳实践、研究成果和市场数据，形成共识，并为初步的标准和规范提供反馈。跨领域协作在会议中得到促进，有助于制定出更全面、适应性强的行业标准。会议的快速召集能力使得行业能够及时响应环境和技术的变化，更新标准以保持其时效性。此外，会议所制定的标准和规范往往具有较高的权威性和认可度，因为它们得到了行业内外专家的广泛认同。会议还充当了政策和法规协调的平台，确保新标准与现行法律框架相一致，并有助于对接国际标准，推动全球行业标准的统一。最后，会议不仅是制定标准的起点，也是其持续改进和更新的场所，确保行业标准能够持续发展，满足不断变化的行业需求。

（五）拓宽国际合作的目的

国际会议作为促进全球合作的重要平台，其目的在于通过文化交流和知识共享，建立并加强跨国界的联系与专业网络。这些会议不仅增进了对不同市场、法律和商业习惯的理解，而且为发现新的合作伙伴和项目机会提供了广阔视野。在国际标准的制定和协调、解决跨国问题、增强国际影响力以及政策对话方面，国际会议发挥着关键作用。此外，通过持续参与国际会议，国家和组织能够对国际合作进行长期投资，从而建立稳定和持久的国际伙伴关系，共同推动全球发展和进步。

国际会议通过促进文化交流、知识共享、建立国际联系、增进相互理解、发现合作机会、协调国际标准、解决共同问题、增强国际影响力、促进政策对话和长期合作投资等途径，有效地拓宽了国际合作的可能性。

（六）危机管理的目的

会议之所以能够起到危机管理的目的，是因为它为快速响应提供了平台，使得关键决策者能够迅速聚集并共同应对紧急情况。会议能够集中关键信息，帮助所有参与者对危机有全面的理解，从而作出更加明智的决策。此外，会议促进了不同部门或组织之间的协调，确保了行动的一致性和资源的有效调配。在危机沟通方面，会议是制定内外沟通策略的关键场所，有助于维护组织的形象并控制信息流。通过会议，组织可以模拟危机情况，进行风险评估和应急演练，同时制定或更新危机管理预案，为可能发生的危机做好准备。会议还有助于制定危机后的恢复计划，减少长期影响，并建立持续监控危机发展和应对措施效果的机制。此外，会议中可以讨论危机管理中的法律和道德问题，确保应对措施的合法性和道德性，同时提供心理支持，帮助参与者应对危机带来的压力。

第二节 会议的历史与演变

会议是人类最常见的沟通形式之一,是社会组织之间、社会组织内部协商事宜、交流信息、沟通情感、达成共识的一种重要行为过程。"会议"一词最早出现在什么年代,尚待考证。但是,作为一种交往方式和沟通方式,会议活动在远古的氏族社会就已经出现,可谓源远流长,恩格斯在《家庭、私有制和国家的起源》一书中指出,早在荷马时代,古希腊人和古代德意志人就建立了氏族首长议事会和人民大会制度。当时的氏族在举行人民大会时,男男女女都站在周围,有秩序地参加讨论,这种会议形式被称为"围立"。《尚书·盘庚》中也有关于我国在商代已出现类似人民大会和氏族首长议事会制度的记载。

会议的历史演变:从古代集会到现代沟通

一、会议的起源

会议起源于思想交流。人类在文明前的存在形式:一是劳动;二是思想。最初的劳动可以独立进行,甚至独立完成。但是,思想从一开始就注定不可能独立进行,因为思想依赖语言,语言需要交流,交流一定发生在两个人以上。所以,一旦发生两个人以上的语言交流,"会议"就产生了。

简言之,劳动生产的物质产品刺激了交换和物质产品市场的形成。思想交流则导致了"会议"的出现。因此,与物质产品的生产和交换相对应,会议即思想的市场,人们在这里交换思想。原始形态的会议很可能是在人们的行动中,在劳动中进行。会议的历史一定是万分之悠久,悠久到几乎和劳动同时的程度。如同物质市场交换一样,作为思想市场的会议交流一定是开放的和平等的。人类文明是从两个轮子开始的:一个轮子是出售劳动物质产品的物质交易市场;另一个轮子是自由开放形式的思想市场。这两个轮子最终让人类文明得以转动。

伴随着人类文明的进展,会议形式日益多样化。贯穿古今和中外文明,"对话"视作一种早期组织并不显著的会议形式。西方世界的古希腊思想家们在广场上的讲话,而古希腊的广场类似自由集贸市场。柏拉图的"对话"、苏格拉底倡导的"问答法"至今仍然是一种重要的教育教学方法。他们的"对话"流传至今,影响着世人们的精神发展,具有不朽的价值。而东方,中国《诗经》通过唱诵朗读得以广为传播,《论语》是记录着孔子与学生们的"对话",或者说属于通过教育实现知识传播目的的特殊会议。

古代国家的会议，特别是古代国家与国家间的会议主要缘于其外交活动，最初是两个国家的代表会晤并探讨关系到两国利益的问题，后来发展到数个国家以集会的方式解决涉及各自利益的问题。在古代，无论是东方，还是西方，都有国际会议的雏形。

在东方，古代中国春秋战国时期就出现了诸侯国集会的先例，如公元前678年，即周厉王四年（癸卯）阴历十二月，齐、鲁、宋、陈、卫、郑、许等国国君会盟于幽州；而在西方，荷马史诗《伊利亚特》中已有各方召开会议讨论战争或媾和问题的描述；古代希腊则有过城邦之间的邦际会议，如有名的"近邻同盟"，每年春、秋两季各召开一次，讨论共同关心的问题，并作出有约束力的决定。

进入中世纪之后，随着封建君主制的巩固和民族国家的成长，会议在西方获得了新的发展。其突出表现是由罗马教皇多次召开的"万国宗教会议"。这些会议的参加者包括欧洲各国的僧侣代表，也有世俗国君的使节。会议不仅讨论宗教问题，还涉及世俗问题。到15世纪，宗教会议除讨论那些重大的宗教问题之外，还探讨一些政治性问题，如国际冲突等，对当时的国际关系产生不小的影响。在这些会议上，国君及其使节开始发挥重要作用，参会的代表团初步具有了"民族"的性质。可以说，万国宗教会议是现代国际会议的前身。

二、会议形式的演变

17世纪中叶召开的威斯特伐利亚会议是被认可为真正具有现代意义的国际会议。威斯特伐利亚国际会议体系，也称为威斯特伐利亚和约，是在17世纪中叶召开的会议中形成的体系。这一体系象征着三十年战争的结束，通过签订的一系列和约确立。参与签约的包括西班牙哈布斯堡王朝、神圣罗马帝国的部分诸侯邦国（如勃兰登堡、萨克森、巴伐利亚等）以及法国和瑞典等国。这个体系确立了国家主权平等、国家领土完整不可侵犯等原则，这些原则在后来的国际关系中发挥了重要作用。会议经过长时间的艰苦谈判，终于在1648年10月签署了威斯特伐利亚和约，从而结束了使欧洲大陆饱受战乱之苦的三十年战争。在此后的一个多世纪之中，签署的威斯特伐利亚和约对欧洲大陆的国际关系产生了重要影响。威斯特伐利亚会议更是开创了近代国家之间通过举行大规模国际会议来解决重大国际问题的先例。这次会议虽然在组织和程序上还不完善，但在接待礼仪、嘉宾排位、代表权限等会议细节方面为以后的国际会议提供了宝贵经验。威斯特伐利亚体系被认为是近代国际关系史上的一个重要里程碑，标志着现代国际关系的开始。它确立了国家主权的概念，即每个国家都有权自主决定自己的内政外交，不受外部势力的干涉，这一原则至今仍然是国际法的基本原则之一。

此外，威斯特伐利亚体系的影响不仅限于欧洲，其原则和概念对全球的国际关系产生了深远的影响。例如，它确立的国家主权原则，使得国家成为国际关系中的基本单位，每个国家都有权独立地与其他国家进行交往和互动。这一体系还促进了国际法的形成和发展，为后来的国际组织和国际协议提供了基础。因此，威斯特伐利亚体系被广泛认为是现代国际关系和国际法的基础之一。

国际大会及会议协会，简称ICCA，创建于1963年，总部位于阿姆斯特丹，是全球国际会议最主要的机构组织之一。ICCA目前在全球拥有100多个成员国家和地区，其首要目标是评估有效的方法以促使旅游业融入快速增长的国际会议市场，并交流他们在经营活动中所需的实务信息。

经过几百年的发展，会议的领域逐步扩大，并呈现出以下几个趋势：第一，主题领域不断扩大。除了国家间、政府间举行的国际会议，半官方或民间的国际会议相当盛行。除政治性的国际会议外，经济、社会、科技和学术领域的国际会议比重显著提高。第二，形式不断多样。论坛、研讨会、圆桌会议、会晤等都可成为会议形式，甚至可以用鸡尾酒会的形式来办会议，如1988年东盟在印度尼西亚雅加达邀请柬埔寨四方和越南举行的"鸡尾酒会"。第三，会议程序日益完善。举办一个成功的会议，是一个系统工程，需要做好每个环节。会议的分工日益明确，程序规则也更加具体、详细。

三、会议对社会发展的影响

（一）对社会宏观层面的影响

会议作为社会发展的重要推手，其影响贯穿于政策制定、民主实践、知识传播、社会动员、国际合作、经济发展、社会问题解决、文化多样性、组织效能、法律规范发展、教育创新以及专业发展等多个宏观层面。它们是政府和立法机构讨论和修订政策与法律的平台，体现了民主决策过程，确保了公民参与和社会声音的反映。学术和专业会议加速了科学发现和技术革新，促进了文化和科学的进步。社会动员会议能够统一思想，推动重大社会变革。国际会议在解决全球问题、协调国际关系、促进世界和平方面发挥着关键作用。商业和贸易会议推动了经济全球化和市场发展。会议还为解决公共卫生、环境保护等社会问题提供了讨论平台。文化交流会议丰富了人类的文化遗产，促进了不同文化之间的交流和理解。内部会议提升了组织的运作效率和决策质量。历史上许多重要法律和规范的诞生,对后世的法律体系和社会治理产生了深远影响。教育会议推动了教育理念和方法的创新,提高了教育质量和效果。专业培训和继续教育会议为个人职业发展提供了机会,促进了劳动力市场的专业化和技能提升。总体而言,会议在推动社会全面进步和现代化中发挥着不可或缺的作用。

会议对社会宏观层面的影响具体分析如下:

(1)为政策和法律制定提供平台:会议是政府和立法机构讨论、制定和修订政策与法律的场所,对国家治理和社会秩序产生深远影响。

(2)民主实践的场所:会议体现了民主决策过程,通过集体讨论和投票,确保了公民参与和社会声音的反映,促进了民主制度的实践和发展。

(3)知识与技术进步的助推器:学术和专业会议推动了知识的交流与传播,加速了科学发现和技术革新,对社会进步和现代化具有重要推动作用。

(4)社会动员与变革的舞台:会议在历史上多次成为社会运动和政治变革的催化剂,通过动员公众参与,推动了重大社会变革。

(5)国际合作与和平的调解员:国际会议是解决全球问题、协调国际关系、促进世界和平的关键平台,如联合国会议在维护国际秩序中的作用。

(6)经济发展与贸易的中枢:商业会议和贸易展览促进了商品和服务的交易,推动了经济全球化和市场发展。

(7)社会问题解决机会:会议提供了讨论和解决紧迫社会问题的空间,如公共卫生危机、环境保护和社会不平等等。

(8)文化多样性与交流地:文化节日和艺术会议促进了不同文化之间的交流和理解,丰富了人类的文化遗产。

综上所述,会议在社会发展的多个方面发挥着关键作用,从政策制定到知识传播,从社会动员到国际合作,从经济发展到文化繁荣,会议都是推动社会向前发展的重要力量。

(二)对社会个体的影响

在历史的推进下,会议对社会的发展有诸多的作用和影响。从现代会议发展来看,会议是非常重要的商务活动,根据《中国会议蓝皮书》的相关数据可了解到,中国企业会议占据会议市场71.7%;政府、事业单位和社会团体会议的总和占全国会议市场份额的28.4%。会议是围绕某一目的聚集特定领域的人的活动。会议能够为社会带来社交联系、教育与提升、职业提升、旅游机会等。这些具象化的影响能够体现出会议之内的交流与互动,以及这种交流互动所带来的附加价值,是会议功能的重要体现。在特定空间之下人与人面对面的互动,是理解会议的功能和作用的重要基础。现有研究表明,会议是建立商务联系、展示技术与能力、促进技术扩散、促进思想交流与传播的空间。

基于此，从个体层面分析，会议为商务合作、交流互动、社交联系与知识扩散这几个方面都带来了有利的影响。并且这几项功能并非相互割裂，而是相互交融和相互促进的发展。

第三节 会议的策划与执行

一、会议策划与设计流程

会议策划与执行是一项全面且细致的工作，它从项目启动开始，首先需要成立一个专业的策划团队，并明确会议的目标、规模和预期成果。随后，通过市场调研来分析目标受众、行业趋势和竞争对手，以确定会议的定位和差异化策略。紧接着，制定详尽的预算计划，包括成本和预期收入，同时确定吸引人的会议主题，并选择适合的时间和地点进行预订。

在议程规划阶段，设计详细的日程安排，同时进行场地布置设计和技术支持准备，确保所有技术设备能够满足会议需求。参与者邀请随即展开，制定名单并发送邀请函，同时制定宣传推广计划，通过多渠道提升会议知名度。注册管理系统的开发或选择，将简化与会者的报名流程。

接下来，为与会者安排住宿与交通，同时进行风险评估和管理，确保能够应对突发事件。物资采购与管理，以及与各类供应商的协调，也是会议顺利进行的关键环节。现场管理计划的制定，将确保会议当天一切按计划执行。此外，设计互动环节可以提高与会者的参与度，而记录与报道计划则确保会议内容得到妥善记录和传播。

反馈收集机制的建立，将帮助收集与会者的意见和建议，而效果评估方法的确定，将衡量会议的成效。会后，制定跟进计划，包括发送感谢信和会议总结，探讨后续合作机会。财务结算流程将核对所有收入和支出，确保财务透明。最后，编写总结报告，记录成功之处和改进空间，并根据反馈制定持续改进计划。通过知识管理，将本次会议的经验和知识存档，为未来类似活动提供宝贵参考。这一系列的步骤共同构成了会议策划与执行的完整流程，确保了会议的专业性和高效性。

具体拆解会议策划与执行的工作总共可以拆分为以下 25 个流程：

（1）项目启动：成立会议策划团队，明确会议的目标、规模和预期成果。

（2）市场调研：分析目标受众、行业趋势和竞争对手，确定会议的定位和差异化策略。

（3）预算制定：编制详细的财务预算，包括会议成本和预期收入。

（4）会议主题确定：根据市场调研和会议目标，确定具有吸引力和针对性的会议主题。

（5）会议日期和地点选择：选择适合的会议时间和地点，并进行预订。

（6）议程规划：设计会议的详细日程安排，包括演讲、讨论、休息和社交活动等。

（7）场地布置设计：根据议程和技术需求，设计场地布置方案。

（8）技术支持准备：确定所需的视听设备、网络连接等技术支持，并进行测试。

（9）参与者邀请：制定参与者名单，包括演讲嘉宾、参与者和嘉宾，并发送邀请函。

（10）宣传推广计划：制定宣传计划，通过各种渠道进行会议推广。

（11）注册管理系统：开发或选择合适的注册系统，简化与会者的注册流程。

（12）住宿与交通安排：为需要住宿的参与者提供住宿预订服务，并安排交通接送。

（13）风险评估与管理：识别潜在风险并制定应对策略。

（14）物资采购与管理：准备会议所需的物资，如名牌、资料包、礼品等。

（15）供应商协调：与场地、餐饮、住宿、交通等供应商进行协调。

（16）现场管理计划：制定现场管理流程和时间表，确保所有环节按计划执行。

（17）互动环节设计：设计互动环节，提高与会者的参与度和满意度。

（18）记录与报道计划：制定会议记录和报道计划，包括拍照、录像和会议纪要。

（19）反馈收集机制：设计反馈收集方式，如问卷调查、访谈等。

（20）效果评估方法：确定评估会议效果的方法和指标。

（21）后续跟进计划：制定会后跟进计划，包括感谢信、会议总结和后续合作机会的探讨。

（22）财务结算流程：制定财务结算流程，确保收入和支出的核对。

（23）总结报告编写：编写会议总结报告，包括成功之处、不足之处和改进建议。

（24）持续改进计划：根据反馈和评估结果，制定持续改进计划。

（25）知识管理：将会议的经验、教训和知识进行记录和存档，为未来的会议策划与执行提供参考。

拓展阅读 3-1

为什么选择广东省珠海市横琴作为国际会议举办地

二、会议构成要素、团队组建与协调

（一）会议构成要素

会议项目团队的顺利组建与协调是确保会议成功举行的基石。首先会议从业人员应该知晓会议的构成要素。

1. 主办者

主办者是指对会议活动的组织、管理、协调负主要责任的机构或者个人的统称。会议都是由主办者举行的，主办者通常包括具有领导和管理职权的机关、会议活动的发起者特定组织的成员、通过一定的申办程序获得主办权的组织。会议的主办者一般可分为公司协会或非营利性机构（如政府机关、公众团体）等。随着会议主办形式的发展，现代会议的主办还往往涉及相关协办者或赞助者。

2. 协办者

会议活动如有必要，可以在主办者之外，确定若干协办者。协办者对会议活动应承担民事连带责任。会议协办的方式主要有以下几种：①经费资助，即协办者向主办者提供一定的经费支持。②名义使用，即协办者允许主办者以自己的名义举办会议。③智力支持，即协办者向主办者提供咨询、策划等智力支持。④物资支持，即协办者向主办者提供举办会议必需的物资。⑤人力保障，即协办者向主办者提供举办会议所需的会务人才支持，包括临时借调工作人员、招募志愿者等。⑥工作分担，即协办者分担主办者的一部分组织工作，这种情况下，主办单位与协办单位的分工必须明确。协办可以是无偿的，也可以是有偿的。

3. 赞助者

在举办一些大型会议活动时，争取赞助是解决会议经费问题的有效办法。赞助的方式可以是提供资金，也可以是免费或优惠提供场地、设备和其他会议用品。赞助者也可以是协办者，但两者在法律责任上有所区别，协办者负民事法律上的连带责任，赞助者则不承担民事责任。赞助者通常可以获得会议活动的会徽、吉祥物、名称的使用权。

4. 承办者

具体落实会议组织任务的机构或个人称为会议承办者,会议承办者既可以来自主办者内部,也可以来自主办者外部。承办者对主办者负责,具体职责由主办者决定或协商谈判确定。内部承办者往往是来自会议主办组织中的成员,通常会设立一个秘书处或筹划委员会,专门处理会议的筹备、管理和策划工作。秘书处或筹划委员会要负责确定会议目标、为会议选址、定义与会人群、确定会议时间、调配资源、安排人员、批准预算等。外部承办者通常是会议或相关行业中的专业人士,如专门提供会议承办服务的会展公司或旅行社,随着会议中介服务的发展,有越来越多的主办者将会议委托给中介公司筹办。此外,会议的承办涉及为会议提供各种服务和物资的供应商。其中包括酒店、会场、旅行社、航空公司、公关组织、印刷公司、货运公司,甚至电工等,会议的主办者将这些服务项目承包出去,这些机构也就成了具体的承办者。

5. 与会者

与会者就是参加会议的正式成员,包括主持人,也包括秘书,但不包括在会场上的其他服务人员。主持人是会议过程中的主持者和引导者,也往往是会议的组织者和召集者,对会议的正常开展和取得预期效果起着领导和保证作用。

会议主持人通常由有经验、有能力、懂行的人,或是有相当地位、威望的人担任。一般有两种情况:一种是当然主持人,是由其职务和地位,也就是由组织的章程或法规决定的;另一种是临时的主持人,比如,各种代表会议,或几个单位、几个地区的联席会议,则由代表们选举或协商产生。特别重大的会议,则需产生相应人数的主席团,由主席团成员集体或轮流主持会议。

6. 会议的议题

议题是会议所要讨论的题目,所要研究的课题,或是所要解决的问题。议题必须具有必要性和重要性,又必须具有明确性和可行性。会议围绕这样的议题展开讨论、进行研究,才容易取得共识或最后表决通过。每次会议的议题应该尽可能集中、单一,不宜过多,不宜太分散。尤其是不宜把许多互不相干的问题放在同一会议上讨论,使与会者的注意力分散不利于解决问题。

有些重大的代表会议,先由代表提出"提案",由秘书或秘书处汇总。再提交主席团或专门的"提案审查委员会"审议通过,才能成为列入会议议程的正式议题。

7. 会议名称

正式会议必须有一个恰当、确切的名称。俗话说,名不正则言不顺。会议的名称要求能概括并能显示会议的内容、性质、参加对象、主办单位或组织、时间、届次、地点或地区、范围、规模，等等。

会议名称必须用确切、规范的文字表达。它既用于会前的会议通知，使与会者心中有数，做好准备；又用于会后的宣传，扩大会议的效果；更用于会议过程中，使与会的全体成员产生凝聚力。

大中型的会议名称被制作成横幅大标语，置于会议主席台的上方或后方，作为会议的标志，简称"会标"。会标必须用全称，不能随意省略，以免语意不通，产生误会。

8. 会议时间

会议时间有三种含义：一是指会议召开的时间；二是指整个会议所需要的时间、天数；三是指每次会议的时间限度。召开时间应考虑到某个会议什么时间召开最合适。要考虑多种因素。首先是需要，如每周一次的工作例会通常放在周末的下午，一周即将结束，下一周就要开始，利于承上启下。一年一度的职工代表会议，宜于年初召开，既利于总结上年的工作、生产成果，又利于讨论、部署新一年的工作生产计划，通过各种预算等。有些会议如农业生产、学校教育等本身就有很强的季节性或季度性。其次是可能，即最好是每位与会者都能参加的时间。如日本的有些企业召开各部门干部汇报会，常定在下班前半小时，而不是安排在刚上班时。最后是适宜，即要考虑气候环境等自然因素和社会因素。

会议需要历经的时间长度可长可短，尽量紧缩。少则几分钟、几十分钟；多则几天、十几天。会议组织者应尽可能准确地预计需要时间，在会议通知中写明，便于与会者有计划地安排。

会议的时间限度，每次会议时间最好不超过一小时。如果需要更长时间，应该安排中间休息。

9. 举办会议的地点

会议地点，又称会址。既是指会议召开的地区，又是指会议召开的具体会场。为了使会议取得预期效果，选择会议的最佳会址也得考虑多种因素。

国际性或全国性会议，要考虑政治、经济、文化等大因素；专业性会议，应选择富有专业特征的城乡地区召开，以便结合现场考察；小型的、经常性的会议就安排在单位的会议室。选择会址，还要考虑会场设施、交通条件、安全保卫、气候与环境条件等因素。

10. 会议的表现形式

会议的表现形式很多，只要是在一定时间内有目的、有组织地把有关人员召集起来传递信息、协商事项、研究问题、布置工作、交流经验等，都可说是会议。在竞争激烈的当今社会，每天都在进行着各种会议活动，从国家之间的大会议到家庭内部的小会议。

（二）团队组建与协调

成功的会议依赖于精心策划和专业团队的协同工作。项目启动之初，需制定明确的计划，确立会议目标、规模和预期成果。团队构建需招募多领域专业人才，明确分工，并确保每个成员了解自己的职责和对整体目标的贡献。

沟通是团队协作的桥梁，必须建立有效的沟通机制，保持信息的透明和及时更新。共同目标的明确传达能够激发团队成员的积极性，增强团队凝聚力。风险管理是预见并规划应对潜在问题的关键步骤，确保能够迅速有效地处理突发事件。

资源协调是确保会议物资、场地和人员得到合理安排的前提。议程的精心设计和时间管理保证了会议内容的连贯性和效率。技术支持则确保了会议的视听效果和信息传播的流畅性。场地布置和后勤保障反映了会议的专业性和对参与者体验的重视。

宣传推广通过各种渠道吸引目标受众，而注册与接待则需提供高效、友好的服务体验。现场管理要求项目经理具备出色的组织能力和应变能力，确保会议按计划进行。互动环节的设计旨在提升与会者的参与感和满意度。

会后，通过收集反馈来评估会议效果，并进行总结，以便提炼经验、发现不足。财务控制贯穿始终，确保成本效益最大化。持续改进和知识管理是将经验转化为团队未来成长宝贵资源的有效途径。

综上所述，一个成功的会议项目团队需在策划、执行、反馈和改进各阶段进行细致的工作，确保每个环节都能精准执行，从而为与会者带来卓越的会议体验，实现会议的既定目标。

三、会议执行与监控

会议执行与监控的工作流程要求会议项目的工作团队具备高度的专业性和灵活性，能够应对会议运行中的各种情况发生，其核心意义在于确保会议的成功举办。会议工作者通过细致的准备、严格的执行和持续的改进，项目团队能够为参会者提供高质量的会议体验，实现会议的目标和价值。会议执行和监控工作流程可以拆分为 14 个阶段：

（1）执行前准备：进行最终的会议流程演练，确保所有细节符合策划方案。对团队成员进行最后的培训和指导，明确各自的任务和紧急联系方式。

（2）现场布置：确保会场布置符合设计要求，包括主题背景板、指示牌、座位安排等。对所有技术设备进行测试，包括音响、照明、投影、网络等。

（3）注册与接待：设立清晰的注册区域，配备必要的设备和人员，如计算机、打印机、名牌制作器等。为提前到达的参会者提供休息区域和茶点服务。

（4）开场与引导：由主持人或会议主席进行开场致辞，介绍会议主题、日程和重要嘉宾。通过PPT、视频或其他形式展示会议概览，帮助参会者快速了解会议内容。

（5）实时监控：指定专人负责监控会议进度，确保每个环节按时开始和结束。对会场内外情况进行实时监控，及时发现并解决问题。

（6）技术支持与后勤保障：技术团队在现场待命，随时解决可能出现的技术故障。后勤团队确保餐饮供应及时、住宿安排妥当，并处理其他突发需求。

（7）互动与参与度管理：在会议中设置互动环节，如问答、小组讨论等，提高参会者的参与度。通过现场调查或即时反馈工具收集参会者意见，实时调整会议内容。

（8）信息记录与传播：指定记录员或使用录音设备记录会议内容，确保信息的准确性和完整性。通过社交媒体、官方网站等渠道对会议进行实时报道，提高会议的可见度。

（9）风险管理：对可能出现的风险进行持续评估，如突发事件、恶劣天气等。根据风险评估结果，调整应急预案，确保风险可控。

（10）效果评估与反馈收集：设计评估工具，如问卷调查或访谈指南，收集参会者对会议的反馈。对收集到的反馈进行分析，评估会议的效果和满意度。

（11）会议调整与应急处理：根据实时监控和反馈结果，及时调整会议议程或内容。快速响应突发事件，启动应急预案，确保会议顺利进行。

（12）闭会与后续工作：在会议结束时，进行总结致辞，感谢参会者、演讲嘉宾和工作人员。安排参会者有序离场，并进行会场清理和物资回收。

（13）会后总结与报告：汇总会议记录、反馈和评估结果，编写详细的会议总结报告。与团队成员、客户和合作伙伴分享总结报告，讨论改进措施。

（14）持续改进：根据会后评估和反馈，制定持续改进计划，提升会议策划和执行的质量。将经验教训纳入知识管理，为未来会议的策划和执行提供参考。

四、AI智能助手在会议中的应用

现今各类AI工具在会议中逐步得到应用，助力会议高效举办。主要AI工具见下表（表3-1）。

表3-1 AI智能助手在会议中的应用

序号	AI智能助手名称	功能描述	优点	缺点
1	腾讯会议AI小助手	提供个性化提醒、总结会议内容、提炼关键信息等功能，支持会中获取重要信息、会后智能提炼纪要等	提供个性化提醒和实时紧急回顾；支持会中随时总结纪要内容；会后智能提炼纪要	需要在会议中开启云录制才能使用AI小助手
2	Zoom AI Companion	撰写电子邮件消息，提供会议摘要，分析电话录音并提供摘要	深度集成Zoom Workplace；提供侧边面板；支持AI生成的头像及声音	定制版AI Companion需要每月收费
3	Laxis	自动捕捉和转录会议，提供详细的见解和信息，生成会议摘要和行动建议	实时转录；与主要平台无缝集成；自动智能摘要和CRM集成	缺少情绪分析等高级功能
4	飞书妙记	提供语音识别转文字、会议纪要生成、多平台同步和分享等功能	实时语音识别转文字；会议纪要生成；多平台同步和分享	免费计划功能有限
5	通义听悟	提供实时语音转文字、多语言翻译、智能区分发言人等功能，智能分析和总结会议内容	实时语音转文字；多语言翻译；智能区分发言人；智能分析和总结	免费计划功能有限
6	Otter.ai	提供实时转录、自动撰写笔记、捕捉行动项，并生成总结	实时转录；自动笔记；捕捉行动项；生成总结	免费计划功能有限
7	Krisp.ai	利用高级算法消除背景噪声，提高语音清晰度，并提供实时会议记录和AI会议记录和总结功能	实时背景噪声移除；语音消除；会议转录；录音和AI生成的会议摘要	有时可能会影响语音质量或引入轻微延迟
8	Fireflies.ai	提供实时转录、自动记笔记和可操作的见解，简化工作流程并增强协作	用户友好；易于集成；提供及时的客户支持；支持笔记和转录	搜索功能精确度弱
9	Airgram	自动记录、转录、总结和分享会议内容，适合客户会议和团队协作	AI驱动的转录、音频和视频录制；对话分析；可定制的会议笔记和总结模板	免费计划功能有限；偶尔会出现转录错误；依赖互联网连接
10	Equal Time	提供实时参与追踪，确保每个人都有平等的贡献机会，提高会议的包容性、参与度和效率	提供实时参与追踪；提高会议的包容性、参与度和效率	免费计划功能有限

案例分析一

博鳌亚洲论坛

博鳌亚洲论坛①（英文名称为 Boao Forum For Asia，缩写 BFA）（以下简称"论坛"）是一个总部设在中国的国际组织，由 29 个成员国共同发起，每年定期在海南博鳌举行年会。论坛成立的初衷，是促进亚洲经济一体化。论坛当今的使命，是为亚洲和世界发展凝聚正能量。

当前，经济全球化和区域一体化不断发展，亚洲各国面临巨大机遇，也面临许多严峻挑战。这要求亚洲国家加强与世界其他地区的合作，也要求亚洲国家增进彼此间的交流与合作。如何应对全球化对本地区国家带来的挑战，保持本地区经济的健康发展，加强相互间的协调与合作已成为亚洲各国面临的共同课题。

亚洲国家整体而言，缺乏一个真正从亚洲的利益和观点出发，专门讨论亚洲事务，增进亚洲各国之间、亚洲各国与世界其他地区之间交流与合作的论坛组织。在此背景下，1998 年，菲律宾前总统拉莫斯、澳大利亚前总理霍克和日本前首相细川护熙倡议成立一个类似达沃斯"世界经济论坛"的"亚洲论坛"。

"亚洲论坛"的概念得到有关亚洲各国的认同。1999 年 10 月 8 日，时任中华人民共和国副主席胡锦涛在北京会见了专程为"亚洲论坛"来华的拉莫斯和霍克，并表示中方将对"亚洲论坛"的创建提供支持与合作。2000 年，26 个发起成员国政府就成立"亚洲论坛"达成共识，中国政府批准在海南成立论坛，各方代表在海南举行了筹备工作会议，博鳌亚洲论坛就此诞生并落户中国海南。

博鳌亚洲论坛于 2001 年 2 月 26 日至 27 日在中国海南博鳌举行大会。菲律宾前总统拉莫斯、澳大利亚前总理霍克、日本前首相中曾根康弘、哈萨克斯坦前总理捷列先科、蒙古国前总统奥其尔巴特等 26 个国家前政要出席了大会。时任中国国家主席江泽民、马来西亚总理马哈蒂尔、尼泊尔前国王比兰德拉、越南国家副总理阮孟琴等作为特邀嘉宾出席了大会并发表重要讲话。大会通过了《博鳌亚洲论坛宣言》《博鳌亚洲论坛章程指导原则》等纲领性文件。此后，论坛发起成员国又增加至 29 国。

论坛的发展得到各成员国政府、广大会员合作伙伴，以及各界有识之士的大力支持和积极参与，目前已成为亚洲以及其他大洲有关国家政府、工商界和学术界领袖就亚洲以及全球重要事务进行对话的高层次平台。在新的历史时期，论坛立足亚洲，面向世界，坚持以经济发展为主线，同时为适应不断出现的新经济业态，积极向科技创新、健康、教育、文化、媒体五大领域拓展，

---

① 博鳌亚洲论坛 (boaoforum.org)。

为亚洲及世界的和平、繁荣与可持续发展贡献力量。

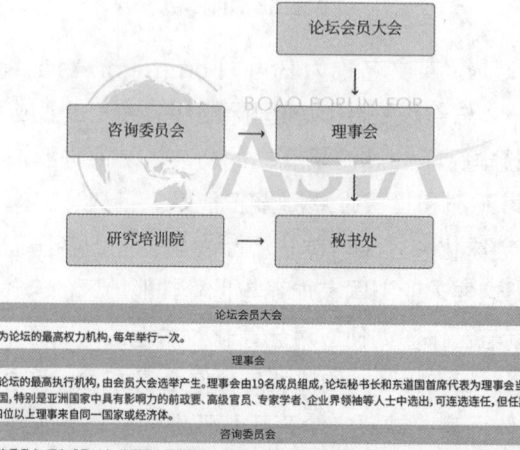

论坛会员大会
会员大会为论坛的最高权力机构，每年举行一次。
理事会
理事会是论坛的最高执行机构，由会员大会选举产生。理事会由19名成员组成，论坛秘书长和东道国首席代表为理事会当然理事，其余理事从各国、特别是亚洲国家中具有影响力的前政要、高级官员、专家学者、企业界领袖等人士中选出，可连选连任，但任期不超过两届；不得有四位以上理事来自同一国家或经济体。
咨询委员会
论坛设咨询委员会，现有成员18名。由理事会曾经担任过理事并对论坛工作做出过积极贡献的人士以及其他各界知名人士中选举产生。咨询委员会成员任期3年，可连任，但不得超过两届；咨询委员会在论坛年会期间举行会议，或不定期就与论坛事务相关的重大问题提出咨询和意见。
秘书处
秘书处是论坛的常设执行机构。负责具体开展论坛的各项活动。秘书长是论坛的首席执行官和秘书处的负责人。
研究培训院
研究培训院是论坛重要的智力支持机构。其主要职能包括：在对世界经济研究分析的基础上，提出年会主题和议题；组织起草并发表与论坛业务相关的经济预测；为论坛年会、研讨会及其他专题会议提供智力资源；为会员和其他合作方提供人力资源培训；负责建立亚洲地区乃至全球范围内工作网络及信息交流中心。

通过上述材料，能够理解博鳌亚洲论坛是一个国际性经济论坛，其重要性和影响力在全球范围内得到了广泛认可。首先，论坛以其全球视野关注着世界经济发展的最新趋势，涵盖了全球贸易、投资、金融等关键议题，为国际社会提供了一个多边讨论和交流的场所。这一特点不仅促进与会国对全球经济问题的深入理解，也为解决这些问题提供了多角度的视野和方案。

其次，博鳌亚洲论坛的议题不局限于经济领域，而是扩展到了社会、文化、科技等多个方面，体现了其作为一个综合性国际论坛的特点。这种多元化的议题设置，使得论坛能够全面地探讨经济问题及其与其他领域的关系，为促进全球可持续发展提供了丰富的讨论内容。

再次，博鳌亚洲论坛每年吸引着众多国家领导人、国际组织负责人、商界领袖和知名学者的参与。这些高层人士的参与不仅提升了论坛的影响力，也确保了其讨论结果和建议具有高度的权威性和指导意义，对全球经济政策的制定产生了积极的推动作用。

最后，论坛通过发布报告、声明等形式，对国际经济政策的制定提供了重要的参考。这些政策倡导活动推动了全球经济治理体系的改进和完善，体现了博鳌亚洲论坛在全球经济治理中所扮演的关键角色。博鳌亚洲论坛以其全球视野、多元化议题、高层参与和政策倡导，充分证明了其作为一个国际性经济论坛的价值，为全球经济的繁荣与稳定作出了重要贡献。

该论坛在促进区域经济合作方面发挥着至关重要的作用。首先，论坛致力于推动亚洲区域经济一体化的进程，通过加强成员国之间的经济联系和合作，为区域经济增长和繁荣打下坚实基础。其次，作为一个高效的交流平台，博鳌亚洲论坛为亚洲各国提供了一个分享经济发展经验、探讨合作机会的空间，这不仅促进了区域内的信息共享，也加深了各国之间的经验互鉴。此外，博鳌亚洲论坛通过其讨论和协商机制，推动了众多区域合作项目和倡议的实施。这些合作项目涵盖了基础设施建设、贸易便利化等多个领域，为区域经济的互联互通和一体化发展提供了动力。同时，作为一个中立的对话平台，博鳌亚洲论坛在解决成员国之间的经济分歧和争端方面发挥了重要作用，帮助各国在经济合作中寻求共识，妥善处理各种问题。

博鳌亚洲论坛以其独特的国际性、区域合作推动力和全球影响力，已成为连接亚洲与世界的重要桥梁，对促进全球经济的繁荣与稳定发挥了重要作用。

思考与讨论

1. 博鳌亚洲论坛作为一个永久落户中国的国际论坛，对中国的改革开放有什么意义？
2. 博鳌亚洲论坛为什么可以成功？

案例分析二

达沃斯世界经济论坛

达沃斯世界经济论坛作为全球最重要的经济盛会之一，吸引了世界各国政要、商界领袖和知名学者的关注和参与。

一、达沃斯世界经济论坛的背景

达沃斯世界经济论坛是每年一次的会议，由世界经济论坛主办，于瑞士达沃斯举行。该论坛自1971年起举办，至今已经连续举办了数十次。该论坛的创立者是瑞士经济学家克劳斯·施瓦布，旨在为全球经济领域的政治、商业、学术等各方面的领袖们提供一个交流和合作的平台。

达沃斯世界经济论坛的参与者来自政界、商界、学界和社会各界，是一个具有高度影响力的全球性论坛。参与者包括各国政要、商界顶尖人物、学者、非政府组织代表等。他们共同参与的目的是讨论和解决当前全球经济面临的重大问题，寻求共同发展和合作的机会。在达沃斯世界经济论坛上，与会者将就全球经济发展面临的各种问题进行广泛讨论，涵盖经济、技术、环境、社会等多个领域。论坛的议程通常包括全球风险与挑战、经济增长前景、国际贸易、可持续发展、科技创新等方面的话题。与会者们通过会议、研讨会、圆桌会议等形式的交流，分享各自的想法、经验和观点，共同探索解决当前和未来全球经济问题的途径。

二、达沃斯世界经济论坛对全球经济的影响

达沃斯世界经济论坛作为一个具有全球影响力的论坛，对全球经济有着重要的影响。首先，论坛提供了一个全球各界人士交流合作的平台，促进了跨国界、跨行业的合作与交流。不同国家、不同领域的代表们可以在论坛上分享各自的观点，并找到共同合作的机会，推动全球经济的发展。其次，达沃斯世界经济论坛通过讨论和解决各种全球经济问题，为参与者们提供了更加全面深入的了解和思考机会。来自不同领域的专家学者们在论坛上分享最新的研究成果和经验，为全球经济的发展提供了宝贵的思路和方向。此外，达沃斯世界经济论坛还为国际社会提供了一个了解全球经济现状和各国政策取向的窗口。来自不同国家的政要和商界领袖在论坛上发表演讲，阐述各自国家的政策主张和发展战略，这些言论在一定程度上反映了各国的政策取向及其对全球经济的影响。

综上所述，达沃斯世界经济论坛作为一个全球性的经济盛会，具有重要的背景和影响力。通过为各界人士提供一个交流合作的平台，论坛促进了全球经济的发展。通过深入讨论和解决各种全球经济问题，论坛为参与者们提供了更加全面深入的了解和思考机会。此外，论坛也是了解全球经济现状和各国政策走向的重要窗口。通过参与或关注达沃斯世界经济论坛，人们可以更好地了解全球经济的发展趋势，以及寻求各种问题的解决方案。

思考与讨论

1. 达沃斯世界经济论坛是如何影响经济发展的？
2. 达沃斯世界经济论坛对中国会议发展有什么启示？

思考与练习

1. 概述会议的概念。
2. 如何理解会议的不同类型和目的。
3. 试述会议对社会发展的作用。
4. 论述如何策划和执行一个成功的会议。
5. 通过案例分析，请简述全球经济类论坛对全球的影响。

第四章

展览业

思维导图

- 展览业
  - 展览的基本概念与形式
    - 展览的基本概念
    - 展览的分类
  - 展览的策划与执行
    - 展览策划的原则
    - 参展商招募与布局规划
    - 环保与可持续发展在展览中的应用
  - 展览场馆与设施管理
    - 场馆选择与管理
    - 设施维护与安全管理
    - 参观者体验与导览服务

学习目标

知识目标：
- 掌握展览的基本概念与形式
- 了解展览业的作用
- 了解展览的场馆选择原则与设施管理内容

技能目标：
- 能够阐述展览策划的步骤
- 能够分析展位选择的影响因素
- 能够区分不同类型的展览活动

素养目标：
- 训练学生建设社会主义现代化国家的任务思考。
- 培养学生的劳动能力和实际操作能力。

展览业，作为现代商业和文化交流的重要桥梁，汇聚了来自世界各地的创新理念、前沿技术和多元文化。它不仅为企业提供了展示产品、拓展市场的舞台，也为公众带来了丰富多彩的文化盛宴和知识体验。在这个快速变化的时代，展览业以其独特的魅力和功能，成为推动经济发展、促进文化交流的重要力量。

随着全球化进程的不断加速和科技的飞速发展，展览业正面临着前所未有的机遇和挑战。一方面，国际市场的开放和竞争的加剧，要求展览业不断创新和升级，提高服务质量和专业水平；另一方面，数字化、智能化等新技术的涌现，为展览业带来了全新的展示方式和营销手段，使得展览活动更加丰富多彩、便捷高效。

第一节　展览的基本概念与形式

一、展览的基本概念

（一）展览的定义

展览一词包含展示和浏览的意思，即物品的展示陈列和观众的参观浏览。"展示"（display）一词来源于拉丁语的名词"diplico"和动词"diplicare"，表示思想、信息的交流或实物产品的展览。展览相关常见的术语有展销会、展览会和博览会等。从《辞海》《简明不列颠百科全书》到政府有关部门的统计报告，再到各类书籍报纸等，对展览会的定义也是千差万别。《辞海》中对展览会的定义是，"陈列物品，于一定时间内供人观赏的集会"。美国《大百科全书》的定义是，"展览会是一种具有一定规模、定期在固定场所举办的、来自不同地区的有组织的商人聚会"。通常意义上，展览是一种具有一定规模和相对固定的举办日期，以展示组织形象或产品为主要形式，以促成参展商和贸易观众之间的交流洽谈为最终目的的中介性活动。展览活动通常包括以下要素。

展览的基本概念

组织者：即展览会的组织者，可以是一家专业的展览公司、行业协会、政府部门或其他类型的组织。

参展商：参加展览会的企业、机构或个人，他们在展会上展示自己的产品、服务或技术。

展品：参展商在展览会上展示的物品，可以是实物、模型、图片、多媒体演示等。

观众：参观展览会的专业买家、潜在客户、行业专家、媒体人员及普通公众。

主题：展览会所围绕的核心内容或行业领域，如汽车展、服装展、科技展等。

展览场地：举办展览会的场所，如展览中心、会议中心、临时搭建的展馆，抑或是 VR 空间、元宇宙空间等数字空间。

时间：展览会通常有固定的开展和闭幕时间，可能持续几天到几周不等。

活动：除了展示，展览会通常还会伴随一系列相关

世界展览业发展趋势

活动，如研讨会、论坛、商务洽谈、产品发布会等。

（二）展览的内涵

展览的内涵需要从广义和狭义两个角度分析。

从广义的角度来看，展览是一个极为广泛的概念，涵盖了艺术、科技、文化、商业等多个领域。它不仅是一个展示和交流的平台，更是一个推动知识传播、文化传承和商业繁荣的重要载体。在艺术领域，展览是艺术家展示作品、交流思想的重要场所，观众可以欣赏到各种富有魅力的艺术。科技展览则聚焦于最新的科技成果和创新产品，为观众带来前沿的科技体验。文化展览深入挖掘和展示各地的历史文化资源，让观众在欣赏中感受到文化的魅力。商业展览则更加注重产品的展示和销售，是企业推广品牌、拓展市场的重要手段。

从狭义的角度来看，展览主要指的是在一定地域空间内，由许多人聚集在一起形成的、定期或不定期的、制度或非制度的，传递和交流信息的群众性社会活动。这主要包括各种类型的大型会议、展览展销活动、体育竞技运动、大规模商品交易活动等，诸如各种展览会、博览会、体育运动会、大型国内外会议和交易会等。展览在这里更多地被看作是一种专业的、有针对性的展示活动，其目的往往更加明确和具体，如推广产品、交流技术、促进贸易等，包括交易会、贸易洽谈会、展销会、看样订货会和成就展览等。

从展览的内涵来看，主办单位、参展商、专业观众和服务商是构成展览活动的四大核心要素。第一，对展览公司而言，参展商是展览会价值的主要体现，同时也是展览会收入的主要来源；第二，尽管专业观众带来的直接现金效益较少，但其质量和数量将直接影响参展商对展览会的满意度，最终影响展览会的效益；第三，参展商与专业观众相互促进相互吸引，专业观众是参展商参加展览会获得收益的最终来源；第四，服务商与展览公司签订合同，并同时为参展商和专业观众提供各种服务。

综上所述，无论是从广义还是狭义的角度来看，展览都是一个具有多元性和包容性的概念。它既是人们交流思想、展示成果的重要平台，也是推动社会进步和发展的重要力量。

二、展览的分类

（一）按照展览性质划分

1. 商贸展

商贸是指参观者和参展商都是商人的展览会，双方之间因为商贸原因而参加展览会。这类展览会通常是为产业如制造业、商业等行业举办的展览，展览会的主要目的是交流信息、洽谈商务贸易。行业贸易展的专业性强，针对特定行业的供应商和采购商，例如医疗器械展、建筑建材展等。国际贸易展的参展商和观众来自多个国家，促进国际贸易合作，例如德国汉诺威工业博览会、中国国际进口博览会。商贸展一般仅面向专业观众开放，禁止直接销售展品，是一种B2B（Business to Business）形式的展览会。

图 4.1　2023 年香港国际商贸展 Mega Show 于香港会议展览中心举行

2．消费展

消费展面向广大消费者，以销售和体验为主，如家电博览会、农产品博览会。这类展览会可以直接售卖商品，非常重视观众数量的多少。还有依托节庆衍生出的购物节，通常结合节庆活动，提供折扣和促销活动吸引消费者，如春节购物季、圣诞节市集。这类展览通常被称为展销会，是一种 B2C(Business to Customer) 形式的展览会。

3．综合展

综合展即商贸展和消费展结合的展览。这类展览既吸引专业观众，又吸引普通公众，因此具有综合性。这类展览会采取不同的措施区分专业观众和普通观众的参观,以来保障不同类型观众的权益。如上海国际汽车工业博览会（上海车展），开始的前 2 日为媒体日，满足参展商新品发布、展品宣传等需要，接下来的 3 天为专业观众日，满足专业观众洽谈交易的需求，最后的 5 天为普通观众日，面向普通消费者开放；再如慕尼黑车展，自 2023 年起，慕尼黑车展在慕尼黑博览中心场馆内的展览为专业观众区域，而分布在慕尼黑城市各类广场的展区为普通观众区域，而要进入展馆需要购买价格高昂的入场券。综合性展览会又被称为 B2B+B2C 展览会。

（二）按照展览内容划分

1. 专业展

展览内容为某一技术领域或行业产品的展览会通常为专业展。技术展是专注于特定技术或行业的技术交流和展示，例如信息技术展、高新技术成果交易会。产品展则集中展示某一类或某一系列产品的展览，例如珠宝钟表展、服装服饰展。专业展览会一般具有鲜明的主题，又称垂直型展览会或纵向型展览会，主要展出某一行业或同类型的产品，常常同时举办讨论会、报告会，用以介绍新产品、新技术等。

2. 综合展

综合性展览会涉及多个行业，比如世界博览会。世博会是国际展览局（BIE）认证的大型国际性展览，每五年举办一次，是一个展示和交流的平台，可以展示和分享人类最新的科技、文化和经济成果，同时也是一个推动全球合作和交流的重要机会。再比如大型的国际博览会，一般都涵盖多个行业，具有广泛的国际参与性，如广交会。

（三）按照展览规模划分

1. 国际展

国际展包括世界级展览和区域性国际展。世界级展览会具有全球影响力，参展国家和组织众多，例如世界博览会、汉诺威工业博览会等；区域性国际展是在特定地区具有较大影响力，主要吸引区域内的参展商和观众，如东南亚国家联盟博览会。

不同行业组织统计国际展的标准也不一样。如国际展览业协会（UFI）规定的国际展标准为：国外参展商至少占所有展商的20%，或国外观众的比重至少占所有观众的40%，或国外参展商的参展面积达到展出净面积的20%。德国展览业协会（AUMA）的标准为：国外参展商至少占所有展商的10%，国外观众的比重至少占所有观众的5%。我国《经济贸易展览会 术语（GB/T26165-2021）》制定的国际展会标准为：境外参展商不低于全部参展商的10%，或者境外观众不低于全部观众的5%，或者参展国际品牌不低于总参展品牌的10%。

2. 国家展

国家展包括国家级大展和地方性国家展。国家级大展是全国范围内的大型展览，具有行业领导地位，如中国西部国际博览会。地方性国家展是在特定省份或城市举办的全国性展览，如广州国际家具博览会。

3. 地区展

地区展包括城市展览和地方特色展。城市展览通常在市级层面组织，服务当地经济和文化需求,如城市艺术节、地方特色产品展。地方特色展主要展示当地特色和文化的展览,如地方民俗文化展、土特产展。

(四)根据展览的营利性划分

1. 公益性展览会

以公益宣传为目的,经过策划、设计和组织布展,在一定的空间里用各种形式把信息、物品展现出来,以期达到宣传、推广的目的,其最大的特点是展示和信息交流,不进行货币交易,如新中国建设成就展。

2. 商业性展览会

以商业贸易为目的,组织者通过策划、组织和招商以出售展台和服务而获取利益,参展者则通过参展展示自己的形象与产品,并在展会中获取市场信息和购货订单合同,达到参展目的。商业性展览会最大的特点就是在最短的时间和在最小的空间里,用最低的成本做最大的生意。商业性展览会又可以根据展览的内容、展览的性质、所属的行业、开放对象,以及展览规模、时间和地点等的区别而有所不同。

(五)根据展览时间划分

1. 定期展览

定期展览是指按照一定周期(如每年、每两年、每四年等)定期举办的展览。定期展览具有明确的举办周期,参展商和观众可以根据这一周期来安排参展和观展计划。由于定期举办,参展商和观众对这类展览有更高的信任度和参与度,展览的品牌效应和影响力也更为稳定。参展商和主办方之间往往能够建立长期的合作关系,确保展览的质量和效果。比如中国国际进口博览会,每年的11月5日至10日举办,是我国最重要的国际博览会之一。

2. 长期展览

长期展览是指持续时间较长(如数月、半年甚至常年)的展览。展览能够持续吸引观众,为参展商提供更多的展示机会和时间。由于时间长,参展商可以展示更多的产品或技术,观众也可以更深入地了解展品。长期展览通常有足够的空间和时间来展示大型或复杂的展品。如故宫博物院的文物展览,长期向公众展示中国古代文物和艺术品。

3. 短期展览

短期展览是指持续时间较短(如几天、几周)的展览。短期展览通常针对某一特定事件、节日或主题,具有较强的时效性。由于时间短,展览的组织和策划相对灵活,可以根据实际情况进行调整。短期展览往往针对某一特定的观众群体或市场进行策划,具有较强的针对性。如春节期间的民俗文化展览,展示与春节相关的传统习俗和艺术品。

4．一次性展览

一次性展览是指只举办一次、不再重复的展览。一次性展览通常具有独特的主题和内容,能够吸引大量观众。由于只举办一次,这类展览往往具有较高的纪念价值。一次性展览的策划和组织经验难以复制,需要针对具体情况进行创新和探索。如为了纪念某一重大历史事件或人物而举办的专题展览。

（六）根据展览形式划分

1．线上展

线上展是通过网络平台实现的虚拟展览,观众可以通过电脑、手机等设备随时随地进行展览的观看和参与。线上展不受地理位置和时间的限制,观众可以在任何时间、任何地点参观展览;可以利用图像、视频、音频等多种媒体形式丰富展览内容,为观众提供更为全面和生动的体验;线上展通常提供网上留言、评论、问答等互动功能,观众可以与展览进行互动交流,分享观点和提问。此外,线上展可以通过网络平台收集观众的浏览行为和反馈数据,帮助主办方进行数据分析,了解观众趋向和需求,优化展览内容和策划。线上展无需支付高额的租赁费、搭建费等费用,且可以实现无时无地的展示和沟通,节省时间和成本,提高效率和效益。

2．线下展

线下展是在实体场地举办的展览,观众需要亲自到现场参观。线下展能够为观众提供真实的展品体验,使观众能够更直观地了解展品的特点和优势。线下展为参展商和观众提供了面对面交流的机会,有助于建立更直接、更紧密的联系,通常设置各种互动环节,如产品体验、现场演示等,提高观众的参与度和兴趣。线下展能够营造独特的现场氛围,增强观众的参与感和沉浸感。

3．混合展

混合展是线上展和线下展的结合,既具有线上展的便捷性和互动性,又具有线下展的真实感和面对面交流的优势。混合展能够充分发挥线上展和线下展的优势,为观众提供更为全面和丰富的展览体验,能够同时吸引线上和线下的观众,拓宽受众范围,提高展览的知名度和影响力。混合展通过线上和线下的互动环节,增强观众的参与度和兴趣,提高展览的互动性和吸引力,可以根据实际情况和需求进行灵活调整,选择适合的展览形式和互动方式,满足不同观众的需求和期望。

图 4.2　2024 年天府书展采用"国内国际联合、线上线下融合、展示展销结合、多元业态集合"的方式举办

（七）根据展览目的划分

1. 宣传教育展

宣传教育展旨在通过展览的形式，向公众传播特定的信息、观念或价值观，以提高公众对某一主题或问题的认知度和关注度。宣传教育展强调信息的传播和教育效果，通常会设置讲解员、印制宣传资料等，以便观众更好地理解展览内容。展览主题广泛，包括但不限于历史、文化、环保、公益等，适用于各类公共场所，如博物馆、图书馆、公园等。

2. 科普展

科普展旨在通过展览的形式，向公众普及科学知识，提高公众的科学素养和科学兴趣。科普展强调科学性和互动性，通常会设置各种科普展品、实验装置等，以便观众亲身体验科学的魅力，展览内容涵盖自然科学、工程科技、生命科学、地球科学等多个领域，适用于科技馆、博物馆、学校等场所。如科技产品、科研设备、自然标本等实物类展览，科技模型、仿真模型等模型类展览，如科技图片、科普挂图等图片类展览，虚拟现实体验装置、科学实验装置等交互式装置类展览。

3. 商业展

商业展旨在通过展览的形式，展示企业的产品或服务，吸引潜在客户的关注，促进销售和业务合作。商业展强调商业性和实用性，通常会设置产品展示区、洽谈区等，以便观众更好地了解产品和与参展商进行沟通。展览内容主要围绕企业的产品或服务展开，适用于各类企业、行业协会等。商业展示活动通常与市场营销策略相结合，以达到更好的商业效果。商业展不仅是以出售商品为目的的简单活动，更是与人们生活密切相关的商业活动和文化活动。它创造了商品和顾客交流的空间，是构成人与商品之间对话、交流的介质手段。

第二节　展览的策划与执行

一、展览策划的原则

（一）主题明确性原则

展览的主题是策划的基石，策划者需要从多个角度挖掘和提炼展览的核心内容，结合时代背景、社会热点或文化特色，形成独特而富有深度的主题和概念。例如，可以通过跨界融合、创新解读或重构传统等方式，打破常规思维，创造出新颖而富有内涵的展览主题。

展览策划的首要原则是主题明确性。策划人员在制定展览方案时，应明确展览的主题，确保展览内容紧密围绕主题展开，以便观众能够清晰地理解和把握展览的主旨。主题明确性原则要求策划人员在整个策划过程中始终保持主题的一致性，避免内容的杂乱和无关性。例如，如果展览的主题是"绿色能源"，那么所有展品、展示方式、互动环节等都应该与这一主题紧密相关，确保观众在参观过程中能够深刻感受到未来科技的魅力和潜力。

（二）目标导向性原则

在展览策划的初期阶段，首先需要明确展览的目标。这些目标可能包括提升品牌形象、推广新产品、吸引潜在客户、促进销售、加强行业交流等。明确的目标有助于为后续的策划与设计工作提供清晰的指导。为确保目标的明确性，策划人员需要进行深入的市场调研和需求分析，了解目标受众的需求和期望，以及行业趋势和竞争对手的情况。通过这些信息，策划人员可以设定具体、可衡量的展览目标，如增加多少潜在客户、提高多大幅度的品牌知名度等。

展览策划的目标导向性原则是指策划人员在制定展览方案时，应明确展览的目标，并以此为导向进行策划工作。展览的目标可以是宣传、教育、交流等，策划人员应根据不同的目标确定展览的内容、形式和展示手段，以达到预期效果。例如，如果展览的目标是推广新产品，那么策划人员就应该在展览中设置产品展示区、互动体验区等，让观众能够深入了解产品的特点和优势，从而增加购买意愿。

（三）观众参与性原则

观众是展览的核心受众，他们的参与度对于展览呈现的效果至关重要。策划时应充分收集和分析观众的反馈意见，包括他们对展览内容、展示方式、互动环节等方面的看法和建议，以了解展览策划在观众心中的接受度和满意度。

展览策划的观众参与性原则是指策划人员应充分考虑观众的需求和参与意愿，在展览中引入互动环节和参与活动，以增强观众的体验感和参与感。观众参与性原则要求策划人员在展览的设计、布局和展示方式上注重观众的互动体验。例如，可以设置观众投票环节、互动游戏、体验区等，让观众能够积极参与展览，增加展览的吸引力和影响力。同时，策划人员还应注意观众的反馈和意见，及时调整展览内容和形式，以满足观众的需求和期望。

（四）信息传达性原则

展览策划的信息传达性原则是指策划人员应清晰、准确地传达展览的信息。展览是一种特殊的传媒形式，策划人员应通过展览的布置、展示和解说等手段，将展览的信息传递给观众。信息传达性原则要求策划人员在展览的内容和形式上注重信息的清晰性和易理解性，以确保观众能够准确地理解展览的信息。例如，可以使用简洁明了的文字说明、直观的图表展示等方式，让观众能够快速了解展览的主题和内容。

（五）艺术性原则

展览策划的艺术性原则是指策划人员应注重展览的艺术性和美感。展览是一种艺术形式，策划人员应通过展览的设计、布局和展示方式等手段，营造出良好的艺术氛围，使观众在欣赏展览的同时能够感受到美的享受。艺术性原则要求策划人员在展览的整体规划和细节处理上注重艺术性，使展览具有较高的审美价值。例如，可以使用独特的展示装置、精美的展品陈列等方式，提升展览的艺术效果和观赏性。

展示方式的艺术化表达是展览策划与设计中的关键环节，策划者需要根据展览内容的特点和观众的需求，选择适合的展示方式。例如，可以运用多媒体、互动装置、虚拟现实等现代科技手段，创造出沉浸式、互动式的展示体验；也可以结合传统展示手法，如实物展示、图文展示等，形成多样化的展示方式。

（六）可持续性原则

展览策划的可持续性原则是指策划人员应考虑展览的可持续发展。展览是一种有限的活动，策划人员应在展览结束后对展览的场地、展品等进行合理的利用和处理，以减少资源的浪费和环境的污染。可持续性原则要求策划人员在策划过程中注重环保和可持续性发展，采用环保材料、节能设备等手段，降低展览对环境的影响。同时，策划人员还应在展览结束后对展品进行回收或再利用，避免浪费资源。

可持续性关注的是展览策划对环境和社会的影响，力求实现展览的绿色、低碳和可持续发展。在展览材料的选择上，应优先使用环保、可循环利用的材料；在展览搭建和拆除过程中，应减少能源消耗和废弃物产生；同时，还可以通过设置环保主题的展览内容，向观众传递环保理念和价值观。此外，展览策划者还应积极与当地政府、社区和相关机构合作，共同推动展览的可持续发展。

二、参展商招募与布局规划

参展商招募流程解析

（一）参展商招募

参展商招募是展览会组织过程中的重要一环，它直接关系到展览会的规模、影响力和商业效益。成功的参展商招募工作能够吸引行业内具有影响力和实力的企业参展，进而提升展览会的整体质量和专业度。以下将详细阐述参展商招募的各个环节和策略。

1. 明确展览定位与招募目标

在开始招募参展商之前，需要先明确展览的整体定位，包括展览的主题、目标受众、期望达成的效果等。这有助于我们更准确地制定招募目标，明确需要吸引哪些类型的参展商，以及期望达到什么样的合作效果。例如，如果展览定位在高新技术领域，那么就需要重点招募与高新技术相关的企业和机构。

2. 深入市场调研与分析

市场调研是制定有效招募策略的关键。需要对目标参展商进行深入的市场调研，了解他们的行业趋势、市场需求、竞争态势以及参展习惯等。通过调研，可以发现潜在参展商的需求和痛点，从而为他们提供更有针对性的解决方案。同时，还可以分析竞争对手的招募策略，以便制定更具竞争力的招募方案。

3. 制定详细招募计划

根据市场调研结果，需要制定一份详细的招募计划。计划应包括招募目标、招募策略、招募时间、招募预算以及人员分工等内容。在制定计划时需要充分考虑目标参展商的特点和需求,以及展览的整体定位和目标。此外,还需要制定具体的执行步骤和时间节点,以确保招募活动的顺利进行。

4. 多渠道宣传推广

宣传推广是吸引潜在参展商的重要手段。可以通过多种渠道进行宣传推广,包括行业媒体、社交媒体、展会官网等。在宣传推广过程中,需要制作精美的宣传资料,突出展览的亮点和优势,吸引潜在参展商的关注。同时,还可以举办推介会、新闻发布会等活动,与潜在参展商进行面对面的交流,增加他们对展览的信任和兴趣。

5. 定向邀请与沟通

针对目标参展商,需要进行定向邀请和沟通。可以通过发送邀请函、邮件或电话等方式,向目标参展商表达诚挚的邀请,并详细介绍展览的相关信息。在沟通过程中,需要耐心解答潜在参展商的疑问,了解他们的需求和期望,以便为他们提供更个性化的服务。

6. 提供优惠政策与增值服务

为了吸引更多优质参展商,可以提供一系列优惠政策,如展位费用减免、广告位赠送等。这些政策可以降低参展商的成本,增加客户参展的意愿。此外,还可以提供增值服务,如市场推广支持、商务配对服务等,帮助参展商在展会期间获得更多曝光和业务机会。

7. 建立参展商信息库

建立参展商信息库是参展商管理的重要环节。需要收集并整理潜在参展商和已确认参展商的基本信息,包括公司名称、联系方式、业务范围等。这有助于更好地了解参展商的需求和特点,为客户提供更精准的服务。同时,信息库还可以作为未来展览活动的宝贵资源,帮助我们更好地策划和组织展览。

8. 持续跟进与反馈收集

在招募过程中,需要持续跟进潜在参展商的反馈和意向,及时解答客户的疑问并提供必要的支持。对于已确认参展的商家,需要与他们保持密切联系,了解他们的参展准备情况,确保他们在展会期间能够顺利参展。同时,还需要收集参展商的反馈意见,以便对招募工作进行总结和反思,不断优化招募流程和服务质量。

9. 签订参展合同与后续安排

最后,需要与已确认参展的商家签订参展合同,明确双方的权利和义务。合同应包括展位位置、参展费用、参展时间、参展要求等内容。在签订合同后,还需要为参展商提供详细的参展指南和后续安排,包括展位布置、物流安排、活动日程等,确保参展商在展会期间能够顺利参展并取得良好的成果。

（二）展会布局规划

展会布局与规划是展览活动成功的关键要素之一。它涉及展位的选择、设计、布置以及参展商之间的协调等多个方面。合理的布局与规划不仅能够提高展会主办方的收益，提升参展商的形象和知名度，还能够吸引更多的参观者，增加交流与合作的机会。因此，应高度重视布局与规划工作，确保展览活动的顺利进行。

1. 展位选择的影响因素

（1）位置与可达性：参展商应首要考虑展位的位置，选择靠近主要通道、入口或出口处，以吸引更多人流，提高品牌曝光度。同时，展位的可达性也至关重要，要确保观众能够轻松到达，避免因位置偏僻或交通不便而影响参观效果。

（2）大小与布局：根据参展产品的数量和展示需求，选择合适的展位大小。展位的布局应合理，既能充分展示产品，又能为观众提供舒适的参观环境。合理的空间规划有助于提升观众的参观体验，增加与观众的互动机会。

（3）设施与服务：展位配备的设施应齐全、稳定，包括照明、电源、网络等，以确保展示活动的顺利进行。此外，展馆提供的附加服务如清洁、安保、物流等也是参展商需要考虑的因素，这些服务将直接影响参展的便利性和安全性。

（4）观众与潜在客户：参展商应了解展会的观众构成，选择能够吸引目标观众的展位位置。同时，考虑展位是否有利于与潜在客户建立联系，如是否便于收集名片、进行产品演示等。通过有效的互动和沟通，将观众转化为潜在客户，提升参展效果。

（5）品牌形象与展示效果：展位的设计和布置应与品牌形象相符，体现公司的理念和风格。同时，注重展示效果，突出产品或服务的特色，吸引观众的注意力。通过独特的展示方式和创意元素，提升品牌形象和知名度。

（6）预算与成本：参展商在选择展位时，需根据预算进行合理规划。考虑展位费用、搭建费用、装饰费用等，确保整体参展成本在可控范围内。同时，避免为了追求更好的位置而超出预算，导致其他参展活动受到限制。

（7）竞争对手与市场环境：了解竞争对手的展位选择和展示策略，有助于参展商制定更具竞争力的参展方案。同时，考虑当前的市场环境和行业趋势，选择能够适应市场变化的展位。通过深入了解竞争对手和市场动态，提升参展商的竞争优势。

（8）历史数据与经验：参考过往参展的历史数据和经验，对展位的实际效果进行评估。了解不同位置、类型和布局的展位在过往展会中的表现，为本次展位选择提供有力依据。同时，结合行业内的惯例和最佳实践，制定更加科学、合理的展位选择与评估策略。

2．展位设计与布置

（1）明确参展目标与品牌定位：在进行展位设计与布置之前，参展商首先需要明确参展目标，例如提高品牌知名度、推广新产品、促进销售等。同时，要深入了解品牌定位，包括品牌理念、品牌形象以及品牌特色等。这些目标和定位将为展位设计与布置提供明确的指导和方向。

（2）展位空间规划与布局：根据参展目标和品牌定位，参展商需要合理规划展位空间，确保展示区域、交流区域、储存区域等功能区域的划分合理且高效。同时，要考虑展位的整体视觉效果和观众流线，确保观众能够轻松浏览展品并留下深刻印象。

（3）创意设计与视觉呈现：创意设计是展位设计与布置的核心。参展商需要运用独特的造型、色彩、图案等元素，打造出与品牌定位相符的展位形象。同时，要注重展品的视觉呈现，通过灯光、展示架、背景板等道具，突出展品的特色和优势，吸引观众的注意力。

（4）互动体验与观众参与：为了增强观众的参与感和体验感，参展商可以在展位中设置互动环节，如产品体验、游戏互动、问答环节等。这些互动环节不仅能够吸引观众停留更长时间，还能够加深观众对品牌的印象和好感度。

（5）展示内容与信息传递：展示内容是展位设计与布置的重要组成部分。参展商需要精心挑选展品，确保展品能够充分展示公司的技术实力和产品优势。同时，要注重信息传递的准确性和有效性，通过文字、图片、视频等多种形式，向观众传递清晰、有吸引力的品牌信息。

（6）考虑人体工程学与环境因素：展位设计与布置还需要考虑人体工程学的因素，如展位的高度、展品的摆放位置等，以确保观众能够舒适地浏览展品。此外，环境因素如温度、湿度、噪音等也需要考虑在内，确保展位环境的舒适性和安全性。

（7）遵循参展规定与展馆要求：参展商在进行展位设计与布置时，需要遵循参展规定和展馆要求，如展位搭建时间、材料使用限制等。这不仅能够确保展位的顺利搭建和参展过程的顺利进行，还能够避免因违规操作而带来的不必要的麻烦和损失。

三、环保与可持续发展在展览中的应用

环保与可持续发展在展览中的应用体现在多个方面，这些方面共同构成

了绿色展览设计的核心理念和实践方法。

（一）环保材料的使用

环保与可持续发展的理念在展览中得到了充分体现。可降解材料、再生材料以及低 VOC 材料在展览馆设计中被广泛应用。展览中优先选择可再生材料，如竹木等，这些材料生长快速，容易再生，使用它们可以减少对自然资源的消耗，降低碳排放。展览中还广泛采用可降解材料，这类材料能在特定条件下被微生物分解，对环境无害。例如，使用可降解的塑料或生物塑料来替代传统塑料。同时，通过回收和再加工废弃物来生产新的材料，如再生纸板、再生塑料等，既减少了对原材料的需求，又促进了资源的循环利用。低 VOC 材料的选择，能够减少室内空气中有害物质的释放，为参观者提供一个更健康、舒适的环境。

（二）节能与能源利用

展览中普遍采用 LED 照明，这种照明方式比传统照明更节能。同时，太阳能发电系统的应用也进一步减少了对传统能源的依赖。在展览馆设计中，充分利用自然光线和通风系统，减少对人工照明和空调系统的使用，从而降低能源消耗。通过使用具有良好隔热性能的材料，可以减少对空调系统的依赖；选择具有优良光反射性能的材料，则可以减少对人工照明的需求。这些措施不仅有助于降低展览的能源消耗，进一步减少碳排放，同时也符合可持续发展的理念。

（三）废物处理与循环再利用

展览设计的标准化、模块化、成套化符合绿色展览趋势。标准化可以提高展具使用效率，减少浪费；模块化、成套化的设计使得展览器材能够重复使用，增加了材料使用的经济价值。这种设计方式不仅降低了展览的成本，也减少了垃圾的产生。展具的可装配性设计、可拆卸性设计及可回收性设计，使得展览器材在拆卸和回收过程中更加便捷，减少了废弃物的产生，同时也方便了后续的再利用。

绿色展览设计还强调简约而高效的原则。在保证展示效果的前提下，尽可能地减少材料的使用量，优化空间布局，提高展示空间的利用率。这种设计方式不仅降低了展览的碳排放和能源消耗，也符合可持续发展的长远目标。

总的来说，环保与可持续发展在展览中的应用体现在材料选择、能源节约、设计标准化和模块化、展具的可装配性、可拆卸性及可回收性设计以及简约高效的设计原则等多个方面。这些应用不仅有助于提升展览的品质和形象，也符合全球环境保护与可持续发展的趋势和要求。

第三节 展览场馆与设施管理

一、场馆选择与管理

（一）展览场馆的选择

展览场馆的选择是展览活动成功的基石，它涉及展览的规模、主题、预算以及参观者的体验等多个方面。以下是关于展览场馆选择更为详细的考虑因素。

1. 场馆规模与布局

首先，需要根据展览的规模和预期的参观人数来选择合适的场馆。对于大型展览，需要选择具有足够面积的场馆，以确保所有展品都能得到充分的展示空间。同时，也要考虑场馆的布局，包括展位的排列、通道的宽度、公共区域的设置等，以确保参观者能够流畅地参观展览，避免人流拥堵和交叉。

2. 地理位置与交通便利性

场馆的地理位置对于吸引参观者至关重要。理想的场馆应位于市中心或交通便利的地方，方便参观者前往。此外，还要考虑周边是否有充足的停车设施，以满足参展商和参观者的停车需求。一个地理位置优越、交通便利的场馆能够吸引更多的参观者，提高展览的知名度和影响力。

3. 设施与服务质量

场馆的设施和服务质量直接影响展览的效果和参观者的体验。因此，在选择场馆时，需要关注其是否具备完善的设施，如照明、通风、空调、消防等系统，以及展板、展架等展示设备。同时，服务质量也是不可忽视的因素，包括场馆的安保、清洁、导览等服务是否专业、周到。一个设施完善、服务优质的场馆能够为展览提供有力的保障。

4. 成本与预算

在选择场馆时，成本和预算是必须要考虑的因素。需要综合考虑场馆的租赁费用、搭建费用、维护费用等，确保这些费用在展览活动的预算范围内。

同时，也要关注场馆的性价比，选择既符合需求又经济的场馆。

（二）展览场馆的管理

展览场馆的管理涉及场地规划、设施维护、安全管理、人员管理等多个方面。

1. 场地规划与布局调整

在展览活动开始前，需要对场地进行详细的规划和布局。这包括确定展位的位置和大小、设置通道和休息区、安排公共设施等。规划时需要考虑参观者的流线，避免人流拥堵和交叉。在展览期间，可能需要根据实际情况对布局进行微调，以确保展览的顺利进行。

2. 设施维护与安全检查

场馆内的设施需要定期维护和检查，以确保其正常运行和安全性。这包括照明、空调、消防等系统的日常维护，以及展板、展架等展示设备的检查和更换。同时，安全检查也是必不可少的，需要定期检查场馆内的安全隐患并及时处理。对于电气回路，必须有专用保护地线，并与可能接触漏电的金属物件相连。对于照明设备，如筒灯、石英灯等，应有防护措施，广告灯箱、灯柱内须留有对流的散热孔，灯具整流器和触发器须选用消防部门检验合格产品。此外，展位内的用电器具及线路、开关等配电设施，应自觉接受大会电工检查，发现隐患要及时配合整改。

3. 人员管理与服务提升

场馆内的工作人员是展览活动的重要组成部分，他们的专业素养和服务态度直接影响参观者的体验。因此，需要对工作人员进行专业的培训和指导，确保他们具备足够的专业知识和技能。同时，还需要对工作人员进行有效的管理和调度，确保他们在展览期间能够高效地完成工作。为了提升服务质量，可以设立投诉和建议渠道，及时收集和处理参观者的反馈，不断改进服务质量。

4. 应急管理与危机处理

展览期间可能会遇到各种突发情况，如设备故障、安全事故等。因此，需要制定详细的应急预案和危机处理流程，确保在紧急情况下能够迅速应对。应急预案应包括各种紧急情况下的处理流程、责任分工、应急疏散路线图等，以指导员工和参与者在紧急情况下的行动。同时，还需要定期进行应急演练，提高工作人员的应急处理能力。在危机处理方面，要建立健全的安全管理制度，加强日常的安全风险控制和防范工作，确保参观者和参展商的人身安全。

拓展阅读 4-2

UFI 公布 2023 年全球展览场馆重要统计数据

二、设施维护与安全管理

（一）设施维护

1. 基础设施维护

建筑结构：定期检查展馆的建筑结构，包括屋顶、墙壁、地面和支柱等，确保其稳固无损。对于出现的裂缝、破损等问题，应及时进行修补和加固，以防止发生潜在的安全隐患。

水电系统：水电系统是展馆正常运行的基础。应定期检查水电管线、开关、插座等设施，确保其安全、稳定。对于老化的线路和设备，应及时更换，以避免短路、漏电等事故的发生。

通风与空调系统：保持展馆内的空气流通和温度适宜，对通风与空调系统进行定期清洁和保养，确保其正常运行。同时，要注意空调系统的节能和环保，减少能源浪费和环境污染。

2. 展示设备维护

展架与展台：展架和展台是展品呈现的主要平台，应定期检查其稳固性和完整性。对于损坏或老化的部分，应及时进行修复或更换，以确保展品的正常展示。

照明设备：照明设备对展品的呈现效果至关重要。应定期检查照明设备的亮度、色温等参数，确保其满足展览需求。同时，要注意照明设备的节能和环保，减少能源消耗和光污染。

多媒体设备：多媒体设备如投影仪、音响、显示屏等，是现代展览的重要组成部分。应定期对多媒体设备进行调试和保养，确保其正常运行和良好效果。对于出现故障的设备，应及时进行维修或更换。

3. 安全设施维护

消防系统：消防系统是展馆安全的重要保障。应定期检查消防设备的有效性，包括灭火器、消防栓、烟雾报警器等。同时，要确保消防通道的畅通无阻，以便在紧急情况下迅速疏散人群。

监控系统：监控系统可以实时监控展馆内的安全状况。应定期检查监控设备的运行状态，确保其画面清晰、无死角。对于出现故障的监控设备，应及时进行维修或更换。

安全标识与指示：安全标识和指示是引导参观者安全参观的重要工具。应定期检查安全标识的清晰度和完整性，确保其易于识别和理解。同时，要合理设置指示牌和导向标识，以便参观者能够快速找到目的地。

4. 环境设施维护

卫生设施：保持展馆内的卫生设施清洁、整洁是维护参观者体验的基础。应定期对卫生间、洗手池等设施进行清洁和消毒，确保其卫生状况良好。

绿化与景观：绿化和景观设施可以美化展馆环境，提升参观者的舒适度。应定期对绿化植物进行修剪和养护，保持其生长良好。同时，要注意景观设施的清洁和维护，确保其美观和完整。

（二）安全管理

1. 消防安全管理

消防安全管理是展览场馆安全管理的核心内容。首先，场馆内应配置足够数量的消防设备，如灭火器、消防栓等，并确保其处于良好工作状态。这些设备应定期进行检查和维护，以确保其能够在紧急情况下正常使用。同时，制定详细的消防应急预案，明确各种紧急情况下的应对措施和疏散程序，并进行定期的消防演练，提高员工和参展商的消防安全意识和应急处理能力。

此外，保持消防通道和疏散通道的畅通无阻至关重要。禁止在通道内堆放杂物或设置障碍物，确保在紧急情况下人员能够迅速疏散。同时，对场馆内的电气线路和设备进行定期检查，防止因电气故障引发的火灾事故。

2. 电气安全管理

电气安全管理涉及展览场馆内所有电气设备和线路的安全使用。首先，确保使用的电线、插座等电气设备符合国家标准和规定，禁止使用老化和破损的电气设备和线路。定期对电气设备和线路进行检查和维修，及时更换损坏的部件，确保电气设备的正常运行。

同时，对特殊电气设备，如大功率灯具、广告灯箱等，应进行特别的安全管理。这些设备应加装防护罩和散热设施，确保在使用过程中的安全。此外，对员工的电气安全知识培训也是必不可少的，提高他们的安全意识和操作技能，减少因操作不当导致的电气事故。

3. 展品与展示安全管理

展品与展示安全管理是保护展品免受损坏和丢失的重要措施。首先，对展品进行分类、标识和登记，明确展品的价值、重要性和保护要求。对于贵重展品，应采取特别的保护措施，如设置专门的展示柜、安装报警装置和监控摄像头等。

其次，加强展区的安全巡查和监控，确保展品在展示期间的安全。对进入展区的人员进行严格的身份验证和授权管理，防止未经授权的人员接触展品。同时，制定展品运输、安装和拆卸的安全操作规程，确保展品在运输和展示过程中的安全。

4. 人员安全管理

人员安全管理是确保展览场馆内人员安全的关键环节。首先，对员工进行全面的安全教育和培训，提高他们的安全意识和应急处理能力。这包括对消防知识、电气安全、急救技能等方面的培训，使员工能够在紧急情况下迅速采取应对措施。

其次，对观众进行安全提示和引导，确保他们遵守场馆规定，不进入危险区域或触摸危险物品。在展区设置明显的安全标识和警示牌，提醒观众注意安全。同时，设置足够的安全出口和疏散通道，确保在紧急情况下人员能够迅速疏散。

5. 场馆设施与设备管理

场馆设施与设备管理涉及展览场馆内各种设施和设备的维护和管理。首先，对场馆内的设施设备进行定期检查和维修，确保其正常运行和符合安全标准。这包括对空调系统、照明系统、通风系统等设施设备的检查和维护，确保其在展览期间的正常运行。

同时，对场馆内的卫生和清洁进行定期检查和清理，防止因环境脏乱导致的安全隐患。此外，对场馆的结构和安全设施进行定期检查和评估，确保其稳定性和安全性。

6. 安全监控与报警系统

安全监控与报警系统是展览场馆安全管理的重要手段。通过安装监控摄像头、报警器等设备，对场馆进行全方位、无死角的监控和报警。监控中心应配备专业的监控人员，对监控画面进行实时观察和记录，发现异常情况及时进行处理。

同时，与警方等有关部门建立联动机制，确保在紧急情况下能够及时报警和求援。此外，对监控数据进行定期备份和保存，以便在需要时进行查看和分析。

三、参观者体验与导览服务

（一）参观者体验

1. 入场体验与预期管理

参观者的体验从进入场馆的那一刻开始。一个引人入胜的入场体验能够为观众设定参观的基调，并激发他们对展览的期待。这包括场馆的外观设计、入口的布置、票务处理流程等。一个现代化的外观、一个独特且富有创意的入口设计,以及快速、便捷的票务处理流程,都能给观众留下良好的第一印象。

同时,通过有效的预期管理,观众能够更好地理解展览的主题和内容,从而更加投入地参与到参观过程中。例如,场馆可以通过宣传册、官方网站或社交媒体等途径提前向观众介绍展览的背景、亮点和特色,让观众在参观前就对展览有一个大致的了解。

2. 导览与信息传递

导览是参观者体验中至关重要的一环。有效的导览不仅能够帮助观众更好地理解展品,还能够引导他们按照合理的顺序参观,从而提升整体的参观效果。导览可以通过多种方式实现,包括导览志愿者、导览手册、电子导览设备等。

导览志愿者能够提供个性化的讲解服务,根据观众的兴趣和需求提供深入的解读;导览手册则提供了详细的展览信息,帮助观众在参观过程中随时查阅;电子导览设备则通过科技手段为观众提供更加便捷、丰富的导览体验。

此外,信息传递的清晰度和准确性也是影响参观者体验的重要因素。场馆需要通过标识、导览图等手段,确保观众能够清晰地了解场馆的布局、展品的分布以及参观的路线。

3. 参观动线与空间布局

参观动线的规划对于提升参观者体验至关重要。合理的动线设计能够确保观众按照最佳顺序参观展品,避免人流拥堵和重复参观。这需要根据展品的性质、大小和重要性进行合理的布局和安排。

同时,空间布局也需要考虑观众的舒适度和便利性。宽敞、明亮的展厅、舒适的休息区、便捷的洗手间和餐饮设施等,都能够提升观众的参观体验。

4. 互动与参与环节

现代展览场馆越来越注重观众的互动与参与体验。通过设置互动展项、体验区等,观众可以更加深入地了解展品,增加参观的趣味性和互动性。例如,一些场馆利用虚拟现实技术为观众提供沉浸式的参观体验,让他们仿佛置身于展品的世界中;一些展览还设置互动游戏、问答环节等,让观众在参与中收获知识和乐趣。

图 4.3 观众在上海博物馆东馆体验互动项目

5. 情感共鸣与文化体验

参观者体验的另一个重要方面是情感共鸣和文化体验。一个成功的展览不仅能够展示展品本身的美学和历史价值，还能够触动观众的情感，引发他们的共鸣和思考。这需要展览在内容设计、呈现方式以及导览服务等方面都充分考虑观众的情感需求和文化背景。

6. 服务与支持体系

完善的服务与支持体系是提升参观者体验的重要保障。这包括专业的导览服务、周到的票务处理、便捷的设施使用等。同时，场馆还需要关注观众在参观过程中可能遇到的问题和困难，及时提供解决方案和支持。

（二）导览服务

1. 人工导览服务

人工导览服务通常由经验丰富的专业导览员提供，他们不仅具备丰富的展览知识，还具备出色的沟通技巧和亲和力。导览员会根据观众的需求和兴趣，提供个性化的导览服务。他们会引导观众参观各个展区，详细介绍展品的背景、历史、艺术价值等信息，并解答观众提出的问题。此外，导览员还会根据观众的反应和反馈，灵活调整导览内容，确保观众能够全面、深入地了解展览内容。

2. 电子导览系统

电子导览系统通过现代化的科技手段，为观众提供便捷、自助式的导览服务。该系统通常包括触摸屏、平板电脑等设备，观众可以通过这些设备浏览展览信息、观看展品图片和视频、了解展品的详细介绍和背景知识。电子导览系统具有信息量大、更新快、操作简便等优点，观众可以根据自己的兴趣和需求，自主选择想要了解的内容。此外，电子导览系统还可以提供多语种服务，满足不同国家和地区观众的需求。

3. 语音导览器

语音导览器是一种便携式的导览设备，观众可以租赁使用。在参观过程中，观众可以听取预先录制的解说音频，了解展品的详细信息和背景知识。语音导览器具有方便携带、随时听讲的优点，观众可以根据自己的节奏和兴趣，随时暂停或继续播放解说音频。此外，语音导览器还可以提供多种语言选择，方便不同国籍的观众使用。

4. 团队分区讲解系统

团队分区讲解系统主要适用于团队参观的情况。通过无线传输技术，讲解员的声音可以清晰地传达给团队中的每一位观众。这种系统避免了多个团队之间的相互干扰，确保每位观众都能获得清晰的讲解。同时，团队分区讲解系统还可以根据团队的需求和兴趣，提供个性化的讲解内容，使团队参观更加有针对性和效果。

5. 互动体验活动

为了增强观众的参与感和体验感，展览场馆会设置各种互动体验活动。这些活动可能包括互动游戏、问答环节、虚拟现实体验等，让观众通过亲身参与和体验，更深入地了解展览内容。此外，一些展览场馆还会设置专门的儿童活动区，提供适合儿童参与的互动体验项目，让他们在轻松愉快的氛围中学习和成长。

6. 定位与导航服务

随着科技的发展，现代展览场馆还提供定位与导航服务。通过全球定位系统（GPS）或室内定位技术，观众可以快速找到感兴趣的展区或展品。同时，电子地图和导航设备可以帮助观众规划参观路线，避免走弯路或错过重要展品。这些定位与导航服务不仅提高了观众的参观效率，还为他们带来了更加便捷、舒适的参观体验。

7. 个性化推荐服务

基于观众的参观历史、兴趣偏好等信息，展览场馆还可以提供个性化推荐服务。通过收集和分析观众的数据，场馆可以推荐与观众兴趣相关的展区、展品或活动，以及定制化的参观路线等。这种服务能够进一步提升观众的参观体验，使他们在有限的时间内获得最大的收获。

案例分析一

中国国际进口博览会

中国国际进口博览会（China International Import Expo，以下简称进博会），是世界上首个以进口为主题的国家级展会，旨在支持贸易自由化和经济全球化，发挥国际采购、投资促进、人文交流、开放合作四大平台功能。第六届进博会于2023年11月5日至10日在国家会展中心（上海）举办。72个国家和国际组织亮相国家展，128个国家和地区的3486家企业参加企业展，集中展示442项代表性首发产品、技术和服务。其中，世界500强和行业龙头企业达289家。按年计意向成交额达784.1亿美元、较上届增长6.7%①。

---

① 数据来源：中国政府网.784.1亿美元！第六届进博会按年计意向成交创新高[EB/OL].https://www.gov.cn/yaowen/liebiao/202311/content_6914727.htm,2024.5.15.

一、内容

自2018年首办以来，进博会已连续多年成功举办。现阶段，进博会主要由企业商业展、国家综合展、虹桥国际论坛三大板块构成。展览面积基本稳定在30多万平方米。每年都有数千家企业参展，几十万专业观众注册报名[1]。

企业商业展走商业化路线，设有食品及农产品、汽车、技术装备、消费品、医疗器械及医药保健、服务贸易等六大展区。参展企业均为外资品牌，其中部分企业是海外原厂，也有部分企业已在国内设立工厂或公司。企业商业展是进博会的重中之重，为境外企业的产品和服务进入中国市场搭建国际平台，同时更好地满足国内需求，让人们不出国门也能接触更多来自国外的优秀产品和服务。

国家综合展则是国家形象展示，无论是发达国家还是发展中国家，均可受邀参加，展示该国的发展成就、优势产业、历史文化、知名企业等。虹桥国际经济论坛是进博会中规格最高的国际论坛。论坛邀请政产学企、国际组织等各界代表和精英，聚焦全球前沿热点展开对话探讨，为世界经济和全球问题找准方向，是我国向世界发声、提出"虹桥主张"的重要渠道。

进博会的内容丰富，除了上述三大板块，每届进博会期间还将举办多场同期行业论坛和会议、技术交流、政策发布、对接会、洽谈会等配套活动，以及文化演出、"非遗"展示等人文交流活动。

二、意义

进博会是得到国家背书、为国家战略服务的国家行为。进博会是习近平总书记亲自谋划、亲自提出、亲自部署、亲自推动，推动新时代高水平对外开放、服务构建新发展格局的重大举措。

第一，举办进博会彰显我国坚定不移扩大对外开放的决心。面对经济全球化逆流思潮与贸易壁垒，我国始终坚持对外开放的基本国策，坚持互利共赢的开放战略，坚持经济全球化的正确方向，通过举办进博会，主动扩大进口，进一步开放中国市场，建设开放型经济，以实际行动支持经济全球化。

第二，举办进博会符合我国当前经贸发展需要与地位变化。进博会是畅通国内国际双循环的关键点，反映出我国综合国力与贸易地位的持续提升。一方面，通过进博会平台将国际先进商品、服务和技术引入国内，促成国内企业与海外展商达成更多经贸合作，从而推动国内产业升级。另一方面，通过进

---

[1] 数据来源：中国新闻网.进博会：是什么、为什么、怎么办[EB/OL].https://www.chinanews.com.cn/gn/2023/07-24/10048961.shtml,2024.5.15.

博会平台能够接触全球的优秀产品和服务，尤其是那些尚未进入中国市场的，从而满足人们不断提升的消费需求以及对美好生活的向往。

第三，举办进博会体现我国共建人类命运共同体大国担当。习近平总书记提出的推动构建人类命运共同体倡议，顺应了时代潮流，得到国际广泛支持。进博会以中国新发展向世界提供机遇，各国在进博会平台展示产品、技术、服务和国家形象，与中国企业开展深入商贸合作。进博会已成为全球共享的国际公共产品，展现了中国同各国一道建设更加美好世界的坚定决心和使命担当。

三、模式

进博会由中华人民共和国商务部和上海市人民政府主办，中国国际进口博览局（以下简称进口博览局）和国际会展中心（上海）承办。进口博览局于2017年10月经中央编办批准设立，是商务部直属的事业单位，负责牵头落实进博会实施方案，承担组织招展、招商、布展、会议论坛组织等具体工作。经过数年的发展，进博会已不再是纯粹的政府展，在展会运营中实现了一定程度的商业化。

进博会实行商业化运作有其必然性。促进商贸往来是进博会主要目的之一，所以展会能否为参展企业带来实效，也成了衡量展会是否成功的标准。而实效，通常意味着参展企业在展会中可以获得有效采购订单、合作意向以及潜在买家。因此，进博会的企业商业展定位类似于B2B专业展，展会在观众上需设置门槛，现场的大部分观众理应是来自各行业领域的"专业观众"。

进博会通过充分调动社会企业力量，推进展会整体的招商与观众邀约工作。进口博览局通过9个招展代理机构进行展商招募，它们分别为东浩兰生、东方国际、红星美凯龙、上海国展、上海外高桥集团、中国机床总公司、中国机电产品进出口商会、中国食品土畜进出口商会和中国远洋海运集团。在专业观众组织方面，进口博览局从行业和地域两部分入手，针对各行业设立行业性招商合作伙伴、行业性招商合作单位以及行业推广机构，并在全国设立区域性招商合作单位。这些机构和单位大多具备国企背景或与官方有着直接关联。

进博会的展会服务工作也在逐步市场化。例如，进行全周期多渠道媒体宣传；展会前举办进博会招商路演、会议；进行采购需求调研；通过各种渠道、合作伙伴进行专业观众组织与买家邀约；展会期间举办各类采配会、对接会、会议论坛等同期活动，并开展数字化、智能化的展会服务工作。

四、定位

进博会具备商业展会主办方所能想象的一切完美条件。首先，是国家的背书和巨大影响力。这是进博会的最大资本，也让进博会在招展方面无往不利。

进口博览局通过9个国内官方代理机构进行招展工作，通过各地方政府与相关商协会开展宣传路演、参展企业招募以及专业观众邀约。同时，进口博览局与各国的官方、半官方或商贸机构达成合作，每年组织大量海外企业组团参展。

其次，是顶级的大数据筛选和匹配能力。国家的背书、有关部门和机构的鼎力配合、企业层面的大力支持以及公安信息网络的开放，让进博会实际上具备国内最强的数据获取和筛选能力的同时，兼具了供需双方的一手信息，理论上主办方完全可以将展商与观众数据进行精准细分和筛选，从而令展会现场呈现出主办方期望的效果。这对于普通商业展览公司而言是难以实现的。

再次，是强大的可调配资源与统筹协调能力。进博会集全国优质资源于一身，大到外交政策、经贸条款、海关入境、民航航线，小到展馆周边的酒店、交通、餐饮、安保，有关部门与机构均会为进博会敞开绿灯，无论是何时何地，相应资源均会向进博会倾斜。

在此背景下，如果进博会与商业展会展开竞争，所有商业展会将完全不具备任何优势。然而，进博会真的会与商业展会形成竞争关系吗？事实上，进博会具备商业功能，但不会成为商业展会。进博会站位甚高，倾全国之力举办商业展会意义并不大，且可能对正常商业秩序产生负面影响，毕竟裁判怎能亲自下场与球员同赛？

高层次的展会通常服务于国家战略。国家的综合国力发展到一定程度，需要通过合适的途径进行对外的宣传和推广。展会无疑是彰显国家实力的最佳渠道之一，英国的万国博览会、德国的汉诺威工业博览会莫不如此。进博会体现了国家意志与战略方向，展现了我国推进高水平开放和高质量发展的最新成果，向世界贡献中国智慧，发出中国声音，讲好中国故事。

当前国际局势风云诡谲，贸易保护主义盛行，民粹主义和狭隘民族主义抬头、动辄"脱钩"，逆全球化思潮对全球经济格局产生了深刻影响。在此背景下，进博会的举办具有重要意义。通过进博会，中国能够释放出坚持对外开放、经济全球化、互利共赢的积极信号，并通过更多经贸合作进一步扩大"中国朋友圈"。至于进博会的未来走向如何，则很大程度上取决于国内国际情势的发展和最高层的顶层设计。

思考与讨论

1. 为什么要举办中国国际进口博览会？它与普通商贸类展览会有什么不同？
2. 中国国际进口博览会对我国发展的意义有哪些？

案例分析二

汉诺威工业博览会

汉诺威工业博览会，每年在德国汉诺威市举行，由德国汉诺威展览公司主办，是企业展示先进应用技术、发布最新前沿科技和研发成果的世界级平台，反映了工业领域最新动向，对观众和展商具有巨大号召力，被誉为"世界工业晴雨表"。2024汉诺威工业博览会以"为工业可持续发展注入活力"为主题，聚焦工业4.0、人工智能、5G、机械工程、电气工程和能源供应等最新产品和行业趋势，展示如何通过电气化、数字化和自动化实现气候中和。

一、特殊背景

汉诺威工业博览会诞生于特殊历史背景。1947年，刚经历二战的德国工业凋敝、食物短缺、百废待兴，英统区当局为振兴经济，决定举办一场博览会展出"德国制造"的产品。最终，英国人将展会举办地定为下萨克森州首府汉诺威市。因为在汉诺威郊区有一座未受破坏的大型金属工厂（United Light Metalworks），能够低成本地转变为展馆结构。"德国展览有限公司"于同年注册成立，该公司是德国汉诺威展览公司的前身，但这个新公司只有99天时间筹备展会。最终，在克服了诸多困难后，首届汉诺威工业博览会在8月18日至9月7日于汉诺威顺利举办，为期21天[1]。

首届展会取得了远超预期的空前成功。展会规模3万平米，共设4个展馆，1300余家参展企业展示了他们的产品，共吸引来自53个国家的73.6万名观众到场参观。当年展会最吸引眼球的亮点包括：世界最小的柴油引擎、假牙、可折叠婴儿推车以及大众牌甲壳虫小汽车。现场签订的订单及商业合约多达1934份，合计金额3160万美元左右[2]。人们深信，汉诺威工博会之所以能取得如此成功，一定是得到了希腊神话中主管集市与交易的赫尔墨斯神庇佑。直至今日，德国汉诺威展览公司仍以赫尔墨斯的侧头像作为公司Logo。

1948年，在筹备第二届展会时，主办方共收到超过6000家企业的参展申请，然而由于场地实在有限，不得不只接受了其中的2300家企业。当时的展馆由4座厂房、1座邮局和1个停车场组成，于是主办方开始考虑扩大展场规模[3]。

---

[1] 数据来源：汉诺威工业博览会官方网站.【展会新闻】65周年庆——欢迎全世界的人们来到汉诺威[EB/OL].http://www.hannovermesse.com.cn/Co/19/8, 2024.3.24.

[2] 数据来源：汉诺威工业博览会官方网站.【展会新闻】65周年庆——欢迎全世界的人们来到汉诺威[EB/OL].http://www.hannovermesse.com.cn/Co/19/8, 2024.3.24.

[3] 数据来源：汉诺威工业博览会官方网站.【展会新闻】65周年庆——欢迎全世界的人们来到汉诺威[EB/OL].http://www.hannovermesse.com.cn/Co/19/8, 2024.3.24.

1950 年，展会上首次出现了德国境外的参展企业，当年吸引了包括美国在内的、来自 10 个海外国家的企业参展。1961 年，展会官方正式采用"Hannover Messe"（汉诺威工业博览会）这一日后响彻世界的名称。

七十多年来，汉诺威工博会的规模不断扩大，为德国的强大的制造业代言，展示最前沿的先进技术、引领行业发展趋势，逐步成为德国经济奇迹的标志之一。其展览场地也焕然一新，从当初的郊区金属工厂，摇身一变成为拥有 24 个展馆、净可展出面积达 46.61 万平方米的世界最大展览馆[①]。

二、国家背书

汉诺威工博会始终带有一定"政治色彩"。自展会诞生之初，便肩负着振兴工业和经济的重任。与其说汉诺威工博会是商业展会，不如说更像一种国家行为，其背后是来自国家和政府的鼎力支持。在历届汉诺威工业博览会的开幕式上，均可看到德国总理的身影，几乎每一任德国政府高层都会亲自前往展会"站台"。

德国的制造业世界闻名，同时德国也拥有与之匹配的、高度发达的展览业，德国的制造业通过展会这一媒介向世界发声，进行面向全世界的营销和推广，在促进商贸往来的同时，彰显国家科技制造实力并对外输出自身文化。汉诺威工博会无疑是德国对外推广工业产品的绝佳平台。德国举世瞩目的"工业 4.0 战略"，正是在 2013 年 4 月通过汉诺威工业博览会这一平台对外发布。

汉诺威工博会独特的主宾国制度，让其成为真正的世界级交流平台。展会每年都会确立一个主宾国，并设立主宾国展厅，来自主宾国的参展企业将获得更多展示和宣传机会，而该国的政要也将与德国总理出席开幕式，共同为展会揭幕。数十年来，各国政要的出席，除了增进两国的交流互动，也令展会从商业层面上升到了国家层面，这在德国展览界独树一帜。表 4-1 列举了 2012 至 2023 年汉诺威工博会的主宾国及莅临政要。

表4-1　汉诺威工博会历届主宾国及出席政要

年度	主宾国	出席政要
2012	中国	温家宝（总理）
2013	俄罗斯	普京（总统）

[①] 数据来源：汉诺威米兰展览（上海）有限公司官方网站.公司.德国汉诺威展览公司[EB/OL].https://www.hmf-china.com/Cn/Pa/?CID=13, 2024.3.24.
编者注：汉诺威展览中心的"世界最大"称号，很可能即将被持续扩建中的中国展馆取代。济南黄河国际会展中心，深圳国际会展中心，琶洲国际会展中心均有可能在近年实现超越。

续表

年度	主宾国	出席政要
2014	荷兰	马克·吕特（首相）
2015	印度	莫迪（总理）
2016	美国	奥巴马（总统）
2017	波兰	贝娅塔·希德沃（总理）
2018	墨西哥	恩里克·培尼亚·涅托（总统）
2019	瑞典	斯特凡·勒文（首相）
2020	印尼	*受疫情影响展会实际于2021年线上举办
2022	葡萄牙	科斯塔（总理）
2023	印尼	佐科·维多多（总统）

资料来源：编者整理所得。

汉诺威工博会与中国渊源颇深。早在20世纪80年代，中国就已是汉诺威工博会的主宾国，当年由国务院副总理谷牧带队，率领中国企业前往汉诺威参展，这对当时尚未改革开放的中国而言，无疑是交流学习、接触世界前沿技术的良机。2012年，中国再次成为汉诺威工博会主宾国，时任国务院总理温家宝率团参展，带领众多中国企业盛装亮相汉诺威，成为当年展会靓丽风景。如今，中国企业已成汉诺威工博会不可或缺的部分，越来越多的中国头部企业纷纷亮相这个世界工业大舞台。截至2024年1月，已有1000多家中国企业报名参展2024汉诺威工业博览会，参展净面积超过1.7万平方米，规模仅次于东道主德国[①]。

三、线上展会

疫情是所有展会绕不开的话题。2020年，汉诺威工博会也因新冠疫情70余年来首次停摆。经过大量市场调研和行业沟通，主办方德国汉诺威展览公司选择以"线上数字展会"模式举办展会。2021年4月12—16日，汉诺威工业博览会数字展在线召开。展会集展览、论坛、会议、直播、商贸洽谈等形式和功能为一体，包含主旨演讲、工业4.0、国际、参展商、论坛、同期活动等六个直播频道，在疫情之下为全球工业界提供了重聚平台。

首届汉诺威数字工博会创新了收费模式。主办方按照引流注册观众的数量向展商收费。展商可以选择购买不同等级的套餐，包括：S级（50人）、M级（200人）、L级（500人）、XL级（1000人）。举例来说，如展商购买了

---

① 数据来源：中国新闻网.2024汉诺威工业博览会聚焦行业趋势 中国企业踊跃参展 [EB/OL].https://www.chinanews.com.cn/cj/2024/03-04/10173986.shtml,2024.3.24.

S级套餐，主办方将保证导流50位观众至他们的线上展位。

最终，共有1829家企业参展（2019年的参展企业为6500余家），其中80家企业来自中国。吸引了来自全球189个国家和地区的9万多名观众注册浏览，其中51%来自德国之外。在数字展厅中，展示了超过10 500件产品和创新技术，观众进行了350多万次页面浏览，产生了70万条搜索查询。在社交媒体上，和展会相关的话题超过28 000个，留言、转发、点赞等行为超过450万次[1]。

线上展会获得了积极的反馈。汉诺威的调研显示，在456家参与调研的展商中，47%的企业认为数字展和实体展将互相补充，48%的企业更倾向于参加实体展，69%的企业达到了他们报名时的承诺观众引流数量。大部分没有达到承诺数量的是购买S和M套餐的展商，而购买XL套餐的展商平均获客量高达3800人。这表明数字展会与实体展会类似，大企业对于观众更具吸引力。而在对1100余位观众的调研中，观众对数字展的满意度非常高，有大量的观众是首次"参观"汉诺威工业博览会。

汉诺威工业博览会的线上举办是一次成功实验，证明数字展会具有一定前景。数字展会跨越了空间的限制，为主办方扩展了观众范围，虽然展会的效果不及实体展会，但相信这是一次有益尝试，将为今后的线下实体展会带来更多助力。

四、品牌移植

品牌对展会主办方至关重要，良好的品牌将为主办方带来可观的持续回报。在国际化经营中，展会主办方进入某一海外市场后，第一步通常是引入旗下的成熟品牌展会。品牌始终是汉诺威工博会的最重要资产之一。七十余年来，无论在展览业界还是工业领域，汉诺威工博会都建立了无与伦比的品牌形象和影响力，而在主办方德国汉诺威展览公司开拓海外市场的过程中，汉诺威工博会也扮演着重要角色，通常是被最先引入当地市场的品牌展会。

以中国为例，汉诺威始终非常看好中国市场。早在20世纪80年代初就进入中国，在北京设立代表处，开启了展览业务，组织国内企业赴德参展，并陆续将汉诺威工博会相关主题展移植到中国，包括：PTC（动力传动）、CeMAT（物流）、MWCS（金属加工）、IAS（工业自动化）等。起初，展会在北京三元桥的中国国际展览中心举办，数年后移师上海，搬至上海国展展览中心（INTEX）。2001年，随着上海新国际博览中心的投入使用，汉诺威的所有展会也随之迁入。

---

[1] 数据来源：汉诺威米兰展览（上海）有限公司内部资料。

伴随中国经济的腾飞，引入的相关主题展飞速成长。PTC 已成为世界规模第二、亚洲规模第一的动力传动展会；得益于中国互联网经济的高速增长和物流行业的迅猛发展，CeMAT 的规模甚至超过了德国母展，隐有问鼎世界之势；IAS 如今是亚洲工业自动化领域风向标；MWCS 则发展为亚洲钣金加工领域规模最大的展会。这些展会如今共同构成了汉诺威展览公司在中国的业务主线，帮助汉诺威成功立足中国市场，成为中国市场领先的展会主办方之一。

汉诺威工博会的品牌移植，是德国汉诺威展览公司国际化经营的关键。经过多年发展，汉诺威工博会的相关主题展早已遍布全球，在中国、土耳其、墨西哥、澳大利亚、新加坡、意大利等国落地生根，占据了可观的当地市场份额。汉诺威工博会在持续帮助母公司拓展全球业务的同时，不断夯实自身品牌形象与影响力，保持全球工业的风向标的领先地位。

思考与讨论
1. 汉诺威工业博览会是如何成长为世界工业界最大博览会的？
2. 汉诺威工博会的品牌成长之路对我国展会的发展有哪些启示？

思考与练习

1. 展览是什么？
2. 商贸展和消费展的区别是什么？
3. 展览策划的原则有哪些？
4. 如何开展展商招募工作？
5. 如何降低展馆垃圾的产生，降低碳排放？
6. 展览场馆的安全管理主要包括哪些内容？

第五章

节事活动

思维导图

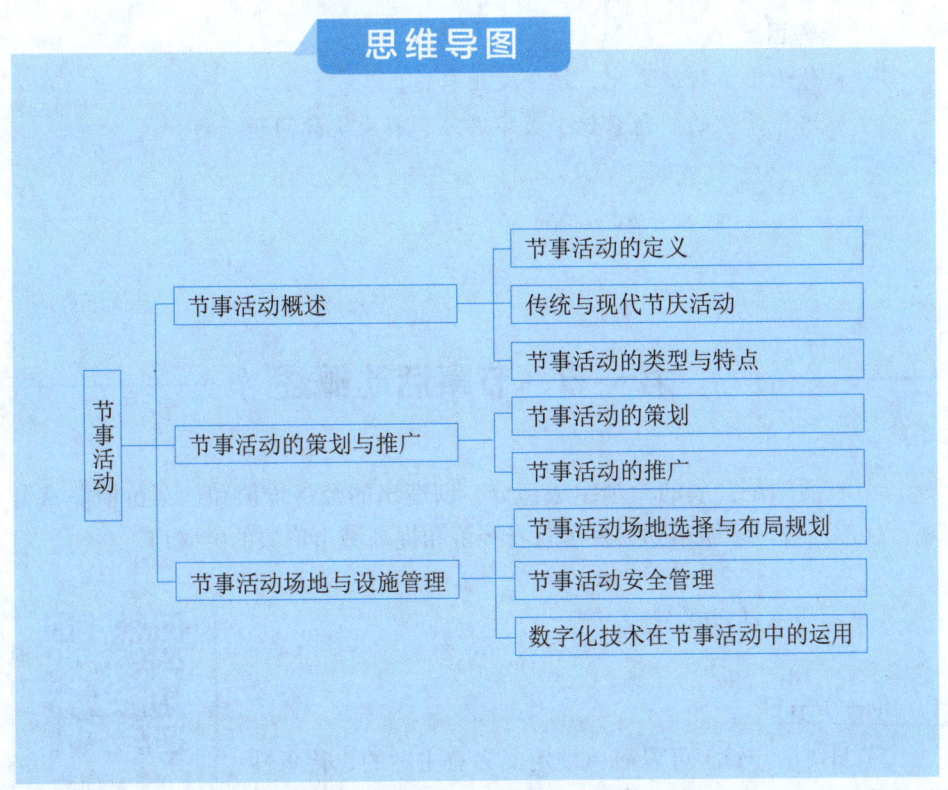

> **学习目标**
>
> **知识目标：**
> - 掌握节事活动的内涵及特征。
> - 了解传统节庆活动与现代节庆活动的融合与差异。
> - 掌握节事活动的策划步骤和方法。
> - 了解节事活动的场地选择及规划布局。
> - 了解节事活动的安全管理。
> - 了解数字技术在节事活动中的应用。
>
> **技能目标：**
> - 能够划分节事活动的类型。
> - 能够进行节事活动项目的策划。
> - 能够进行节事活动的宣传推广。
>
> **素养目标：**
> - 传承中华传统文化，增强文化自信。
> - 培养学生的创新意识、数字思维和解决实际问题能力。

第一节 节事活动概述

节事活动是会展的一个组成部分，创造出的经济价值和社会价值非常可观，目前已被许多城市列为发展自身经济和提高城市形象的突破口。

一、节事活动的定义

（一）节日

节日（festival）可以简单地定义为有主题的、传承性较强的公众庆典活动。

节事活动解析

节日与平日相对而言，具有非日常性，是一种特殊的日子；节日是为公众产生的而不是为个人产生的，节日活动具有一定的社会范围。不同社会群体价值观念不同，崇尚的节日也各不相同。我国历史悠久、民族众多，有多种多样的节日活动,它们反映了不同群落之间不同的传统习惯和价值观念。

民族节日是一个民族在长期历史发展中形成的、具有一定意义的,并要在这一天举行庆祝或祭祀仪式的日子。中国是一个统一的多民族的国家。在55个少数民族中,节日之多,难以计数。中国各民族特色各异的众多节日,大致可以分为新年节日、生产节日、青年节日、纪念节日、习俗节日和宗教节日六类。

这些与自然界季节更迭、祈求丰收、崇敬英雄、谈情说爱、传统习俗、宗教信仰有密切关系的节日,是民族历史的活化石,是民族生活方式的集中体现,也是民族传统文化的生动展示。尽管各民族的节日在日期、内容、意义、过节方式等方面千差万别,但它们都有稳定性、群众性、民族性和传承性的共同特点。不少民族节日已有百年的历史,有的甚至经历了上千年的岁月,成为深深植根于大地上的一种文化现象,也是需要进一步挖掘的文化宝库。

(二)事件

事件(event)一般是指历史上或社会上已经发生的、产生相当影响的事情。它的发生是受多重因素激发而产生的。这些因素可能来源于政治领域、军事领域或者生活领域。事件可以来源于人类社会生活的方方面面,也可能来源于自然界的突然变化等。因此,事件可以分为自然事件和人文事件。

(三)特殊事件

简单地说,特殊事件(special event)就是那些不同于日常生活的事件。从组织者的角度和消费者的角度为特殊事件进行定义:从特殊事件的主办者或组织者来说,特殊事件是发生在主办者或组织者日常进行的或经常碰到或举办的活动或项目范围之外的事情,具有一次性或至少不是经常发生的特点;对于消费者来说,特殊事件与日常的常规活动不同,是发生在人们日常生活体验或日常选择范围之外的事件。

当然,特殊性是一个相对的概念,不同的对象体会不同,不同的角度理解不同。事件或活动是否特殊,活动主办方、组织管理者和参加活动的消费者可能会有不同见解。

(四)节事

节事(festival &special event)是一个组合的概念,是从国外研究中借鉴而来的,即节日和特殊事件的统称。节事是面向大众,根据特定主题举行的日常生活体验以外的群体性娱乐休闲活动,其形式包括各种传统节日、比赛和在新时期设定的各种节日及具有纪念性的事件。

在我国，节事是一个新兴行业和新兴研究领域，有关节事的许多概念仍然处于界定和辨析阶段，还没有完全成形的概念和理论体系。因为看问题的角度不同，我国学术界目前对节事活动的概念有不同的认识，但总的说来，大致存在广义和狭义两种看法。狭义的节事即节庆，指的是各种节日和庆典，尤其是周期性举办（一般是一年一次）的节日等活动，但不包括各种交易会、展览会、博览会、文化和体育等方面的一次性结束的特殊事件；广义的节事不单是指发生的事件，也指一些内涵丰富多彩的项目，包括节日、地方特色产品展览、体育比赛、文化仪式等具有特色的或非日常性发生的特殊事件。

二、传统与现代节庆活动

（一）传统节庆活动

传统节庆活动是传统节日、民俗节日庆祝活动的一个简称，是指一个国家或民族在长期的历史发展过程中，由历史沿传下来的、具有特定文化内涵和庆祝活动的日子。这些节庆通常与天文、历法、气候、物候、农事等自然因素密切相关，同时也反映了人们的宗教信仰、社会习俗、道德观念和文化传统。

传统节庆具有以下几个显著特点：

（1）历史悠久：传统节庆往往有着数千年的历史，经过一代又一代人的传承和发展，形成了独特而丰富的文化内涵。

（2）文化内涵深厚：每个传统节庆都承载着丰富的文化内涵，包括神话传说、历史故事、诗词歌赋等，这些元素共同构成了节庆的文化底蕴。

（3）庆祝方式多样：传统节庆的庆祝方式多种多样，包括祭祀、祈福、赏花、赏月、赛龙舟、舞龙舞狮、吃团圆饭、放鞭炮等，这些活动不仅展现了节日的特色，也体现了人们的智慧和创造力。

（4）社会意义重大：传统节庆不仅是文化传承的载体，也是社会凝聚和民族团结的重要纽带。在节庆期间，人们会举行各种庆祝活动，增进彼此之间的感情，加强社会和谐。

（5）与自然环境相关：许多传统节庆都与自然环境密切相关，如春节、清明节、端午节、中秋节等都与季节变化和农事活动有关。这些节庆反映了人们对自然环境的尊重和对生命的敬畏。

在中国，传统节庆众多，如春节、元宵节、清明节、端午节、七夕节、中秋节、重阳节等。这些节庆不仅具有深厚的历史文化底蕴，也体现了中华民族的传统文化和民族精神。通过庆祝传统节庆，人们可以传承和弘扬优秀的传统文化，增进民族认同感和文化自信心。

（二）现代节庆活动

现代节庆活动是指在当代社会中，以特定日期或时期为背景，结合现代社会文化、经济、科技等多方面的元素，通过策划、组织、实施一系列具有文化、娱乐、商业等价值的活动，以达到庆祝、纪念、宣传、交流等目的的社会活动。现代节庆活动常见的类型包括：政府机关使用国家财政资金和资源举办的庆典，企业举办的品牌推广、产品销售，旅游景区的各类竞猜类、灯光类、观赏类游戏，乡镇村居举办的时令性物产类、采摘类、人文类等及媒体举办的品牌类、销售类节庆活动。

拓展阅读 5-1

春节　端午节

拓展阅读 5-2

现代节庆活动的发展趋势

三、节事活动的类型与特点

（一）节事活动的类型

节事活动可以根据节事活动的影响度、社会知名度、主题等方面的不同进行分类。节事活动按主题的类型进行划分时，通常有商贸、文化、自然景观、传统节日、民俗风情、宗教、大型体育赛事及综合八大类型。

1. 以"商贸"为主题的节事活动

商贸类节事活动是以地区的工业产品、地方特色商品和著名物产特产为主题，辅以其他相关的参观活动、表演活动等而开展的节事活动。商贸节事活动除了可以起到商品交流、经贸洽谈等经济功效以外，还可以为举办城市带来很多社会效益。类似的活动有大连国际服装节、中国青岛国际啤酒节、中国重庆（永川）国际茶文化节、中国景德镇国际陶瓷博览会等。

2. 以"文化"为主题的节事活动

文化节事活动就是依托当地在历史上或现存的典型的、特质性的地域文化类型而开展的节事活动。这类节事活动文化底蕴深厚，对游客吸引力强。常常与当地特色文化的物质载体相结合，开展丰富多彩的观光、文化活动。例如，中国淄博国际聊斋文化节，以人人耳熟能详、流传很广的聊斋文化为主题，举办各种与聊斋主题相关的活动，来活化人们心中的聊斋故事。又如，黄帝故里拜祖大典，少数民族特色节日蒙古族那达慕大会，傣族的泼水节，京剧艺术节，南京栖霞山文化节，登封少林寺浴佛节及各地方特色文化活动等。

3. 以"自然景观"为主题的节事活动

自然景观节事活动是以当地地脉和具有突出性的地理特征的自然景观为依托，综合展示地区旅游资源、风土人情、社会风貌等的节事活动。这类节事活动与自然景观的观光旅游活动有相似之处，也有不同之处。自然景观仅仅是该类节事活动的主打产品而已，不是全部。因此，在节事活动中，除了突出自然景观的主体地位之外，还有很多其他的相关活动为陪衬。类似的节事活动有中国·哈尔滨国际冰雪节（我国历史上第一个以冰雪活动为内容的区域性节日）、中国湖南张家界国际森林节、长春净月潭瓦萨国际滑雪节、中国云南罗平油菜花文化旅游节、北京香山红叶节、桂林山水文化旅游节等。

4．以"传统节日"为主题的节事活动

中国传统节日作为中华传统文化中的重要组成部分和表现形态，千百年来绵延不绝、历久弥新，是中华民族传统美德代代相传的重要载体。因此，现在传统节日活动仍具有很重要的社会意义和精神意义。春节作为我国最为隆重的传统节日之一，历史悠久，千百年来人们过春节的习俗一直沿用至今；元旦是全国各民族一年开始的第一个美好的日子；清明节、端午节、元宵节、中秋节等都是现代人们庆祝的传统节日。

5．以"民俗风情"为主题的节事活动

民俗风情节事活动就是以本民族独特的民俗风情为主题，涉及书法、民歌、风情、风筝、杂技等内容的节事活动。我国是多民族的国家，各民族的习俗各不相同，可以作为节事活动的题材非常广泛，因此该类节事活动也就非常多。例如，潍坊风筝节、南宁国际民歌艺术节等。

6．以"宗教"为主题的节事活动

宗教文化是我国传统文化的重要组成部分，宗教文化内容丰富、风格多样。宗教节事活动就是基于宗教对于游客的吸引力而创办的。宗教节事活动吸引的游客大多是宗教信仰者，这类参加者由于信仰关系，对宗教节事活动的参与热情程度很高，并且重游率很高。这类节事活动的举办是依托于游客对佛教、道教等宗教的信仰而创办的，如各类庙会、开光节、寺庙奠基节、五台山国际旅游节、九华山庙会、泰山封禅大典或春节祈福、中国黄梅佛教文化节、伊斯兰教的开斋节等。

7．大型体育赛事

体育赛事是节事活动的一个重要组成部分，体育赛事的相关部门共同组成的体育产业已经成为许多国家日益重要的经济部门，如奥运会、世界杯足球赛、F1赛事、亚运会、NBA（美国职业篮球联赛）、CBA（中国男子篮球职业联赛）、欧洲杯、巴黎—达喀尔拉力赛及各地方举办的体育赛事等。

8．娱乐活动

娱乐活动是目前各地非常热衷的节事之一，这类活动以娱乐为主题举办系列活动，利用娱乐明星和娱乐产品的吸引力，给举办地带来了巨大的经济效应，例如影视界的盛典美国"奥斯卡"颁奖晚会、欧洲三大电影节、上海亚洲音乐节、北京国际艺术节等。

（二）节事活动的特点

节事活动作为会展的一个部分，除了具有会展活动的一般性以外，还具有自身的一些特性，主要包括多样性、交融性、地域性、时效性、双重性、个性化、吸引性、文化性、体验性、认可性等。

1. 多样性

节事活动的内涵非常广泛，其开展形式多元化，开展的内容丰富多彩。可以通过特定的仪式、表演和庆祝活动来展开，也可以融入 VR 体验、在线直播等新元素增加吸引力和互动性。例如，在中秋节期间，除了传统的赏月、吃月饼活动外，还可以组织中秋诗歌朗诵会、中秋音乐会等文艺活动，以及中秋灯会、中秋游园会等休闲娱乐活动。

拓展阅读 5-3
2023 中国长春消夏艺术节

2. 交融性

节事活动的多样性和大众参与性决定了其必然有强烈的交融性。许多节事活动都包含会展活动，从而成为带动当地经济发展的引擎。一年一度的慕尼黑啤酒节，被称为"世界第一大民俗节日"，至今已经举办了 188 届，每年都有超过 600 万的游客参与庆祝。在举办的两周内，大量的慕尼黑农产品被就地消耗，平均每年超过 500 万升的啤酒被喝掉。同时还拉动了当地的就业，近几年，平均每年吸纳 10 000 多人为啤酒节工作。

3. 地域性

节事活动都是在某一地域开展的，带有明显的地域性，可成为目的地形象的指代物。有些节事活动已经成为地域的名片，而少数民族节日更是独具地方特色，如巴西狂欢节、瓦萨滑雪节、西班牙西红柿节等。这些活动彰显着强烈的地域风情，已经成为当地重要的旅游吸引物。此外，在多民族聚集的国家和地区，民族文化各具特色，地方性节事活动也异彩纷呈。节事活动成为地方文化最佳的表现形式，成为少数民族最宝贵的一笔文化财产。

4. 时效性

每一项节事活动都有季节和时间的限制，都是按照预先计划好的时间规程开展和进行的。例如，内蒙古有丰富多彩的民族文化，每年 7 月中下旬举办的那达慕草原旅游节，集中展示蒙古民族歌舞、体育、竞技、服饰、饮食各方面的灿烂文化；祭敖包活动一般在农历五月下旬至六月上旬举行，在祭典结束后，还将举行传统的赛马、摔跤等活动；篝火节是内蒙古北部鄂伦春族人的传统节日,在每年的 6 月 18 日,鄂伦春人会燃起篝火,并集体围绕在篝火旁,载歌载舞,欢乐通宵。

5. 双重性

节事活动的双重性主要体现在经济发展与文化传承、节事参与者与旅游者两个方面。从经济与文化的角度来看,节事活动通过吸引大量游客和参与者,不同地区的商家和企业可以借此机会建立联系,显著促进了当地经济的发展,活动期间的住宿预订、餐饮消费、特色商品销售等都会大幅增加,为当地带来直接的经济效益;活动通过展示当地的传统文化、民俗风情,吸引了来自不同地区、不同文化背景的人们,节事活动有助于加深人们对本地文化的认识和了解,从而推动文化的传承和发展。从节事参与者与旅游者角度来看,来参加节事活动的人员同时也是旅游人员,来旅游的人员也是节事活动的参与者,节事参与者既享受活动带来的乐趣和体验,在参与活动的同时也在探索和体验举办地的文化和风土人情。

6. 个性化

节事举办地必须有特别出色的节事活动产品提供给参与者和旅游者挑选。如节事活动的主题和定位要能够吸引特定人群的关注和参与,需要充分考虑独特的自然景观、文化遗产、美食物产、互动体验等方面因素。节事活动在策划和执行过程中,需要在活动内容、活动形式、互动方式上不断创新,为游客提供定制化的旅游线路、为参与者提供个性化的互动体验等个性化服务,才能够保持其活力和吸引力。

7. 吸引性

节事活动本身必须具备强大的吸引功能,给参与者非常好的感知印象,使其在心理上产生非去不可的愿望。节事活动往往依托于当地的地方特色或文化民俗特色,通过文化的创造、交流和融合形成一种节事传统,游客可以深入了解和体验当地的文化风情,吸引游客和参与者的参加。同时,通过引入新技术、新元素、新玩法等,刺激活动参与者的求知欲、好奇心,使得节事活动更具吸引力和影响力。

8. 文化性

节事活动本身就是文化活动,这些以民族文化、地域文化、节日文化和体育文化等为主导的节事活动往往具有极浓的文化气息。欧洲、亚洲的一些国家具有悠久的历史和深厚的文化积淀,各类文化艺术节日众多。例如,英国爱丁堡艺术节、法国巴黎秋季艺术节、法国阿维尼翁艺术节、意大利维罗纳歌剧节、奥地利萨尔斯堡音乐节、德国拜罗伊特瓦格纳艺术节、马来西亚国际伊斯兰文化节、瑞典斯德哥尔摩水节、美国"孟菲斯五月"国际节、法国戛纳电影节等。

9. 体验性

节事活动实际就是亲身经历，参与性很强，大众性的文化、旅游、体育、商贸和休闲活动，是建立在大众参与和体验的基础上的。韩国保宁国际泥浆节每年 7 月举办，配套了大型泥浆池、泥浆按摩、制造泥浆肥皂、快艇、泥浆障碍马拉松等体验项目，最有趣的项目莫过于在泥浆里摸爬滚打，体验性是泥浆节运营的一个关键要素。

第二节　节事活动的策划与推广

一、节事活动的策划

节事活动策划

策划，小到婚庆典礼、求学求职、人生规划、筹划一个聚会、信息技术中的一个程序设计，大到公司创业、企业兼并、制度设计、旅游规划、股票上市，都起到了重要作用。在广告、营销、演艺、活动、影视、出版等领域，策划更是大显身手。

节事活动策划是一项以节日、庆典、事件为载体，通过对节事活动的周密安排和资源要素的优化整合，按照一定的原则和方法，对节事内容进行系统而全面的调查分析、构思筹划，以达到"宣传地方资源、展示地方形象、提高品牌价值、促进经济发展"这一目标的综合性谋划、战略性规划。节事活动策划不仅是对当地优势资源的宣传，同时也是获得经济资源收入的一种手段。"

（一）节事活动策划的原则

1. 导向性原则

导向性原则是最重要的原则，所有节事活动的策划都要符合这个原则。例如，对于"魔兽争霸（一种网络游戏）挑战赛"的活动策划提议，虽然这项活动符合"贴近性""广泛性"和"参与性"等原则，但因为违背了"导向性"原则而不能举行。因为对于自制力不强的学生来说，可能会沉迷网络游戏，影响学习，青少年活动策划应该对此加以引导而不是推波助澜，所以类似这样不符合"导向性"原则的活动不可以举行。

2. 确定性和规范性原则

节事活动虽然是一种动态的吸引物,但又必须在动态中寻求某种确定性和规范性,它们是招徕四方游客的先决条件,也是著名节事活动获得巨大效益的成功秘诀。

如西班牙斗牛节,虽然政府不参与主办,但会把举办期间的 100 多项活动提前公布在各大媒体上,形成所谓"有组织的无政府状态"。这种严谨周密的管理和确定性是塑造节事主题的关键,也是节事活动产品化的基本条件。

图 5.1　西班牙斗牛节

3. 广泛性原则

广泛性原则指策划活动时要考虑到不同受众群,针对不同受众群的不同特性考虑不同的活动方案,使得整个活动能涵盖不同喜好、不同层次的受众群。广泛性是节事活动成功的原因所在。

4. 参与性原则

参与性原则是指活动设计要得到参与者欢迎,使他们能够参与、乐意参与。"能够参与"指不能把活动门槛设得太高,将一些参与者"挡在门外",尽量做到人人能参与,人人爱参与。特别是青少年活动,要尽量做到"全民行动"。

5. 服务性原则

策划的本身,就是一种服务,而产生的剧本和情节都应该是以为参与者服务为主的,不应过于强势,不应功利性地去完成某个活动。而且,这种服务应该是一种更加细腻、更加呵护的服务,使参与者产生作为主角的感觉。

6. 娱乐性原则

娱乐越来越代表一种潮流,越是具有娱乐性质的演艺或活动,越是具有市场吸引力，因此，节事活动的策划应超越主题的本身，尽量打造受市场欢迎的内容。

7. 生动性原则

生动性是为了避免死板展示或演示的策划，随着科技发展的日益发达，以及人文关怀的日益浓厚，节事策划更应该运用多种手段和方法来充分展示，并以多种生动的展示、解说、演绎或体验来使参与者获得收获和愉悦。

8. 时尚性原则

节事在发扬传统文化的同时，更应该代表一种时尚潮流，对时尚文化的把握及在策划中的运用就显得尤为重要。过去说起梅花经常会想到诗词歌赋，随着人们价值观和审美观的变化，梅花在服装、家居等设计中的应用，或是现代科技培育出的梅花新品种，或是某种新发现的药效，这样才能与时俱进，策划出好的节事活动。

（二）节事活动策划的理念

1. 人本的理念

以人为本。节事活动的形式安排要提高人的参与性，节事活动的目的要体现对人的终极关怀。节事活动需要贴近大众，以丰富大众的休闲、文化、经济生活为最终目标，以促进和弘扬传统文化为最终目标。

2. 和谐的理念

人与自然和谐、人与人和谐、人与社会和谐、社会群体和谐。策划要注重节事主题的和谐、各方利益的和谐，以及举办过程的和谐。

（三）节事活动策划的重点问题

1. 策划的灵魂——文化与创新

文化是赋予节事活动是否具有生命的象征，而创新是赋予节事活动是否具有生命力的象征，只有在继承先前文化的基础上，以创新为动力，节事活动才会越办越旺，持续增效。例如，与梅相关的文化现象，在我国已有几千年的历史，举办梅花节更是很多地方招揽游客的传统节事，而在层出不穷的活动中，出奇制胜就显得尤为重要，这也是策划要解决的难点问题。

2. 策划的核心——市场与品牌

节事具有了生命，但是是否具有生存的能力还要看市场，而且在市场的选择之初，节事活动就应针对具体人群进行甄别，挑选对事件感兴趣的，或是针对某一具体人群设计具有针对性的节事内容，这样，主动权就会掌握在策划者的手中，以市场为核心，稳步发展，逐渐壮大，形成品牌。在节事活动策划的后期，品牌的建设也尤为重要，可靠的品牌，是对市场的有力保障。例如，梅花在中国是一种清雅、高傲的品质代表，那么它的市场就应针对社会高层次人群来策划，品牌形象建设也应符合这种传统精神象征。

3. 策划的重点——活动与激情

大型节事活动策划包括不同类型的小活动，使参与者既有一种大环境的融入，又有一种小环境的渗透。这样的设计，既能树立主题形象的博大、高深及源远流长，又可使参与者感觉到其对生活的影响，这样才具有市场吸引力。例如，主题虽然是梅花，但也不应只有静态的展示，而应和动态的活动参与结合在一起，激发游人的热情。

4. 策划的关键——安全与保障

这一步往往是策划者容易忽略的，但很多时候，却是关系到节事活动策划成败的关键因素。一项活动，由于缺少安全保障措施，如造成游客伤亡，并且给地方或景区造成了较为严重的负面影响，这项活动就是失败的。节事策划必须落实安全保障，如果活动环节中存在较大安全隐患，一定要消除隐患或取消活动，安全第一。

（四）节事活动策划的步骤

1. 确定节事活动主题

节事活动的主题是节事活动策划的源头，主题活动策划是节事活动策划的第一步。

（1）中国金鹰电视艺术节。中国金鹰电视艺术节，简称金鹰节，即原"中国电视金鹰奖"评选活动，以中国电视金鹰奖的评选颁奖为主要活动内容，是唯一以观众投票为主要方式产生的全国性电视艺术综合大奖，也是中国第一个以国产电视艺术作品作为评奖和交流对象的电视艺术节庆活动。首届电视金鹰奖评选活动于1983年在云南省昆明市举行。自2000年第18届开始，改称为"中国金鹰电视艺术节"，由中国文学艺术界联合会、湖南省人民政府、中国电视艺术家协会、湖南省广播电视局联合主办，湖南电广传媒股份有限公司承办，每年的第四季度固定在湖南省长沙市举行。

金鹰节的举办，不仅吸引了大量国内单位、企业、群众踊跃参加，而且愈来愈受到国外传媒的重视，其国际知名度与日俱增。

（2）法国波尔多的葡萄节。波尔多的葡萄酒闻名世界。节庆期间，各葡萄庄园免费向世界各国游人开放，游客可自由采摘品尝新鲜的葡萄，并自愿为庄园主采收葡萄，还被允许用葡萄互相投掷嬉戏取乐或到盛满葡萄的大木桶中，踩碎桶中的葡萄（此为酿造葡萄酒的一道工艺），帮着一起酿造葡萄酒，更可以品尝到最鲜美的葡萄酒。这些都给游客带来无穷的乐趣。

（3）美国南部的南瓜节。美国南部每年一度的南瓜节，当地民众会亮出拿手绝活儿，制作出一道道令人叫绝的南瓜大餐和精美糕点供游人免费享用。此外，他们还用南瓜雕刻出美轮美奂的南瓜灯和各种艺术造型，举办以南瓜为主题的化装舞会和游行活动，载歌载舞、乐趣无穷。

（4）洛阳牡丹节。创办于 1982 年 9 月的洛阳牡丹节是洛阳人一年一度的赏花盛会。在每年 4 月举办，它以洛阳名花牡丹为主题，结合文化、体育、旅游、经济于一体，弘扬花卉文化，宣传城市形象，带动经济增长。洛阳牡丹节自举办第一届以来延续至今，将始于隋、盛于唐、兴于宋，象征着中华民族泱泱大国风范的牡丹花打造为洛阳市的形象代言和"当家花旦"，昔日流传的"洛阳牡丹甲天下"，如今已变为"天下牡丹看洛阳"。

2．定位节事活动

节事活动的定位，就是在多种节庆活动的图表上为即将举办的节庆活动寻找一个合适的坐标，作总体的科学的框架设想，这个设想的主要内容有市场定位、宗旨定位等。

3．制定节事营销预算

预算就是实现节事目标所需要的资金计划。在制定节事预算的时候通常需要考虑到几方面因素：广告、印刷品、邮费、公共关系、促销、营销费用、应付意外突发事故的储备资金、间接成本（管理费用）、其他等。营销活动的费用在预算中所占的比例最大，因此需要仔细研究每一项的价格，确保不会对整个节事活动的开支底线造成负面影响。

4．组织节事活动

节事活动的组织工作千头万绪，只有提纲挈领，才能收到事半功倍的效果。一般说来，应重点抓好以下四方面的工作。

（1）联办单位和参与单位的分工和协作。大型节事活动的组织工作是系统工程，做好联办单位和参与单位的组织工作非常重要。例如，1998 年上海举办的国际旅游节，这次旅游节由上海市旅游管理委员会牵头，20 个区县政府，以及旅游、文化、体育、园林、餐饮、经贸、铁路、航空、新闻等 29 个部门共同参与，由于分工明确、配合默契，组织了 100 多项气势宏大、丰富多彩的旅游活动，形成了市区联手、条块合作、广泛参与的大格局，覆盖面涉及各行各业、街道和乡镇。这届旅游节获得成功的重要原因之一，就是组织工作做得较好，使联办单位和参与单位充分发挥了自己的主观能动性。

（2）艺术演出和体育表演的组织。艺术演出和体育表演是节庆活动必不可少的内容，也是提高亲和力和吸引力的主要手段。在澳大利亚，露天游乐场、水上项目和烟火节无一不是以令人难忘的演出和参与性项目吸引游客的；在中国，明星汇聚的各种演出也是吸引人们眼球的一个重要手段。因此，组织国内外一流水平或高水平的艺术团体和体育队伍献艺，邀请拥有各种特技绝活的民间艺人表演，动员当地广大公众参与，才能为节事活动增光添彩。

（3）后勤保障体系的组织。后勤保障体系涉及交通运输部门、商业部门、文化部门、环境卫生部门、金融部门、公安部门及其他服务部门，较为复杂。节事活动的对象除了当地的居民以外，很重要的一个组成部分是旅游者，旅游者十分重视经历和体验，这就要求各类从业人员树立"以人为本"和"服务至上"的观念，提供高质量的服务。对后勤保障体系的组织，不仅仅是落实人员、物质，还要落实思想教育和到位的服务。对后勤保障体系的工作，绝不能掉以轻心。

（4）新闻媒体的组织。新闻媒体在节事活动前的宣传，在节事过程中的现场采访，在节事活动后的跟踪报道，对于扩大节事活动的社会影响和提高经济效益极为重要。节事组织者不仅是请来媒体，还要为他们提供工作便利，如尽早向他们通报情况、提供信息、推荐典型、提出要求，以便及时发布信息，引导游客参与和消费。因此，大型节事活动组委会中应有专人负责与媒体的联系，并配合媒体做好工作。

（五）节事活动策划书写作的基本结构和内容

1. 策划书的基本结构

标题：节事活动策划书的标题通常由两部分组成，即策划的对象名称和文种，如"上海旅游节策划方案"。

文头：在标题下方依次排列策划书的名称、策划者的姓名、策划书完成的日期、策划书的目标等内容。

名称：策划书的名称可以与标题相同，策划者的姓名除了策划者的名字外，策划者隶属的单位、职位均应写明。策划书完成的日期也包括修改的日期。策划书的目标写得越明确具体越好。

目录：策划书的目录务必要能使人了解策划书的全貌。

正文：正文由策划书的前言和策划书文本两个部分组成。前言包括策划的缘起、宗旨、背景资料、问题点和节事活动创意的关键等，也可加入序文。

活动背景：活动背景应根据策划书的特点在以下项目中选取内容重点阐述，内容有基本情况简介、主要执行对象、近期状况、组织部门、活动开展原因、社会影响及相关目的动机。

序文：序文是把策划书所讲的概要加以整理，内容简明扼要，让人一目了然。宗旨主要是对策划的必要性、社会性、可能性等问题的具体解说。

2．策划书的内容

策划书的内容包括可行性分析、基本事项、策划设计、宣传和推广、预算、策划进度表、有关人员任务分配表、策划所需物品及场地、策划的相关资料、效果评估等。

策划书文本的内容是方案最重要的部分，内容应具体，可操作性强，避免空洞枯燥等，具体如下所述。

（1）市场背景及可行性分析。分析市场需求、市场热点，说明活动的内在优势、劣势、外部机会及威胁等因素，对其做好全面的分析（SWOT分析），将内容重点放在环境分析的各项因素上，对过去现在的情况进行详细的描述，并通过对情况的预测制定计划。如环境不明，则应该通过调查研究等方式进行分析加以补充。

（2）活动的目的、意义。活动的目的、意义应用简洁明了的语言将要点表述清楚。在陈述目的要点时，该活动的核心构成或策划的独到之处及由此产生的意义（经济效益、社会效益、媒体效应等）都应该明确写出。活动目标要具体化，也需要满足重要性、可行性、时效性的要求。

目的：一般的节事活动目的分为创建提高知名度、增加现场销售、传达信息、诠释品牌理念、展示活动特色等。

意义：节事活动的意义关键在于清晰、具体地阐述该活动对参与者、组织者、社会或特定领域所带来的正面影响和价值。

（3）活动的基本要素：名称、主题、时间、地点和规模等。

名称：节事活动的名称要包含活动的时间（届次）、地点和内容等信息。

主题：一个好的主题对展览活动而言是一面旗帜，是对活动内容的高度概括，是整个策划的灵魂。要为广大公众接受，就必须选好主题，应避免重复化、大众化。所以策划者应提出具有创意的节事活动主题和节事活动宣传口号，并详细阐释节事活动主题的内涵。

时间：除了固定的纪念日，日期的选择一般较为灵活，但策划时首先要将日期确定下来，以便进行具体的时间安排。

地点：选择地点时必须考虑公众分布情况、活动性质、活动经费及活动的可行性等诸多因素。

规模：估计参与者的人数。

（4）组织结构及任务分配。组织结构及任务分配指节事活动策划实施的工作组织结构的构成及人员组成与分工。

（5）宣传推广计划。针对节事活动主题，需要其他媒体，如报纸、广播、电视、网络等的配合，拟订宣传推广计划。

（6）活动开展。作为策划的正文部分，活动开展的表现方式要简洁明了，使人容易理解，但表述方面要力求详尽，写出能设想到的每一点，避免遗漏。在此部分中，不仅局限于用文字表述，也可适当加入统计图表等，对策划的各工作项目，应按照时间的先后顺序排列，绘制实施时间表有助于方案核查。人员的组织配置、活动对象、相应权责及时间地点也应在这部分加以说明，执行的应变程序也应该在这部分加以考虑。

这里可以提供一些参考方面：场地布置、接待室、嘉宾座次、赞助方式、合同协议、媒体支持、宣传、广告制作、主持、领导讲话、司仪、会场服务、电子背景、灯光、音响、摄像、信息联络、技术支持、秩序维持、服装、指挥中心、现场气氛调节、接送车辆、活动后清理人员、合影、餐饮招待、后续联络等。策划人可以根据实际情况自行调节。

（7）财务预算。财务预算指针对节事活动方案和宣传计划，分别计算出节事成本价和门票等对外报价。节事活动必须进行周密的预算，使各种花费控制在最小规模内，以获得最佳的经济效益。在预算经费部分，最好绘制表格。

（8）风险预测、解决方案和备选方案。内外环境的变化，不可避免地会给方案的执行带来一些不确定性因素，因此，当环境变化时是否有应变措施，损失的概率是多少，造成的损失是多大，应急措施等也应在策划中加以说明。

（9）评估与总结。效果评估指是否达到节事活动目的，以及主题与产品和目标受众是否一致，对他们是否有足够吸引力。

（10）活动负责人及主要参与者。节事活动应注明组织者、参与者姓名、嘉宾、单位（小组策划应注明小组名称、负责人）。

（11）组委会联络方式。策划书要写明组委会联络方式，以备参与者及活动相关方垂询。

总之，专业的策划应该是具体的，策划书也重在操作思路、运营手段和应变能力。此外，还要求策划人拓宽眼界，在把握策划主线的同时，能将外部资源整合进自己的设计框架之中，从而丰富自己的策划内容，建立多层次、多角度的策划体系。

二、节事活动的推广

随着节事活动的不断发展，节事的长期影响力和良好的声誉成为活动主办方关注的重要课题。节事活动推广是吸引参加者、推广活动主题、建设活动品牌的重要手段。在进行实际的节事活动推广时，必须明确宣传推广的目的，抓住宣传推广的特点，掌握其原则。

（一）明确节事活动宣传与推广的目的

节事活动的宣传与推广工作是一个长期性、系统性的工作，必须具备整合传播的思路，同时要以实现长期效应为出发点。伴随会展产业的长足发展，节事活动的宣传与推广工作日益受到重视，宣传推广工作的目的性也日益清晰。节事活动的宣传与推广的主要目的有：

1. 提升节事活动的知名度

节事活动知名度分为四个层次：

第一，无知名度，即节事活动的目标观众根本就不知道该活动及其品牌；第二，提示知名度，就是经过提示后，被问者会记起某个节事活动及其品牌；第三，未提示知名度，即不必经过提示，被访问者就能够记起某个节事活动及其品牌；第四，第一提及知名度，就是即使没有任何提示，当一提到某一种题材的节事活动时，被访问者就立即会记起某个节事活动及其品牌。

提升节事活动品牌知名度，就是要使节事活动品牌逐步从无知名度走向第一提及知名度，这样，节事活动才会被其目标观众作为首选的对象。

2. 扩大节事活动的品质认知度

品质认知度是指目标观众对节事活动的整体品质或优越性的感知程度，它是参与者对节事活动的品质做出是"好"还是"坏"的判断；对节事活动的档次做出是"高"还是"低"的评价。

品质认知度对于节事活动发展具有重要意义：

首先，它可以为目标观众提供一个参加节事活动的充足理由，使本活动能最优先进入他们选择决策考虑的视野。

其次，使节事活动定位和品牌获得目标观众的认同，提高他们参加节事活动的积极性。

再次，有助于节事活动的销售代理展开招商工作，可以增加节事活动的通路筹码。

最后，可以扩大节事活动的"性价比"，创造竞争优势，促进节事活动进一步发展。

3. 努力创造积极的节事活动品牌联想

节事活动品牌联想是指在目标观众的记忆中与该节事活动相关的各种联想，包括他们对活动的类别、活动的品质、活动的服务、活动的价值以及顾客在活动中的利益等的判断和想法。

节事活动品牌联想有积极的联想和消极的联想之分，积极的节事活动品牌联想有利于强化节事活动的差异化竞争优势，使目标观众对节事活动的认知更趋于全面，并可帮助目标观众进行参与选择决策，促成他们积极参加本活动。节事活动品牌经营的任务之一，就是要通过营销等各种手段，努力促使目标观众对节事活动产生积极的品牌联想，避免使他们对节事活动产生消极的品牌联想。

4. 不断提升目标观众对节事活动品牌的忠诚度

目标观众对一个节事活动品牌的忠诚度越高，他们就越倾向于参加该节事活动，否则，他们就很可能抛弃该活动而去参加其他活动。提升目标观众的品牌忠诚度，就是要不断增加节事活动的情感购买者和忠贞购买者队伍，使本活动成为行业的旗帜和方向标。拥有较多具有较高品牌忠诚度观众的节事活动，必将成为该行业中最为著名和最具影响力的节事活动。

（二）掌握节事活动宣传与推广的原则

服务业具有生产和消费的无形性、多样性、易逝性和不可分割性等特点，在进行节事活动的宣传和推广时，要注意这些特点，而且要遵循节事活动宣传和推广的如下原则：

1. 重视口碑沟通

有调查显示，当某一节事活动知名度不高时，有40%的观众是因为同行或熟人推荐而得知的。口碑传播不论是对参与企业，还是对观众来说都有重要意义。因此，在进行节事活动的宣传和推广工作中，要充分营造气氛和环境，重视口碑传播。

2. 承诺能提供的服务

在节事活动宣传和推广时向目标观众进行有关承诺非常重要，它是吸引观众参加节事活动的因素之一。一次节事活动举行之后，如果观众得到了主办方在宣传和推广时承诺的东西，就会感到满足；反之，会感到失望。因此，在节事活动宣传和推广时向观众进行的承诺应当注意力所能及。有的节事活动事先并没有承诺，但却在节事活动中向观众提供了超值服务，有效地提升了节事活动自身的形象。

3. 强化有形展示

节事活动服务的本身具有无形性，不容易在目标受众的心目中产生实在的印象。这就要求在进行节事活动的宣传和推广时向观众描绘有形的形象。让观众感受到有形展示与服务。例如，对于赞助商，可用具体的数据告诉他们将有什么样的观众到会,到会观众的构成是怎样的等;对于观众,可以告诉他们本次节事活动的活动规模、层次以及活动的特色和能得到的信息与服务等。

4．注重连续性

节事活动的宣传和推广要有一定的连续性。对于节事活动的主题、定位、优势、特点等的宣传要一如既往,坚持不懈。只有这样,才能在赞助商和观众的心目中形成固定的印象,从而达到良好的宣传效果。

(三)节事活动宣传与推广的内容

节事活动的层次以及节事活动的主题定位、目的不同,其宣传与推广的内容也有所不同。一般来说,节事活动宣传与推广的主要内容有:

1．节事活动基础资讯的宣传与推广

各种节事活动都需要向参加者详细介绍节事活动的一切基础资讯,主要包括:

(1)节事的时间、活动地点、交通住宿情况、接待事宜、活动时限等。

(2)参与者情况、往届效果、社会评价等。

(3)参与要求与条件等。

以上宣传内容主要是针对观众,比较简便的做法是将所有基础资讯编订成册,印发邮寄或进行人员推广。

2．节事相关活动的宣传与推广

节事活动过程中往往会安排大量活动,一方面增加活动的内容,另一方面也可以有效吸引参观者,这些活动都是节事的重要组成部分。

节事活动的配套内容包括开幕式、闭幕式、民族风格的表演、场内特设舞台上演的节目、表演、音乐会,或者是主题讨论会、研究会等。平时难以邀请到的著名音乐家的演奏会、海外艺术表演等,在节事举办期间都更容易得到青睐,这也是节事活动带来的好处。活动中每天在现场的各处都能欣赏到富有魅力的各种表演活动,这也同演艺一样,能够增加整个节事活动的魅力,成为吸引更多观众前往参观的重要因素之一。

根据活动的类别划分,可将其归纳为:

(1)正式活动,由主办者举行的前夜典礼、开幕式、闭幕式等正式活动。

(2)主题活动,围绕节事主题进行的讨论会、研究会、电影节等活动。

(3)交流活动,赞助单位主办的活动。

(4)一般活动,音乐演奏会、电影、传统艺能、街头表演、盛装游行等。

(5)市民参加活动,由一般市民资助主办的活动。

节事活动期间对活动的宣传与推广可以在很大程度上帮助节事活动聚集

人气，突显风格，形成品牌效应。特别是大型节事活动，如慕尼黑啤酒节，都将一些重要活动融入节事过程，不仅在节事活动场地进行，也可以将活动延展至整个城市，从而实现更大的社会效应和经济效应。

形形色色的活动可以提升节事活动的人气，打破节事活动相对沉闷的气氛，为参展方提供更多的宣传途径。因此，过程中的各种活动也是节事活动宣传和推广中的一个重要部分。

图 5.2　德国慕尼黑啤酒节

3．节事活动品牌的宣传与推广

将自己举办的节事活动逐步培育成在国内外有重大影响力的品牌节事活动，是每一个节事活动主办单位不懈的追求和执着的梦想。品牌节事活动都是通过对节事活动进行卓有成效的品牌经营才培育出来的，节事活动品牌经营是节事活动进行市场竞争最有效的手段之一。在形成品牌产权之后，以经营品牌的观念来经营节事活动，将节事活动培育成品牌，并通过节事活动品牌来加强节事活动与参与者的关系的一种节事活动经营策略。节事活动品牌经营的主要目的，是通过对节事活动进行品牌化经营来提高节事活动的影响力和市场占有率，并努力使本节事活动在该题材的活动市场上形成一种相对垄断。因此，节事活动品牌的宣传与推广应着力于独特性与排他性，可以在宣传过程中突出品牌节事活动在行业或领域中的不可替代性。

企业也通过承担举行这类活动的一部分或者全部资金的方式获得向来场观众宣传该企业的商品名称或企业名称的好机会。另外，为了设立举行活动的专用舞台，还需舞台装置布景、音响照明等方面的专家的协助。

（四）节事活动宣传与推广的手段

节事活动宣传与推广在执行手段上是多种多样的，应根据财力、人力以及节事活动本身的特性选择组合使用。一般来说,比较常用的手段有人员推广、广告宣传、新闻媒体宣传、公共活动推广等。

1. 人员推广

人员推广是一种人际交流,是一种直接的宣传方式,节事的主办者通过与目标观众直接联络,告知节事活动情况,邀请其参加节事活动。节事活动人员推广方式主要是直接联系、发函和发电子邮件等。人员推广,特别是作为节事活动的组织者,利用现有条件开展和参与方之间的直接人员推广是相当有效的方式。作为节事活动组织者的政府部门、行业协会等,可以采用人员联系的手段进行相关的宣传与推广工作。

2. 广告宣传

广告的本意可以解释为"广而告之"。在节事活动中,广告是节事活动宣传的重要方式,也是吸引参观者的主要手段之一。广告可以把信息传给很多人,在商业社会中,广告的促销活动是显而易见的,因而,节事活动宣传一定要充分利用广告这一手段。

3. 新闻宣传

新闻宣传费用一般较低,因为通常情况下新闻采访与报道是免费的,同时新闻报道的可信性高,效果好。新闻宣传必须在节事活动之前、期间和之后连续进行。节事活动主办方一般都在节事活动期间设有专门的新闻宣传部门,该部门的工作人员应该具有良好的媒体背景,熟悉新闻宣传的手段与一般规律,并能够与专业新闻人员有效沟通,和记者、编辑、摄影师、专栏作家等都能够保持联系。良好的人际关系有助于获得媒体的最大支持并获得最高规格与最正面的报道。

新闻宣传工作的一般流程如下:

(1)任命新闻负责人或开始联系委托代理,搜集、整理、更新目标新闻媒体和人员名单。

(2)制定新闻工作计划。

(3)举办记者招待会,发布节事活动基本信息。

(4)搜集媒体报道情况,如果在节事活动期间对记者做过许诺,一定要尽快予以办理或告知何时办理。

(5)向未能参加活动的记者寄发资料。

(6)向出席招待会、参观节事活动的记者发感谢信,向所有记者寄节事活动新闻工作报告。

(7)迅速、充分地回答新闻报道引致的读者来信与问询。

(8)与媒体保持联系。

在新闻宣传工作中，节事主办方应特别需要注意新闻稿与新闻图片。新闻稿是主办者提供给媒体的主要的新闻资料，质量高、内容新、符合新闻写作要求的新闻稿被广泛应用的可能性就高。好图片可以直观体现节事活动现场的效果或主体，好图片比好文章更易被采用。

4. 公关活动

为扩大节事活动影响、吸引观众、促进成交，节事活动主办方往往也要通过会议、评奖、演出等公关手段对节事活动进行宣传。这些公关活动通常不是单纯地为节事活动服务，还兼顾政策宣传、文化交流等社会责任。公关活动不仅可以帮助主办方争取到更多的来自当地政府的支持，同时也可以有效地在参观者中引起共鸣。

报告会、研讨会、交流会、说明会、讲座等会议形式是节事活动过程中最普遍的公关手段。一般会议中可以吸引行业管理者、决策人物、专家、学者的到来，这些人往往具有相当的影响力，活动参与者往往希望通过参加会议获得如国家经济动向、政策发展、法规变动等信息；技术咨询会中不仅可以对新技术、新领域进行专业探讨，同时也能够为技术转化提供平台。

评奖活动的公关效果更为明显。一般由节事活动组织。评奖团多由专家组成，评奖结果通过媒体宣传。例如每年一度的由《南方日报》集团等举办的广州房地产交易会过程中都会评出当年最佳楼盘、最佳开发商等多个奖项，不仅大大调动了参展商的积极性，同时也使参观者增强了对节事活动的信赖感。

各种演出活动往往与促销结合，有公关公司负责完成。

值得指出的是，节事活动宣传推广工作虽然日益受到重视，但在有限的预算安排中花在宣传推广上的费用仍是比较有限的。作为主办方，可以采用集资——回馈的方式吸引社会捐助和商业赞助等。

（1）集资方式

一般采取社会捐赠和商业赞助等方式。

社会捐赠。社会捐赠的形式可以是货币捐赠，也可以提供实物或服务等方式捐赠，如可采取捐款，捐赠物品，提供免费住宿、餐饮和交通等接待服务。

商业赞助。商业赞助主要为资金与实物赞助等。

（2）回馈方式

授予赞助商荣誉。将赞助单位作为活动的协办（赞助）单位；授予赞助单位负责人荣誉称号，并颁发荣誉证书等。

提供媒体广告。活动期间，媒体赞助商可选择广告媒体和广告方式免费刊播相应数量的广告。

授权冠名活动。活动期间，把活动的冠名权授予赞助商，在举办活动前与赞助商联合召开新闻发布会，并在媒体上发布祝贺广告；为活动冠名企业提供免费现场广告；在与活动有关的各种宣传资料和票证上、主要活动标志物上标示带有冠名的活动全称；要求各指定媒体在宣传报道活动时必须报道带有冠名的活动全称等。

提供区域广告。活动期间，根据赞助商的贡献，在指定区域为赞助商制作、放置广告标牌，设置彩虹门，投放空飘气球等。

指定产品。可根据赞助商的要求，将其产品确认为活动指定产品。

标志产品。允许赞助商在其产品和服务中，使用活动的标徽、吉祥物及其他归活动组委会所有的图片、文字和标志。

特约消费场所。可将赞助企业作为特约消费场所，并在相关媒体上公告（活动组委会所需的相关服务原则上由被指定的赞助商提供）。

邀请赞助企业负责人参与活动重要活动。活动组委会邀请赞助单位领导参加活动的开幕式等大型活动，并给予贵宾礼遇。

以上这些方式可以有效解决节事活动宣传推广的费用问题，从而更好地实现节事活动的预期目标。

第三节　节事活动场地与设施管理

节事活动场地用于举办各类节庆、活动、赛事等特定事件的场所或空间。通常具备相应的设施和服务，以满足活动组织者的需求，并确保参与者能够有一个安全、舒适的环境来参与和享受活动。节事场地包括室内或室外的空间，如会展中心、体育馆、公园、广场等，具体取决于活动的性质、规模和需求。

一、节事活动场地选择与布局规划

（一）节事活动场地类型

1. 专业会展场地

为举办大型会展活动而建设的专业场馆，设施设备、配套服务齐全，主要包括博览中心、会展中心、展览中心、会议中心等。专业会展场馆通常具备优越的地理位置，拥有开阔的场地和高度可配置的空间，配备有先进的设施和设备，与主要的交通节点如航空港、火车站、地铁站等有快捷方便的抵达方式。如天府国际会议中心总建筑面积约 11 万平方米，由会议中心、酒店、商业配套组成，按照"世界水准、大国风范、川蜀特色、成都元素"的设计理念，全面对标 G20 峰会、金砖五国会议、上合峰会等场馆进行规划建设，设置有 6600 平方米主会议厅和 4600 平方米大型多功能厅各 1 间，并配套不同规格的多功能厅、会议室、VIP 室等 49 间，是中西部地区规模超大、功能超全的公园式专业会议场馆，可承接大型国际商务会议、国家级国事活动。

2．文化艺术类场地

文化艺术类场地是用于文化艺术活动、展示和交流的各种场所，具有文化和艺术收藏、展示、传播、教育等功能，包括博物馆、美术馆、展览馆、图书馆、纪念馆、陈列馆、文化馆、剧院/剧场以及各类文化艺术中心和特色艺术空间等。文化艺术类场地往往跟文化遗产、人文艺术结合在一起，场地空间主要包括陈列展示区、互动交流区、演出演艺区等，能够为艺术节、文化节提供专门场地。

3．体育运动类场地

体育运动类场地是专门用于体育训练、比赛和健身活动的各类场所，是根据运动的类型和规模，设计和建造了不同的设施和空间。常见的运动场地有体育场、体育馆、游泳馆、篮球场、网球场、羽毛球场、赛车场、马场、射击馆/射箭场、冰雪运动场、健身中心/健身房等，适合举办体育赛事、大型演唱会等，具有较大的容量和专业的运动设施。

图 5.3　举办重大国际赛事与演艺活动的"鸟巢"国家体育中心

4．商业中心及购物广场

商业中心及购物广场是一个综合性的商业聚集地，集购物、餐饮、休闲娱乐等多功能于一体的商业空间。不同级别的城市配置了不同类型的商业场所，能够吸引大量的消费者前来购物和娱乐，聚集了大量的人流、物流、资金流。商业中心及购物广场是消费节、购物节、美食节等节事活动的常用举办场地。如第三届中国（重庆）国际消费节于2024年4月26日至5月31日举行，活动主会场为解放碑商圈，同时联动全市城市地标、特色街区、城市综合体等消费场景，超300场聚焦时尚消费、品质生活的主题活动将在消费节期间轮番举行。

5. 公园绿地及市民广场

公园绿地及市民广场作为市民休闲游憩的重要场所、城市生态系统的重要组成部分、美化城市环境的重要手段、防灾减灾的重要保障，同时也是户外活动与大型活动举办的重要场所，适合举办户外音乐节、社区活动、庆典活动等。如重庆园博园是一座集自然景观与人文景观于一身的超大型城市主题公园，占地面积3300亩，公园内有多个适合举办活动的区域，如露天剧场周边草坪区域、主入口、巴渝园、水上舞台、现代园、龙景书院、卧龙石等，近年来举办了多次赏花节、文艺表演等活动。

（二）节事活动场地选择要素

为了保证节事活动的正常开展，提高节事活动的举办效果，主办单位在确定活动举办场地时应考虑如下因素。

1. 活动场地形象

近几年，我国各大中城市都相继建成了新的会展中心。这为活动主办者举办各种类型的节事活动提供了必要条件，也大大改善了节事活动的举办环境，为那些大型节事活动或具有发展潜力的节事活动创造了更大的发展空间。如果一个大型的名牌节事活动在一个陈旧的举办场地开展，由于其内部结构不合理和设备陈旧等原因，节事活动的规模不仅要受到限制，节事活动的整体效果也会大打折扣。

2. 性质是否合适

节事活动举办机构在选择场地时要根据节事活动的题材来决定举办场地。不同题材的节事活动对场地的要求也不相同。如举办音乐节，场地应选择在开阔、平坦且风景优美的地区，具备良好的交通条件和完善的基础设施，电力供应要满足音响、灯光、舞台机械等设备的高负荷需求。如举办美食节，场地需要充分考虑电力供应、水源与排水、卫生设施、垃圾处理等因素。

3. 规模是否合适

节事活动举办机构选择活动场地要结合自己的规模和定位来选择适合自

己活动的场地，切不可一味地追求豪华和形象，一定要考虑到场地的适宜性。比如一些消费性质的节事活动就应该选择在规模较小的市区内场地举办。其主要原因是消费性节事活动的参与者一般对活动的要求不是很高，入场观众的来源也不尽相同，所以，选择活动场地时一定要考虑场地的适宜性。

4. 服务是否到位

会展业是一个服务性很强的行业。主办机构要想提高节事活动的整体服务水平，仅靠主办机构是远远不够的，更需要节事活动各服务机构的相互支持与配合，场地经营机构就是不可缺少的一部分。场地方面如果在活动期间服务不周到、不热情或者不配合主办机构的工作，就会给主办机构的工作带来不便或麻烦，就会导致活动参与者的抱怨，甚至会挫伤活动参与者对下届活动的积极性，也会给节事活动的服务质量造成不良影响，因此，场地经营机构服务质量的高低也是主办机构决定展出场地时不得不考虑的一个重要因素。

5. 收费是否合理

一般来说，新建成的活动场地租金会高一些，而那些相对陈旧的活动场地租金会低一些，这只是相对而言，并不是绝对的。但作为节事活动组织者，尤其是那些完全市场化运作的活动举办机构而言，活动场地的收费标准也是需要考虑的一个因素。这里需要提醒的是，主办机构在衡量举办场地之间的收费标准时，仅仅比较标准租用面积的价格是远远不够的，应该将他们的各种收费项目综合考虑，最后获得一个合理的价格。除了场地租金外，有些还会收取电费、空调费、超时加班费等。

6. 交通是否便利

活动场地周边交通的便捷性也是主办机构要考虑的一个因素，这要根据节事活动的性质而定。主要关注的是活动场地周边及内部的交通状况，包括公共交通的可达性、停车设施的充足性，以及场地内外的交通组织和管理。一个交通便利的场地能够吸引更多的观众和参与者，尤其是那些没有私家车或选择绿色出行方式的人。如果场地周边或内部没有足够的停车位，可能会导致交通拥堵和参与者的不满。场地应有合理的交通流线设计、有效的交通指示标志、充足的交通疏导人员等。良好的交通组织和管理能够减少交通拥堵和混乱，提高参与者的出行效率。一个交通便利的场地能够为节事活动的成功举办提供有力的支持。

（三）节事活动场地布局规划

节事活动场地的布局规划是一个复杂而细致的过程，旨在确保活动的顺利进行和参与者的良好体验。

1. 总体布局原则

（1）功能性。根据活动的具体需求，合理划分场地功能区域，如主舞台区、观众区、展览区、餐饮区、休息区、卫生间等，确保各区域功能明确，互不干扰。

（2）流畅性。规划合理的交通流线，确保人流、物流的顺畅流动，避免拥堵和混乱。设置清晰的指示标志，引导参与者快速找到目的地。

（3）安全性。确保场地布局符合安全规范，设置足够的紧急出口和疏散通道，配备必要的消防设施，以应对突发情况。

（4）美观性。结合活动主题和场地特点，进行美观大方的布局设计，营造浓厚的节日氛围，提升参与者的视觉体验。

2. 具体布局规划

（1）主舞台区。根据活动规模和内容确定舞台大小和形状，确保满足演出需求。舞台背景板设计应与活动主题相契合，营造独特的视觉效果；配备专业的音响、灯光设备，确保演出效果。

（2）观众区。根据预期观众人数合理规划观众区座位或站立空间，确保观众视线畅通无阻；设置不同等级的观众区域，如 VIP 区、普通观众区等，满足不同需求。在观众区周围设置必要的服务设施，如卫生间、小卖部等。

（3）展览区。对于包含展览环节的节事活动，应设置专门的展览区域，展示相关产品或成果；规划合理的展览路线，确保参观者能够有序参观；提供必要的展览设施和服务，如展台、展柜、讲解员等。

（4）餐饮区。根据活动规模和参与者需求设置足够的餐饮摊位或服务点，提供多样化的餐饮选择；确保餐饮区域卫生条件良好，符合食品安全标准；设置明显的餐饮区域标识和指示标志，方便参与者寻找。

（5）休息区。设置舒适的休息区域，供参与者在活动间隙休息和交流；提供必要的休息设施，如座椅、遮阳伞等。确保休息区域通风良好，环境整洁。

（6）其他区域。根据活动需要设置其他功能区域，如签到处、礼品领取处、互动体验区等；确保各区域布局合理，相互衔接顺畅。

3. 注意事项

（1）提前勘察场地。在活动筹备阶段提前对场地进行勘察，了解场地条件、周边环境等情况，为布局规划提供依据。

（2）与相关部门协调。与场地管理方、交通管理部门等相关部门沟通协调，确保活动期间的交通、安全等方面得到保障。

（3）制定应急预案。针对可能出现的突发情况制定应急预案，确保在紧急情况下能够迅速响应并妥善处理。

二、节事活动安全管理

节事活动在一个特定场所、有限的空间开展,参加节事活动的人员来自四面八方,人群蜂拥而至、高度集聚,也因此给节事安全带来隐患,节事安全事故相伴而来。影响节事活动安全的因素除了人群密集以外,还有节事活动场所的规模和区位(社会治安状况、周边交通环境、场馆设施条件等)、当地的气候条件和变化、节事活动的时间和性质、特征、节事活动期间的食物、饮品、参与人数、现场消防安全等。影响节事活动的既有确定性因素,也有不确定性因素;既有可控因素,也有不可控因素。

节事安全管理是指为保障节事活动的所有参与人员的人身、财产安全,节事活动场所的安全运行而进行的一系列计划、组织、指挥、协调、控制等管理活动。

节事安全管理的内涵有以下三个层面:一是目的在于确保节事活动所有参与人员的生命、财产安全;二是确保节事活动场所的安全;三是节事活动组织者在服务过程中的安全操作。从节事活动的具体内容看,一般包括治安秩序管理、消防安全管理、场馆安全管理及意外突发事件的管理等。从突发事件的分类来看,节事活动安全管理包括节事活动期间的自然灾害、事故灾难、公共卫生和社会安全事件的管理。

(一)节事安全问题

《中华人民共和国突发事件应对法》中的突发事件是指突然发生的,造成或可能造成严重社会危害,需要采取应急处置措施予以应对的自然灾害、事故灾害、公共卫生事件和社会安全事件。从节事活动安全事故案例来看,影响节事活动的影响因素也不外乎突发事件的自然灾害、事故灾难、公共卫生和社会安全事件问题。

1. 自然灾害问题

突发自然灾害,包括地震、突发性地质灾害、灾害性天气等。这类事故的特点是不可预测,一旦发生,难以控制并会造成严重后果,加上节事活动的特点,发生后将带来巨大的损失。如第十五届亚运会的举办城市多哈,从1969年起,每年的平均降水量不超过60mm,而在多哈亚运会进行的16天中,竟有10天以上出现降水。这些降水不仅使开幕式的多项空中表演项目被迫取消,影响了其完整性和观赏性,而且大雨还使不少比赛被推迟,给亚运会参赛队员及参展观众都带来了极大的麻烦。

2．事故灾难问题

（1）火灾事故。火灾事故是节事活动中频发的现象，火灾事故一般是人为因素或管理存在的安全隐患造成的。节事活动集中在特定的场所，人员密集，发生火灾，因人群拥挤逃生或应急救援不善等造成的损失不堪设想。

（2）节事场馆的安全问题。建筑安全必须予以足够重视。特别是当前举办的体育赛事活动，很多的场馆是新建或经过扩建，在短短的时间内建设体育赛事需要的众多场馆，建筑结构、建筑消防安全设施设备等场馆安全问题需要高度重视。

（3）交通事故风险。一般情况下，各种节事活动都会带来大量的人流、车流，给节事活动举办地的交通带来压力。节事活动举办地若疏导不及时，指挥不力，必然会引发交通安全问题。节事活动的交通问题没有得到解决，甚或因交通安全事故引发其他次生事故问题，影响节事活动的稳定。

3．公共卫生问题

（1）传染疾病。节事活动举办地人群密集、人流剧增，公共卫生问题难以预测和监控。节事活动参与人群中携带传染性疾病，在密集的人群中传播迅速，影响面广，后果严重。公共卫生疫情不仅造成了巨大的财产损失，还给参与人群造成极大恐慌，严重扰乱了节事活动正常的运行秩序。

（2）食物中毒。节事活动中的食物安全也是不容忽视的，食物中毒事件屡见不鲜，节事活动中的食物中毒造成的影响大，后果严重。节事活动期间一旦发生食物中毒，势必会造成节事活动的恐慌和混乱，带来不可预料的事态变化。做好流行疾病的预防、控制与应对，也将成为节事活动安全管理工作一个不可缺少的工作重点和难点。

4．社会安全问题

（1）社会失序、经济失调、群体心理失衡等问题，形成社会不稳定因素，同时给节事活动埋下了安全隐患。不法分子越来越倾向于在人流密集场所作案，节事活动的诸多特点是社会不法分子作案选择的对象和目标。从许多节事活动事故案例发现，节事活动期间的抢劫、抢夺、盗窃、斗殴等犯罪事件时有发生，对整个节事活动的正常运转造成极大破坏和损失。

（2）恐怖活动风险。当前，恐怖活动已成为世界各国最难以防范的潜在危险。2004年雅典奥运会安保部部长康斯坦丁·尼蒂斯先生极好地概括了反恐活动的特点：反恐是一场非传统意义上的战争，交战双方没有相对明确和固定的战场；一方是主权国家和国际组织，一方是恐怖组织及使用恐怖手段实现政治诉求的极端势力；一方基本遵守着传统游戏规则，一方则不择手段，无所不用其极；一方依靠强大的战争资源和手段却难以应付，一方以简单甚至原始的手段却能达到四两拨千斤之效;这场战争参与国家之多、波及范围之广、投入资源之巨、引起恐慌之甚、造成损失之大,非一般意义上的地区冲突和常规战争所能相比。恐怖分子之所以瞄准大型活动作为袭击目标,主要是想借助大型活动在全世界所具有的巨大的影响力和眼球效应,以得到最大的新闻效应和公众心理的震撼效果。

（3）群体性骚乱事件。群体性骚乱是大规模节事活动都可能发生的一种突发事件,只是时间、地点等要素不固定。因为群体性情绪没有得到控制而引发的骚乱、闹事本身并不是一种主观故意,它往往是特定群体自发、有诱因或趁机的动乱,具有极大的煽动性、从众性等特点。当前,群体性骚乱事件最多发生在体育赛事当中,因体育赛事的观众成分复杂、情绪激昂,特别是在参赛队员之间竞争时,难以控制现场的情绪,可能引发其他突发事件。

（4）人流拥挤踩踏事件。有限的空间、人群相对集中的场所,都存在着踩踏事故发生的风险。当人群因恐慌、愤怒、兴奋而情绪激动失去控制时,在人多拥挤的地方就非常容易发生踩踏事件。纵观国内外大型活动,踩踏事件时有发生。如2022年10月29日晚,韩国首尔龙山区梨泰院万圣节派对发生大规模踩踏事故,死亡158人、受伤192人。2021年11月5日,美国得克萨斯州休斯敦市一音乐节现场发生的踩踏事故致10人死亡、300余人受伤。2010年7月24日,德国杜伊斯堡"爱的大游行"电子音乐节,在通往活动入口的狭窄隧道里发生了踩踏事件,造成21人死亡、650多人受伤。菲律宾最大的私营电视台ABS-CBN在马尼拉东郊帕西格市一体育场举办庆祝活动,由于巨额奖品的诱惑,人群争先恐后进入会场,使只能容纳17 000人的体育场,涌进了约25 000人,最终发生74人死亡、400多人受伤的踩踏事故。

（5）网络信息系统风险。节事活动的举办离不开网络信息系统的支撑。但网络像一把双刃剑,给各项工作带来便利的同时,通过网络进行的犯罪活动也频频发生。节事活动期间,网络信息系统的风险主要有以下几个方面:一是不法分子散布和传播一些恐怖的信息,也有可能针对信息和通信的基础设施进行恐怖活动,造成大量的"虚拟灾难",给节事活动参与人群造成恐慌;二是存在不少具有攻击性的黑客,大型节事活动网络系统遭到攻击的破坏力和影响力较大,给节事网络信息系统安全造成极大威胁。

（二）节事安全的预防预警

1. 节事安全预案的制定与管理

应急预案又称应急计划,是针对大型节事举办过程中的危机事件,为保证迅速、有序、有效地开展应急与救援工作、降低危机事件造成的损失而预先制定的有关方案或计划。

应急预案是针对可能发生的危机事件所需的应急准备和应急行动而制定的指导性文件，其核心内容应包括：一是紧急情况及对其相关后果的辨识和评估；二是各个应急部门的职责分配；三是应急工作的指挥与协调；四是应急处置工作中可能涉及的人员、物资、设备、经费等，包括社会和外部援助资源等；五是在危机事件发生时抢救生命、保护财产安全的相关措施；六是现场恢复重建等善后处理工作。

会展应急预案的建立，是为了加强和规范突发事件的应急管理，以便在最短时间之内，通过最有效的途径，采取最有力的措施，把突发事件带来的损失和社会影响降到最低。要做到防患于未然，遇到突发事件能够得到满意的有效处置。会展预案主要有以下内容：

（1）组织指挥机构及职责。明确各组织机构的职责、权利和义务，以突发事件应急响应全过程为主线，明确事件发生、响应、结束、处置等环节的主要部门与协作部门；以应急准备及保障机构为支线，明确各参与部门的职责。

（2）预防和预案机制。包括信息监测与报告、预案预防行动、预案支持系统。

（3）应急处置程序。包括分级响应程序（原则上按一般、较大、重大、特别重大四级启动相应预案）、信息共享和处理、通信、指挥和协调、紧急处理、应急人员的安全防护、群众的安全防护、社会力量动员与参与、事故调查分析及后果评估、新闻报道、应急结束等11个要素。

（4）应急保障措施。包括通信与信息保障，应急支援与装备保障，技术储备与保障，宣传、培训和演习，监督检查等。

2．节事安全风险的识别

（1）辨识和控制各种不稳定因素。大型节事活动的危机事件与自然灾害、事故灾难等事件一样，它是由一些因素相互作用而引发的，往往在发生之前会有一些征兆现象。因此，可以通过设立各种网点，对可能引发紧急情况的各种因素进行辨识、发掘和控制，从而降低大型节事活动举办过程中不安全事件发生的概率。

（2）建立监测信息分析、诊断制度。监控机构必须有专业的人员对监测点的信息进行采集与分析，并对监测信息的可信度进行评估；同时，构建一个有效的诊断制度，从不同层面对监测网点的运行情况进行分析、诊断，从而确保监测网点的高效、安全运行。节事活动危机监测活动的主要监测风险因素为人群流动性和拥堵情况。

3. 节事安全风险的预警

及时、准确地发布预警信息。预警信息的发布是实现"公民知情权"的重要方式。涉及参与节事活动的人身及财产安全的预警信息，不仅安保主体及其职能部门应当获知，普通大众也有权利获知。因此，预警信息的发布不仅应当面向安保部门，也要面向普通民众。而预警级别的判断标准不能仅仅以人员伤亡、财产损失等固定量化的指标为判断标准去衡量，需要综合考虑事件的紧急程度、发展势态和可能造成的危害程度等多个因素，预警级别通常分为一级、二级、三级和四级，分别用红色、橙色、黄色和蓝色标示。

（三）节事安全的应急处置

1. 应急响应

危机事件发生后，报警信息会迅速地汇集到应急指挥中心并立即传送到各个专业的应急指挥中心，接警的主要工作是详细记录发生的紧急情况并及时将信息传递给相关部门。应急指挥中心接到报警以后，应立即建立与事件现场的地方或内部单位应急机构的联系，根据事件报告的详细信息，由应急中心值班人员或现场指挥员对相应级别作初步的判断。

2. 应急启动

应急指挥中心根据事件报警信息作出初步判断，启动相应的应对方案，迅速调查本地资源和力量，现场采取紧急救援行动；根据现场情景评估确定的相应级别启动应急程序，通知应急处置指挥中心有关人员到位、开通信息通信网络，调配救援所需的应急物资、装备，派出现场指挥协调人员，必要时申请上级部门，请求国家在资源力量方面予以支援，全面开展现场处置与救援工作。

3. 现场应急处置

成立现场应急指挥部并迅速启用，应急处置专业力量、救援专业队伍及时进入事件现场，开展人员隔离、人员疏散与救助、抢险和消防、消除事态进一步恶化等处置工作，在必要的情况下，启动与专家顾问团的通信联络，接受专家们的决策建议和技术支持。

（四）节事安全的善后处置

1. 危机事件状态终结

在采取了必要的应急措施之后，紧张事态消除，应急指挥相关部门、人员进入临时应急恢复阶段，进一步开展事件的调查、善后处理、法律救济和评估等工作。危机事件状态终结后，承担应急职能的机构应当对应急措施加以调整,或者停止继续执行,以结束应急状态。

2．危机事件损失评估

大型节事活动举办期间发生的危机事件在应急处置完成以后,应急指挥部门组织有关部门和专家进行分析评估,要建立科学的危机事件损失评估机制,以下五个方面的内容尤为重要:人员伤亡;物质损失;经济损失;心理创伤和其他损失。其中,心理创伤评估尤为重要,造成的心理影响需要长期加以关注。而其他损失在具体评估时,通常将事件造成的损失分为直接损失和间接损失。

3．危机事件原因调查及责任追究

要完善危机事件行为主体的法律追究,节事活动安全管理机构应协助公安机关对危机事件行为主体进行立案侦查,查明事件行为主体及其行为动机、目的等,收集犯罪证据,将其缉拿归案。侦查破案是危机事件应对与恢复重建中的一项非常重要的工作,将违法犯罪分子的违法行为予以查清,并送交司法机关追究其相应的法律责任,是大型节事活动中危机管理的基本要求。

(五)节事安全的重点环节

节事活动由特定的组织机构主办,一般在室外或室内举办的节庆或赛事活动有烟花汇演、歌舞演唱会、体育赛事等。根据历年的安全事故案例来看,节事活动安全管理在遵循上述应急管理流程外,还需重点关注以下方面:

1．天气影响

由于大型节事庆典活动一般在室外进行,天气变化对大型节事活动场地影响非常大,雷雨、狂风、烈日等都会致使活动推迟,甚至取消。因此在活动举办前应对气候情况进行预测,并做好紧急预防措施和应变对策。

2．人群风险

节事活动最大的风险来自激动兴奋的人群,而且这类活动的参与者多为年轻人,年轻人的热情是导致人群风险的重要原因。在管理时要特别注意,随时防范年轻人因兴奋过度而出现的过激行为。

3．人群控制

对于大型节事庆典活动的另一个人群风险是人流密度过大,造成拥挤和踩踏。特别是在举行室外会演、体育赛事时,要考虑到人流的流动方向,对于一些重要观赏点要控制人群的流入。必要时,还需安装临时的监视器或摄像头,随时对现场人群进行监控。

4．舞台的安全

舞台的安全包括两个方面:一方面是舞台的搭建安全,防止舞台塌陷,尤其是对于一些大型的文艺表演；另一方面是对舞台进入的安全，要杜绝观众或其他无关人员进入舞台区，影响正常的庆典活动。

5. 用电安全

大型庆典活动所需的动、声、光、色设备的用电功率一般较大，而且是临时拉线，因此，要特别注意活动现场的用电安全，防止出现超负荷用电所造成的断电甚至火灾。

6. 观赏区的安全

大型活动的观赏区包括三类：第一类是体育馆内的固定看台；第二类是临时搭建的看台，观众可以从上往下观看；第三类是广场临时布置的简易观赏区，一般当大型活动在一个开阔的广场举行时采用。这三类观赏区的安全管理均有不同要求。

三、数字化技术在节事活动中的运用

数字化技术在节事活动中的运用越来越广泛，为节事活动带来了许多创新和变革。数字化技术在节事活动中的运用涵盖了提升互动性和参与感、优化组织和运营、丰富表现形式和内容以及推动传统文化的传承和发展等多个方面。

（一）提升节事活动的互动性和参与感

1. 虚拟现实（VR）技术

VR 技术打破了物理空间的限制，使参与者能够身临其境地感受节事活动的氛围，增强了活动的互动性和参与感。VR 导览系统可以为参与者提供个性化的游览路线和丰富的互动体验，参与者只需佩戴 VR 设备，即可在家中或活动现场自由探索各个展区，感受身临其境的参观体验。在活动现场设置 VR 互动体验区，围绕节事活动的主题设计多样化的 VR 游戏，如春节期间的"集五福"VR 游戏、国庆节的"阅兵式"VR 体验等，让参与者在游戏中感受节日的氛围和乐趣。在端午节期间，多地推出了 VR 全景体验活动，通过 VR 全景技术展示赛龙舟、悬艾蒿、佩香囊等传统习俗。参与者可以在家中通过手机或 VR 设备，身临其境地感受赛龙舟的激烈氛围，了解沿途文物的背景，以及深入学习博物馆、陈列馆等文化知识。

2. 增强现实（AR）技术

AR 技术可以让参与者通过手机或平板电脑等设备与会场内的元素进行互动，为节事活动增添了趣味性和科技感，使参与者能够更加积极地参与其中，

提升活动的整体效果。如央视总台龙年春晚西安分会场的《山河诗长安》节目中，首次将 AR 技术应用于实体场景，通过火山引擎提供的技术支持，节目生动再现了《长安三万里》中的李白形象，带领全国观众共同游历西安的大唐不夜城、大雁塔等地标建筑，AR 技术保障了手机端的互动流畅和稳定，使观众能够身临其境地感受盛唐风貌。在元宵节期间，欢乐谷通过采用 AR 技术成功吸引了数万游客参与其线上许愿活动，游客们通过 AR 技术点燃了虚拟的孔明灯，为自己和家人送上了祝福。这项活动不仅让游客体验到了传统文化的魅力，还展示了欢乐谷如何利用新技术增强游客的互动体验。

（二）优化节事活动的组织和运营

1. 数字化签到系统

数字化签到系统在节事活动管理中的应用日益广泛，它以其高效、便捷、安全的特点，为节事活动的组织者带来了诸多便利，同时也提升了参与者的体验。数字化签到系统在提升签到效率、增强数据准确性、提供全面数据分析服务、优化活动流程管理等方面有很好的作用。通过二维码、人脸识别等技术，实现了参与者的快速签到，参与者只需扫描二维码或进行人脸识别，即可完成签到过程，大幅缩短了排队等待的时间。根据签到时间分析参与者的到场规律，根据签到地点分析人流分布情况，根据参与者信息分析受众特征等。活动组织者可以根据自己的需求选择数据字段、设置报表格式，快速生成各类统计报表。例如 31 会议的电子签到服务通过快速部署、定制化服务、实时数据分析等功能，帮助活动组织者实现了高效、便捷的签到管理，同时也为参与者提供了流畅的签到体验。

2. 数字化管理平台

数字化管理平台在节事活动管理中的应用日益广泛，它通过整合和优化管理流程、数据和资源，为节事活动的组织者提供了高效、便捷、智能的管理手段。高效的数字化管理平台能提升活动策划与安排的效率，优化参与者、资源与预算管理，便于活动营销与推广，增强沟通与协作。

（1）提升活动策划与安排的效率。数字化管理平台提供灵活的日程安排功能，使得活动策划者能够清晰地规划活动的各个阶段和时间节点，确保活动的有序进行。通过平台，可以方便地将任务分配给各个团队成员，并实时跟踪任务进度，确保每个环节都能按时完成。

（2）优化参与者管理。数字化管理平台支持一体化的邀请和注册流程，使得参与者可以轻松地完成报名手续，同时也方便了组织者对参与者信息的收集和管理。采用电子签到、二维码签到等方式，实现快速、准确地签到，避免了传统纸质签到带来的繁琐和错误。

（3）资源与预算管理。平台能够根据活动需求，智能地调配资源，如场地、设备、人员等，确保资源的合理利用。通过数字化管理平台，可以实时监控活动费用支出情况，避免超支现象的发生，同时也有利于对成本进行有效的控制。

（4）活动营销与推广。平台提供邮件营销、社交媒体推广等多种渠道的活动推广工具，帮助组织者扩大活动影响力，吸引更多参与者。通过收集和分析活动数据，为组织者的营销策略提供数据支持，实现数据驱动型管理。

（5）数据分析与报告。数字化管理平台能够实时收集活动数据，并进行深入的分析和挖掘，为组织者提供全面的数据报告和洞察。基于数据分析结果，组织者可以更加科学地制定决策方案，优化活动流程和管理策略。

（6）增强沟通与协作。数字化管理平台实现了团队成员之间的实时协作和信息共享，打破了传统沟通方式的局限性和壁垒。通过平台化的协作方式，减少了不必要的沟通和协调成本，提高了整体工作效率。

（三）丰富节事活动的表现形式和内容

1. 数字化表演节目

数字化表演节目为观众带来了更加震撼和独特的视觉体验，丰富了节事活动的表现形式和内容。增强现实（AR）技术、虚拟现实（VR）技术、全息投影技术、数字仿真与表演预演系统等数字化技术广泛应用到舞台表演中。近年来，央视春晚在数字化表演方面进行了大量尝试，利用AR技术打造虚拟舞台效果，通过全息投影技术呈现立体影像，为观众带来了全新的视觉体验，成为春晚的一大亮点。北京冬奥会开幕式上使用了数字表演与仿真技术，实现了冰雪五环、立春等精彩表演。

2. 线上直播和互动

线上直播和互动打破了地域限制，使无法到场的观众也能参与到节事活动中来，同时增加了活动的传播范围和影响力。线上直播可以跨越地域限制，让无法亲临现场的观众也能实时观看节事活动，许多节事活动通过线上平台进行直播和互动，如网络直播、社交媒体互动等。通过直播，观众可以实时观看活动现场的盛况和精彩瞬间，并通过弹幕、评论等方式与其他观众进行互动和交流。相比线下活动，线上直播省去了场地租赁、设备运输、人员接待等大量费用，降低了活动的组织成本。同时，线上直播还可以避免一些不可预见的风险，如天气变化、人流拥堵等。

(四)推动传统文化的传承和发展

1. 数字化展示和传播

数字化展示和传播有助于将传统文化以更加生动、直观的方式呈现给公众,推动传统文化的传承和发展。故宫博物院与腾讯公司共同举办的"'纹'以载道——故宫腾讯沉浸式数字体验展",通过数字化手段将故宫文物展览"搬运"到其他地方,突破了物理空间上的限制。在春节期间,故宫博物院推出了"紫禁城里过大年"数字馆,该数字馆运用全息投影、数字交互等方式对故宫保存的新年特展文物进行多媒体数字展示,营造出可观、可触、可享的贺岁氛围,观众可以在现场体验互动环节,感受传统春节文化的魅力。在端午节期间,《屈子问天》等节目借助影视化、虚拟现实等数智技术,将传统节日元素与现代科技相结合,创造出令人叹为观止的视觉效果和文化体验。

2. 数字化复原和保护

数字化复原和保护技术有助于保存和传承珍贵的历史文化遗产,使后人能够更好地了解和欣赏这些文化瑰宝。组织者可以根据活动主题,选择相关的文化遗产进行复原和展示,从而丰富活动的文化内涵和表现形式。将文化遗产数字化后,可以将其存储在计算机或云端服务器上,避免了因自然因素或人为破坏导致的文化遗产损失。例如,龙门石窟智慧文旅数字孪生平台通过数字化技术复原和保护了龙门石窟的历史文化遗产。三星堆博物馆与腾讯集团合作,运用数字技术打造智慧博物馆,搭建国内首个文博数据中台,不仅提升了三星堆文化的保护水平,还通过数字化手段让更多人了解和认识三星堆文化的独特魅力。

案例分析一

上海旅游节

上海旅游节创办于 1990 年,经过三十余年的发展,旅游节在见证上海旅游业蓬勃发展的同时,也逐步成为我国最具城市影响力的大型旅游节庆活动之一。上海旅游节通常于 9 月中旬开启,至十一国庆假期结束,为期二十余天,由上海市文化和旅游局、上海市商务委员会共同主办,涵盖观光、休闲、娱乐、文体、美食、购物、会展等多种元素。

2023 年上海旅游节于 9 月 16 日至 10 月 6 日举办,以"焕新点亮世界会客厅"为主题,推出两百场重点活动和过千项文旅产品,70 家景点门票半价优惠,让市民游客充分感受上海的独特都市魅力。据统计,旅游节期间上海共接待市民游客3846.80万人次，上海地区吃、住、行、游、购、娱等全要素旅游消费交易总金额达886.60亿元，同比增长13.50%[①]。

一、发展历程

1990年，为激活旅游市场，上海首开全国先河创办旅游节，当时由黄埔区政府和上海市旅游局主办，又被称为"黄浦旅游节"。直至1996年，旅游节正式更名为"上海旅游节"，并在此后陆续开办了花车巡游、玫瑰婚典、上海茶文化节、上海国际音乐烟花节、唐韵中秋、上海德国啤酒节等耳熟能详的经典活动项目。表5-1列举了部分三十余年来上海旅游节的关键发展历程。

表5-1 上海旅游节发展历程

年份	当年特色
1990	首届旅游节在黄浦区举办，当时被称为"上海黄浦旅游节"。
1993	首次在旅游节开幕时举办花车巡游，并成为此后旅游节的经典项目。
1994	首届"上海国际茶文化节"在静安区举办。
1996	开幕式移往浦东，被称为"96上海旅游节"，这是商业地标"96广场"的由来。
1998	旅游节的档期延长至20余天；确定吉祥物"乐乐"；黄埔区首办"玫瑰婚典"；奉贤区首办"旅游风筝会"；长宁区首办"上海德国啤酒节"。
2000	首届"上海国际音乐烟花节"在浦东新区的世纪公园举办。
2001	旅游节定档9月中旬至国庆节长假结束；"唐韵中秋"在徐汇区首次举办。
2003	推出"浦江彩船巡游"；积极引入海外旅游节庆模式和理念，与美国新奥尔良狂欢节组委会共同出资成立上海创业科恩文化旅游公司运营旅游节。
2007	首届上海南翔小笼文化展在嘉定区启幕。
2010	首届"美兰湖音乐节"在宝山区举办；银联成为当年主要赞助商。
2013	首届大学生旅游节在杨浦区举办，成为全国首个大学生旅游节。
2014	即将开业的上海迪士尼度假区首次亮相旅游节，"快乐梦想"花车备受瞩目。
2019	推出87条"建筑可阅读"微旅游线路；沪苏浙皖联合在沪举办"长三角一体化文旅集市"；黄浦江游览项目升级，国庆期间浦江两岸上演灯光秀。
2023	旅游节重回线下，策划百场活动，推出千项产品，旅游景区门票半价惠民，花车巡游时隔两年重新上线，彩船闪亮"一江一河"。

资料来源：编者整理所得。

[①] 数据来源：上海市人民政府.逾3846万人次市民游客乐游上海 上海旅游节落幕 [EB/OL]. https://www.shanghai.gov.cn/nw4411/20231007/525066e0e75646ac9db2b9e64e853859.html, 2024.5.8.

上海旅游节如今已年过"而立"。从最初的单一形式到如今过百场丰富活动，从黄浦区的"一家独大"到上海各区针对自身的特色"各显神通"，从上海市内到辐射长三角，技术手段与时俱进，运营理念日趋成熟，参与机构不断增多，惠民力度持续加大。上海旅游节通过丰富多彩、兼具上海各区县特色的节庆活动，获得社会各界的支持和广泛参与，展现了上海都市风光、文化和人文魅力。

二、背后逻辑

上海是一座有着深厚历史文化底蕴的城市，在我国近代史的地位举足轻重。但从旅游业角度出发，上海先天的旅游资源并不丰富。既缺名山大川，也少古刹胜迹。上海拥有 3A 级景区 62 家，4A 级景区 72 家，5A 级景区 4 家[①]。其中，5A 级景区均为后天建造，分别是东方明珠、上海野生动物园、上海科技馆以及中国共产党一大·二大·四大纪念馆。和名胜古迹较多的旅游城市相比，上海的旅游资源禀赋存在较明显短板。因此，上海旅游业的发展需要另辟蹊径。

举办活动，可能是发展旅游业"弯道超车"的捷径。上海作为我国的经济中心，是各类资源集聚的高地，能够辐射整个华东地区甚至影响全国，并拥有完善的交通网络，每日均有巨量的客流因各种原因和目的前来上海。如果上海能够依靠举办特定活动或吸引物，让商旅客产生更长时间的停留，甚至吸引更多人流前来，则他们的"吃住行游购娱"将有效增加当地各类服务业的收入，创造出巨大经济效益，并提供更多就业岗位。这些后天创造的节事、会议、展览、游乐、赛事、演艺活动等等，如今已逐渐成为上海旅游业发展的重要抓手。

在此背景下，上海旅游节孕育而生。一方面，旅游节的档期固定在 9 月中旬至 10 月上旬，可有效联动中秋与国庆假期，旅游节期间推出多种产品和惠民举措，有助于吸引更多市民和游客在上海进行相关旅游休闲活动并产生相应消费。另一方面，旅游节由上海官方背书，具有良好的示范效应，对各区有关部门产生引导作用，对各区旅游业的发展产生积极的推动与促进作用。

上海旅游节还是吸引海外游客的重要窗口。入境游历来是上海的优势和强项，也是上海旅游业的重点关注领域。早在 1990 年，首届上海旅游节便推出"百种小吃一条街""外国朋友做一天上海市民"等项目，充分发挥上海特色吸引海外游客。三十多年来，越来越多的海外游客在节庆期间慕名而来，体验上海的民情风俗与现代摩登。2019 年，上海全年接待国际旅游入境者达 897.23 万人次[②]。2023 年，随着入境旅游市场的重新开放，上海旅游节线下回归，相信上海

---

① 数据来源：上海文化和旅游局 . 公共服务 .A 级景区 [EB/OL].
https://whlyj.sh.gov.cn/ajjq/index.html, 2024.5.10.

② 数据来源：2019 年上海市国民经济和社会发展统计公报 . 分析报告 . 统计公报 [EB/OL].
https://tjj.sh.gov.cn/tjgb/20200329/05f0f4abb2d448a69e4517f6a6448819.html, 2024.5.10.

将通过品质化的产品、便利化的支付、国际化的服务以及上海旅游节的宣传效应，继续在入境游领域实现突破，打造中国入境旅游第一站、第一城。

上海旅游节是上海建设世界著名旅游城市节庆盛典的标志。上海旅游节始终秉持"人民大众节日"的宗旨，在见证上海都市旅游的发展、市民游客对旅游需求迭代升级的同时，努力为广大市民游客带来更多实惠，创造更好体验，真正实现节事赋能城市美好生活。

图 5.4　2024 年第 35 届上海旅游节，南京路步行街挂满宣传彩旗

思考与讨论

1. 上海旅游节是如何促进上海旅游业发展的？
2. 上海旅游节是如何保证自身持续举办的？

 案例分析二

巴西狂欢节

巴西有句著名的谚语"新年从狂欢节后开始"。巴西狂欢节，被认为是世界上最大的狂欢节，一般在复活节前 47 天开始（每年 2 月的中下旬），是集文化、艺术、娱乐于一身的大型庆典，展示了巴西特色文化以及热情奔放的民族性格，是巴西的重要文化象征之一[①]。每年的狂欢节在巴西国内上百个城市举行，吸引数百万游客慕名而来，被誉为"地球上最盛大的表演"。其中，以里约热内卢、圣保罗、萨尔瓦多、累西腓等地的狂欢节最为知名。2024 年，狂欢节预计为巴西带来约 90 亿雷亚尔（约合 127.3 亿人民币）的商业和旅游收入[②]。

关于巴西狂欢节的起源，有三种主流说法。第一种，狂欢节起源于 15 世纪的欧洲，当时罗马教皇下令在封斋期的前三天举行庆祝活动。第二种，巴西狂欢节最早始于 1641 年，当时的殖民统治者为了庆祝葡萄牙国王的寿辰，让民众进行游行、舞蹈、畅饮等娱乐活动。第三种，巴西狂欢节可能源于南美洲

---

① 编者注：巴西的主要文化象征包括桑巴舞、足球和狂欢节。

② 数据来源：人民日报. 巴西多举措提振旅游业 [EB/OL].
http://paper.people.com.cn/rmrbwap/html/2024-02/28/nw.D110000renmrb_20240228_3-15.htm, 2024.4.5.

的特里尼达，1834年英属特里尼达宣布废除奴隶制后，恢复自由的人们走上街头大肆庆祝、载歌载舞。随后该节日传至巴西、秘鲁等国，成为南美洲的传统节日。这些不同的起源故事，足以证明狂欢节的多彩历史与文化。

巴西狂欢节的表现形式丰富。桑巴舞是其中当之无愧的主角，桑巴舞起源于非洲，后随奴隶贸易来到巴西并与当地文化融合演变为如今的桑巴舞。桑巴舞是巴西人的身份认同和重要表达方式，是巴西人生活中不可或缺的部分。以里约热内卢为例，里约各区都有桑巴学校甚至和当地足球队一样深受当地居民的追捧。桑巴舞学校巡游是狂欢节的主要亮点，赞助商们对此趋之若鹜，对于巡游的广告投入不惜一掷千金。此外，巴西狂欢节还具备多种文化元素，包括以 Axé 为代表的各类音乐、打击乐、波尔卡舞、华尔兹舞、泥浆节等特色活动。

巴西狂欢节的主体构成多元。整个节事活动由多方参与，通常涉及主办方、企业、赞助商、政府、游客、当地居民等。以里约为例，狂欢节的主要组织者是 LIESA（里约热内卢桑巴舞校独立联盟），LIESA 扮演主办方角色，负责与市政府合作，制定巡游顺序、推动彩排、销售门票，以及活动的执行和宣传。桑巴舞校作为主要表演者参与活动，精心编排并设计奇装异服，为一举夺魁各显神通。企业和赞助商为桑巴舞校提供资金支持，并借机宣传。政府为整场节事活动协调公共资源、提供财政拨款，并在海外开展文化传播和推广。每年市长将象征城市管理权的金钥匙交给"莫莫王"（狂欢节国王），预示着本年度狂欢节正式开始。每年的"莫莫王"的扮演者由人们投票选出，这也提高了公众参与度。

巴西狂欢节具有重要的社会效益和经济效益。各地的狂欢节可直接带动当地旅游业和服务业的收入增长，并提供大量就业岗位。狂欢节期间，当地居民除了购物消费，还会走访亲友、参加活动，加上大量游客的涌入，将极大拉动当地消费。据巴西信用保护服务机构及国家商店联合会调查，在狂欢节期间，48%的巴西受访者称会采购相关商品或服务，32%的受访者表示会进行休闲旅游，27%的受访者打算前往亲友家中过节，20%的受访者会在自身居住的城市参加某项活动，仅有4%的受访者会利用假期休息[1]。

在遭受疫情重创、经济不景气的背景下，狂欢节为巴西旅游业注入强心剂。以里约狂欢节为例，2024年约800万人参加里约狂欢节庆祝活动，带来50亿雷亚尔经济收益，新增约5万个直接就业岗位。里约市税收总额预计达5亿雷亚尔，其中旅游相关服务税收总额达4000万雷亚尔，较去年增长

---

[1] 数据来源：经济参政报.巴西狂欢节：高投入期待高产出[EB/OL]. http://www.jjckb.cn/2018-02/22/c_136989969.htm, 2024.4.14.

55.64%[①]。值得一提的是，二十国集团（G20）外长会议在狂欢节后的里约举办，狂欢节为其进行了很好的预热。大型节事与国际会议，让2024年2月的里约成为了全球焦点。

成功举办大型节事活动的结局通常是多方共赢。巴西狂欢节正是典型案例，狂欢节活动是巴西国家文化的沉淀和直观体现，当地民众参与踊跃，而极具特色的活动能够吸引大量海外游客，所产生的经济效益让当地受益，使人们对活动的热情更高。政府鼎力支持，并积极包装对外营销，既提升了本国的国际形象，又能吸引到更多的海外游客，如此便形成正向循环，让所有参与方共同获益。

狂欢节作为特色旅游吸引物，使巴西的国家形象更为饱满。巴西狂欢节已成巴西旅游业的"国家名片"，每年都能吸引海量的游客前来体验桑巴风情。当然，巴西狂欢节在创造不菲收益的同时，也面临着一系列问题，比如，毒品交易与治安问题，经济不景气导致活动预算下降，活动期间各类违法犯罪的不断增多，性疾病的传播与防治等等，这些仍需要在未来不断加以完善和治理。

思考与讨论
1. 巴西狂欢节为什么能够吸引如此大量的居民和游客参与其中？
2. 我国是否具备举办狂欢类节事活动的条件？

思考与练习

1. 试述传统节庆与现代节庆的融合发展方式。
2. 节事活动策划中应把握哪些重点问题？
3. 如何进行节事活动策划？
4. 节事活动场地选择有哪些要素？
5. 试述节事活动安全管理的流程与方法。
6. 试述数字化技术在节事活动中的应用。

---

① 数据来源：中华人民共和国驻里约热内卢总领事馆经贸之窗.2024狂欢节为里约市带来50亿雷亚尔经济收益[EB/OL].http://riodejaneiro.mofcom.gov.cn/article/jmxw/202402/20240203474743.shtml,2024.4.14.

第六章 奖励旅游

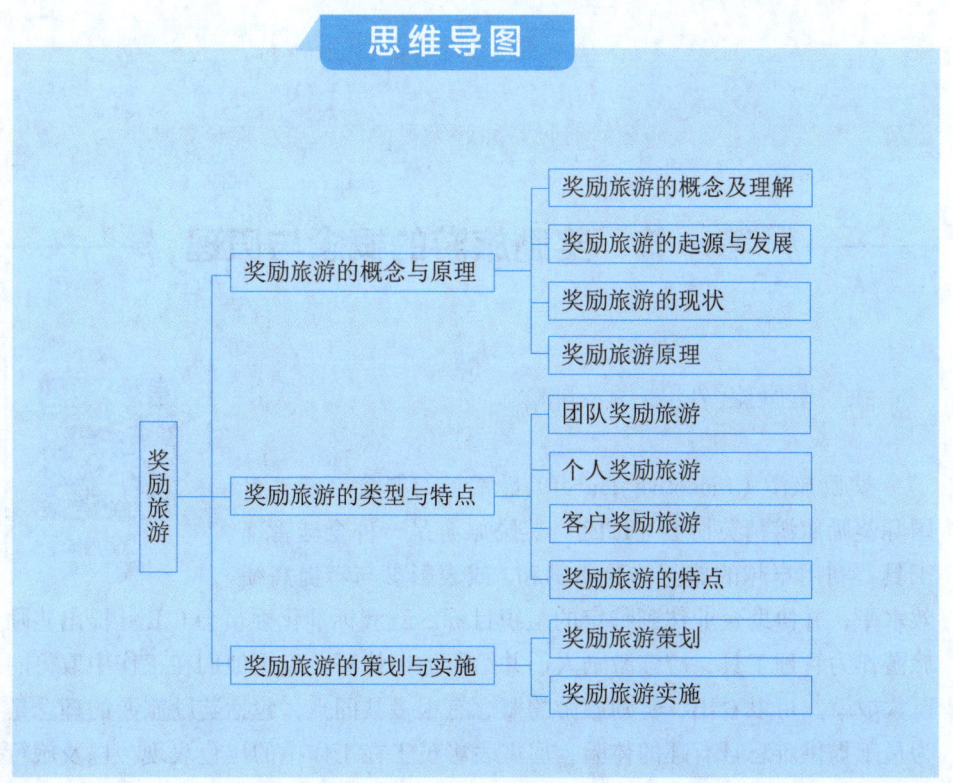

> **学习目标**
>
> **知识目标：**
> - 掌握奖励旅游的概念。
> - 了解奖励旅游的原理。
> - 了解奖励旅游的起源与发展。
>
> **技能目标：**
> - 能够阐述奖励旅游的发展历史。
> - 能够运用原理分析奖励旅游的案例。
> - 能够分析奖励旅游具体实施问题。
>
> **素养目标：**
> - 感悟中华文化，培养全球视野，坚定文化自信。
> - 培养学生分析问题和解决实际问题的能力。

第一节 奖励旅游的概念与原理

一、奖励旅游的概念及理解

奖励旅游（Incentive Travel）最常见的概念之一来自国际奖励旅游精英协会(SITE)：奖励旅游是一种全球管理工具，利用卓越的旅行体验激励和/或表彰参与者提高绩效水平，并协助企业达到特定的组织目标。欧洲标准化委员会(CEN)提出奖励旅游作为管理工具，应该激励人们并给予他们认可，表彰他们在工作中取得的巨大成就。可以看出，奖励旅游的概念有很多共同点，包括奖励旅游的理念是为员工提供难忘且有趣的体验，雇主表彰员工在工作中的出色表现，以及旅行的目的是激励员工实现各种业务目标并继续个人职业发展。

奖励旅游的概念、原理与发展

基于前期的分析，在此将奖励旅游定义为一种通过向员工、客户或合作伙伴提供旅行体验作为奖励或激励的实践方式。奖励旅游通常包括动机、奖励和独特的旅行体验，不仅仅是为了表彰个人或团队的成就，还可以用作激发员工士气、增强客户忠诚度以及促进业务发展的工具。奖励旅游的目标是通过提供独特和愉悦的旅行体验激励受益者，并进一步加强他们与组织或品牌之间的联系。

奖励旅游的概念可以从多个角度来理解和分析，包括以下方面：

（1）奖励对象。奖励旅游的主要对象包括公司员工、合作伙伴、客户或供应商。不同的受益者群体会受到不同类型的旅游奖励，从奖励对象的角度，奖励旅游包括：个人奖励旅游，企业奖励表现突出的个人员工，通过提供单独或家庭旅游的形式，表达对其工作的认可和奖励；团队奖励旅游，针对销售团队或项目团队，组织集体旅游，增强团队凝聚力，并通过共享旅游经历提升团队士气和合作精神；客户奖励旅游，企业为了感谢和维系重要客户或合作伙伴关系，邀请他们参加奖励旅游，促进双方的业务合作和关系发展。

（2）奖励形式。奖励旅游可以是全包式旅游，包括机票、酒店住宿、用餐和旅游活动，也可以是部分奖励，例如只提供住宿和部分用餐。

（3）旅游目的地。奖励旅游的目的地通常选择独特而难忘的地点，如豪华度假村、文化名城、异国风情的城市、探险目的地或独特的自然景观地。奖励旅游行程安排具有丰富多样性，包括休闲活动、文化体验和娱乐项目。

（4）激励机制。奖励旅游是一种激励机制，通过提供非金钱的奖励来激励受益者，增强其对公司或品牌的忠诚度，激发其更高的工作动力。

（5）效果评估。通过对奖励旅游效果的评估，可以了解其对受益者和组织的实际影响。评估指标可能包括员工满意度、客户忠诚度、销售增长等。

二、奖励旅游的起源与发展

1906年，美国代顿的国家现金出纳机公司（National Cash Register Company）奖励了70名销售人员镶有钻石的别针和一次免费前往公司总部的旅行。几年后，获奖者们又获得了一次免费前往纽约的旅行。这是奖励旅游作为一种激励工具的起源。

奖励旅游的发展可以划分为不同的阶段，每个阶段都有其独特的特征和驱动因素。以下是奖励旅游在不同阶段的发展历程：

（一）初期阶段（20世纪初至20世纪中期）

特点：奖励旅游在20世纪初期开始萌芽，主要集中在欧美国家的大型企业。初期形式较为简单，通常是企业为奖励销售业绩突出的员工提供的短期国内旅行，主要目的是激励销售团队，提升销售业绩和员工士气。

驱动因素：工业革命后的经济增长为企业提供了更多的利润空间，从而有能力投入到员工激励中；科学管理理论（如泰勒的科学管理）强调员工激励的重要性，促进了奖励旅游的应用。

（二）成长阶段（20世纪中期至20世纪末）

特点：奖励旅游从欧美扩展到其他地区，包括亚洲和拉丁美洲，形式和内容变得更加多样化，包括国际旅行、高端住宿、文化体验等。出现了专业的奖励旅游服务公司，为企业提供定制化的旅游方案。

驱动因素：经济全球化促进了跨国企业的发展，奖励旅游也随之国际化；20世纪中后期的消费文化兴起，使得旅游和休闲成为社会主流，企业借此激励员工和客户。

（三）成熟阶段（21世纪初至2010年代）

特点：奖励旅游更加注重高端体验和定制化服务，提供独特和难忘的旅游经历。信息技术和互联网的广泛应用，使得旅游计划和管理更加高效和个性化。

驱动因素：互联网和移动技术的发展，使得奖励旅游的策划和管理更加便捷和透明；新一代员工更重视工作体验和生活质量，企业需要通过创新的激励方式来吸引和留住人才。

（四）转型阶段（2020年代至今）

特点：新冠疫情对全球旅游业造成重大影响，奖励旅游的形式和内容也随之发生变化，更加注重健康和安全。出于旅行限制和健康考量，虚拟奖励旅游和混合模式（线上线下结合）的应用增多。企业更加注重旅游计划的灵活性，提供更多的选择和应急预案。

驱动因素：健康和安全成为企业策划奖励旅游时的重要考虑因素；虚拟现实（VR）和增强现实（AR）技术的发展，为奖励旅游提供了新的可能性；随着全球经济逐步复苏，企业重新重视员工激励，奖励旅游市场逐步回暖。

三、奖励旅游的现状

根据国际奖励旅游精英协会(SITE)2023年奖励旅游调查报告数据显示，奖励旅游已经成为公司文化的重要组成部分，其目的和重要性在不断演变。根据覆盖全球83个国家、近2500名奖励旅游行业专业人士参与的调查，79%

的受访者认为奖励旅游可以凝聚分散的员工队伍，83%认为其作为奖励的价值不断提升，90%认为其对留住人才非常重要。这些数据表明，奖励旅游不仅仅是一种激励工具，更是公司战略的重要组成部分，能够显著提升员工的忠诚度和整体绩效。

区域上，不同地区对奖励旅游的关注点有所不同。西欧、北美及其他地区的公司更注重奖励旅游的"软实力"益处，如提升公司文化和员工关系。这些地区的企业普遍认为，奖励旅游能够增强团队凝聚力，改善员工之间的关系，从而提升整体工作效率和员工满意度。在这些地区，奖励旅游被视为一种重要的员工关系管理工具，通过提供独特的体验来增强员工的归属感和企业文化认同感。而亚太地区的公司更注重奖励旅游的"硬实力"益处，如销售增长和市场份额的增加。对于这些企业而言，奖励旅游被视为一种直接的商业驱动力，能够通过激励销售团队和其他关键人员来提升公司的业绩和市场竞争力。这些公司更倾向于选择能够带来实际业务成果的奖励旅游项目，确保每一笔投入都能够带来可衡量的回报。

调查显示，53%的高层领导认为奖励旅游是推动利润增长的重要手段，而37%的高层领导则高度参与奖励旅游的规划。这表明，企业高层对奖励旅游的价值有着高度的认同，并积极参与其策划和实施过程。高层领导的参与不仅能够确保奖励旅游项目与公司的战略目标保持一致，还能够通过其领导力和影响力，激发员工的参与热情和忠诚度。

预算与支出方面，预计2024年奖励旅游活动和人均花费将超过2022年水平，成本上涨成为推动这一趋势的主要因素。主要的预算分配项目包括酒店、机票、餐饮和活动，这些都是奖励旅游中不可或缺的部分。随着旅游成本的上涨，企业需要更加精细地管理预算，确保每一笔花费都能够最大化其投资回报。这也意味着企业需要更加注重选择具有性价比的旅游目的地和项目，确保在有限的预算内实现最佳的激励效果。

尽管奖励旅游在企业中发挥着越来越重要的作用，但调查也显示，买卖双方关系面临挑战，包括计划的不确定性和资源有限等问题。41%的受访者认为当前的目的地管理公司（DMC）定价模式已过时，应该基于费用。为了应对这些挑战，企业需要与供应商建立更加透明和信任的合作关系，共同寻找解决方案，确保奖励旅游项目能够顺利实施。

各地区买家倾向选择更近的奖励旅游目的地，并探索以前未到访过的新目的地。这种趋势反映了企业在选择奖励旅游目的地时更加注重成本效益和员工的舒适度。西欧和北美买家特别关注"软实力"益处，而亚太地区买家则关注"硬实力"益处。这些差异反映了不同地区企业的文化和商业环境差异，也表明奖励旅游的设计需要根据不同地区的需求进行定制。

在奖励旅游的重要性方面，66%的受访者同意奖励旅游的社会声望变得更重要，76%认为其始终关注激励个人表现，81%认为在分散的工作队伍中，奖励旅游在建立员工参与度和公司文化方面发挥更重要的作用。这些数据表明，奖励旅游不仅仅是一个短期激励工具，更是一个长期的战略投资，通过提升员工的参与感和忠诚度，来推动企业的长期成功。

四、奖励旅游原理

奖励旅游作为一种激励工具，其理论支持主要包括激励理论、社会认知理论和幸福感理论，这些理论为理解奖励旅游在组织管理中的应用提供了深刻的理论基础。

（一）激励理论

该理论认为，奖励旅游是一种非常具有吸引力和效果的非货币激励手段，广泛应用于激励员工、客户或合作伙伴，通过提供愉悦和有意义的旅游体验，以增强其工作动机、忠诚度和满意度。这种奖励不仅是简单的物质奖励，更是一种对受益者个人成就感和价值感的肯定，从而使其在工作中的表现更加积极和努力。

管理研究人员长期以来一直在研究工作场所的激励和激励机制，其中包括马斯洛的需求层次理论（马斯洛，1943）和赫茨伯格的双因素理论（赫茨伯格，1968）。马斯洛的研究表明，人类有多种需求，在考虑高阶需求（包括归属感、尊重和自我实现）之前，必须满足基本需求（如生理需求和安全需求）。奥尔德弗（1972）也提出了类似的观点，他认为实际上只有三种基本需求：生存（与安全和生理需求有关）；关系（类似于马斯洛的归属感）与成长（尊重和自我实现）。赫茨伯格（1968）的双因素理论，又称激励－保健理论，认为工作场所中存在导致不满的因素，但消除这些因素并不会自动提升满意度。"保健因素"虽然很重要，但不足以激励员工。许多奖励旅游研究都借鉴了马斯洛和赫茨伯格理论的概念将奖励旅游视为获得认可的工具，表现为在工作和休闲时间员工受到尊重和获得更高的地位，可以假设成功员工的基本需求（心理、安全和爱）得到满足，转而从别处寻求满足。与奖励旅游相关的需求是成就、地位、认可、教育、新奇和冒险，体现的是情感体验和情感满意度。

有许多不同的管理理论试图阐明和解释如何激励员工，主要的理论是目标设定理论、强化理论和公平理论。公平理论主要用于说明个人在人际关系中产生的态度、感受和观点，例如员工对公平性的判断等。为了了解如何激励员工实现更高的绩效，必须意识到奖励的重要性。这里有一个关键问题是为什么奖励旅游相比其他奖励（例如货币奖励）更能激励员工，经常使用的期望理论有助于深入理解动机和奖励，该理论由美国行为学家弗洛姆（Victor H.Vroom）于1964年首次提出。期望理论是一种心理学理论，用来解释人们在作出决策时如何权衡期望的结果。该理论认为，个体在作出决定时会考虑到他们对特定行为能够实现目标的期望，以及这些目标实现所带来的奖励价值，如果员工认为他们的努力工作会带来良好的绩效，那么他们就会受到激励更加努力地工作，如果员工不相信他们的努力工作会带来更好的回报，那么他们就不太可能付出任何额外的努力。个体会根据奖励的价值来决定他们投入的努力和精力。奖励旅游的高价值可以增强个体的参与和努力程度，因为这种奖励不仅仅是一次旅行体验，还可能是对个体心理和情感需求的满足。因此，奖励旅游通常会被设计为一种特别吸引人的奖励形式，以确保其能够有效地激励个体并增强他们的工作动机。期望理论可以帮助组织设计有效的激励措施，通过调整奖励旅游的目标设定和奖励价值，来提高员工或合作伙伴的绩效表现。

同时，奖励旅游还可以与目标设定理论结合使用。根据目标设定理论，设定具体、可衡量、具有挑战性的目标可以显著提高员工的工作表现。奖励旅游可以作为达成这些目标后的奖励，从而增加员工达成目标的动机和努力程度。这种目标设定与奖励结合的方式，有助于将员工的努力与企业的战略目标对接，促进组织的整体发展和成长。提供奖励旅游可以明显加强受益者的特定行为。例如，为了获得奖励旅游，员工可能会更加专注和努力地工作，以达到公司设定的销售目标或其他业绩指标。这种激励机制通过奖励旅游，将个人的目标与公司的目标相结合，激发出更高的工作动机和更好的绩效表现。奖励旅游可以通过增加个体达到奖励目标的期望，来增强其动机和行为。在工作或业务环境中，个体通常会根据他们对奖励旅游的期望来调整他们的工作目标和努力程度。例如，设定完成销售目标后可以获得度假旅游的奖励，会激励销售人员更加努力地工作，以实现这一奖励目标。

（二）社会认知理论 (Social Cognitive Theory)

这是心理学领域的重要理论之一，由阿尔伯特·班杜拉（Albert Bandura）提出，强调个体通过观察和模仿他人的行为来学习和形成自己的行为模式。社会认知理论起源于20世纪60年代，最初被称为社会学习理论。班杜拉通过一系列实验，展示了儿童通过观察成人的行为并模仿这些行为的过程，揭示了行为不仅仅是通过直接经验和强化学习得来的，还可以通过观察他人的行为及其后果来学习。社会认知理论的核心概念包括：观察学习（Observational Learning）、自我效能（Self-Efficacy）、替代强化（Vicarious Reinforcement）以及三元交互决定论（Triadic Reciprocal Determinism）。

观察学习是社会认知理论的核心概念之一，班杜拉认为人们可以通过观察他人的行为及其结果来学习和模仿。观察学习包括四个过程：注意（Attention）、保持（Retention）、复制（Reproduction）和动机（Motivation）。这些过程决定了观察到的行为是否会被模仿和内化。

自我效能是指个体对自己能否成功完成特定任务的信念，班杜拉认为自我效能影响个体的动机、选择行为和坚持性。高自我效能感的人更有可能设定高目标，努力克服困难，并在面对挑战时表现出更强的坚持性。

替代强化指个体通过观察他人行为的后果来学习。当个体看到他人的行为得到了奖励，他们更有可能模仿这种行为；相反，如果看到他人的行为受到了惩罚，他们就会避免这种行为。

三元交互决定论中的"三元"是指行为、个人因素（如认知、情感）和环境因素，班杜拉提出，三者相互作用，决定个体的行为模式。这种相互作用表明，个体不仅受环境影响，还会通过行为来影响环境。

社会认知理论的发展不仅限于其初始的行为学习方面，还扩展到了认知和情感领域。班杜拉在后期的研究中强调认知过程在行为学习中的重要性，并引入自我调节（Self-Regulation）和自我反思（Self-Reflection）等概念。自我调节指个体通过设定目标、监控进展和自我奖励来控制自己的行为。自我调节过程包括自我观察（Self-Observation）、自我判断（Self-Judgment）和自我反应（Self-Reaction）。有效的自我调节能力可以提高个体在不同情境中的适应能力和表现。自我反思是指个体通过回顾和评估自己的行为和认知过程，来改进未来的行为。自我反思有助于个体理解自己的优点和不足，从而进行自我改进和发展。

社会认知理论在奖励旅游中应用广泛，可以通过以下方式进行理解：

1. 设立榜样

通过奖励旅游，公司可以树立榜样，展示优秀员工的成就。榜样效应不仅能够激励被奖励者，还能激发其他员工的积极性和竞争意识，促进整体绩效提升。观察到同事因优秀表现而获得奖励，其他员工会更加努力地工作，希望也能获得类似的认可和奖励。榜样的力量在于其示范作用，使得整个团队都能看到努力工作带来的实际回报。

2. 增强团队凝聚力

奖励旅游通常涉及团队活动，有助于增强员工之间的联系和协作能力。

通过共同经历独特的旅行体验，员工之间的关系会更加紧密，团队凝聚力得到提升。这种集体活动不仅能放松心情，还能促进团队成员之间的沟通与协作，增强团队整体的凝聚力和战斗力。团队旅游活动可以包括团队建设训练、集体游戏和文化交流等，这些活动能够加强员工之间的默契和协作精神。

3. 提升自我效能

当员工通过努力工作获得奖励旅游，他们的自我效能会显著提升。增强的自我效能可以促使员工在未来的工作中更加自信和积极，进一步提高工作效率和表现。自我效能的提升使员工更加相信自己能够完成任务，从而在面对挑战时表现出更强的坚持和创新能力。员工在奖励旅游中的成功体验和正面反馈，会强化他们的自我效能，使其在回到工作岗位后能够更加自信地应对各种挑战。

4. 长期激励效应

虽然奖励旅游本身是一次性的活动，但其带来的激励效应可以持续很长时间。员工会对独特的奖励体验印象深刻，并继续努力工作以期望再次获得类似的奖励。长期来看，这种激励措施能够持续影响员工的工作态度和行为，形成良性循环。奖励旅游所带来的积极记忆和情感联系，会在很长一段时间内激励员工保持高水平的工作表现，并且这种记忆和体验还会在员工之间传播，形成更广泛的激励效果。

5. 促进客户忠诚度

对于客户而言，奖励旅游可以增强他们对品牌的忠诚度。当客户受到认可并获得特别的奖励，他们会更倾向于继续与该品牌合作，增加品牌的市场竞争力。通过奖励旅游，企业可以加强与客户的情感联系，提升客户满意度和忠诚度，从而促进业务的长期发展。客户通过参与奖励旅游，不仅能够享受到独特的体验，还会感受到企业对他们的重视和关怀，这种情感上的认同感会转化为更高的客户忠诚度和品牌忠诚度。

（三）幸福感（Well-being）理论

该理论的起源可以追溯到古希腊哲学家亚里士多德的"幸福生活"（Eudaimonia）概念，他认为幸福源于实现个人潜能和美德的生活方式。现代幸福感理论的发展受到了心理学、社会学和经济学等多个学科的影响。幸福感（Well-being）理论的主要学派及核心观点主要包括：

1. 主观幸福感（Subjective Well-being, SWB）

主观幸福感理论由美国著名社会心理学家埃德·迪纳（Ed Diener）等学者提出，强调个体的主观体验，包括生活满意度、积极情绪和消极情绪的平衡。

SWB 理论认为，幸福感是个体对其生活质量的整体评估，既包括认知评估（生活满意度），也包括情感反应（积极情绪和消极情绪）。

2. 心理幸福感（Psychological Well-being, PWB）

心理幸福感理论由美国心理学家卡罗尔·里格（Carol Ryff）提出，强调心理功能和个体发展。PWB 包括六个核心维度：自我接受、个人成长、生活目标、环境掌控、自主性和积极关系。该理论认为，幸福感不仅是情绪上的愉悦，还包括个体在心理层面的自我实现和成长。

3. 自我决定理论（Self-Determination Theory, SDT）

自我决定理论由美国心理学家德西（Deci）和瑞安（Ryan）在 20 世纪 80 年代提出，强调基本心理需求的满足对幸福感的影响。SDT 认为，个体的幸福感来源于自主性、胜任感和归属感的满足。当这些基本心理需求得到满足时，个体会体验到更高的幸福感和内在动机。

4. 积极心理学（Positive Psychology）

积极心理学由美国心理学家马丁·塞利格曼（Martin Seligman）倡导，关注人类积极品质和美好生活的研究。塞利格曼提出了 PERMA 模型，包含五个幸福感维度：积极情绪（Positive Emotion）、投入（Engagement）、人际关系（Relationships）、意义（Meaning）和成就（Accomplishment）。积极心理学强调通过培养积极心理品质和体验，提升个体的整体幸福感。

幸福感理论在奖励旅游中应用广泛，可以通过以下方式进行理解：

1. 满足基本心理需求

奖励旅游通过提供自主选择的旅游活动，满足员工的自主性需求。员工可以选择自己感兴趣的活动，这种自主性能够提升他们的满意度和幸福感。此外，奖励旅游提供了展示个人能力和成就的机会，满足了员工的胜任感需求。通过与同事共同参与活动，员工的归属感也得到了增强。这些基本心理需求的满足，能够显著提升员工的幸福感。

2. 提升积极情绪

奖励旅游通过提供愉快和放松的旅行体验，能够显著提升员工的积极情绪。在美丽的旅游景点中，员工可以放松心情，享受大自然的美景和丰富的文化体验。这种积极情绪的提升，不仅能改善员工的心理状态，还能增强他们的工作积极性和创造力。

3. 建立良好的社会关系

奖励旅游通常包括团队活动，这有助于增强员工之间的联系和协作能力。通过共同经历独特的旅行体验，员工之间的关系会更加紧密，团队凝聚力得到提升。这种集体活动不仅能促进员工之间的沟通与协作，还能建立更强的社会关系，从而提升整体幸福感。

4．增强员工的工作积极性

奖励旅游能够显著提升员工的工作积极性。当员工感受到企业对他们的重视和关怀时，他们会更加努力地工作，以期望再次获得类似的奖励。提升的工作积极性不仅能提高员工的工作效率，还能促进企业的整体发展。

5．促进客户忠诚度

奖励旅游不仅对员工有效，对客户也具有显著的激励作用。通过奖励旅游，企业可以增强与客户的情感联系，提升客户的满意度和忠诚度。当客户感受到企业对他们的重视时，他们会更加倾向于继续与该企业合作，增加企业的市场竞争力。

第二节　奖励旅游的类型与特点

一、团队奖励旅游

团队奖励旅游根据不同的目的和设计特点通常分为团队建设旅游和项目完成旅游。

团队建设旅游是一种通过促进团队协作和提升团队凝聚力来奖励整个团队的旅游活动，主要适用于公司团队、部门团队以及其他需要团队合作的组织或团体。团队建设旅游通常设计为团队活动、挑战和游戏的组合，重在加强团队成员之间的联系和合作能力，从而提升整个团队的工作效率和凝聚力。旅游活动可以安排在年度会议、团队建设日、策划会议或团队重大成就庆祝活动之中。团队建设旅游的主要效果在于提升团队的协作能力和凝聚力。通过参与团队挑战和互动活动，成员们能够更好地理解彼此的工作风格和优势，从而促进团队内部的协作精神。这种体验还能够增强团队成

图 6.1　企业在森林公园开展团建活动

员之间的互信,减少沟通障碍,为日后的工作合作打下良好的基础。

项目完成旅游作为对整个团队成功完成项目或达成重大目标的奖励,旨在表彰和激励团队成员的工作表现,主要适用于团队完成重大项目、公司成立周年、年度销售目标达成等重要场合。项目完成旅游通常会作为项目结束后的庆祝活动,以表彰团队在完成项目过程中的努力和贡献。此类旅游活动有助于激励团队成员继续保持高水平的工作表现,并提升团队的凝聚力和工作效率。项目完成旅游的效果在于增强团队的成就感和自豪感。通过这样的奖励活动,团队成员能够感受到他们的工作被认可和重视,从而进一步激发他们的工作动力和团队合作精神。此外,这种集体庆祝也有助于增强团队的归属感和团队意识,推动团队在未来的工作中更进一步。

二、个人奖励旅游

个人奖励旅游是一种通过旅游体验来奖励个人的激励机制,通常是作为对个人优秀表现或成就的认可和奖励。这类旅游活动旨在激励个人继续保持高水平的工作表现,并增强其工作动力和满意度。

个人奖励旅游是针对个人表现优异或达成重要成就的奖励形式,通过提供旅游体验来表彰和激励个人。主要适用于各类企业和组织,包括但不限于销售团队、个人绩效突出者、管理层或关键职位的员工等。个人奖励旅游可以根据具体情况定制,可以是奖励销售冠军、年度最佳员工、最有创新力的员工等。

(一)个人奖励旅游的效果

1. 激励个人表现

通过提供旅游奖励,激励个人继续保持优秀的工作表现,促使其在工作中持续努力。

2. 提升工作动力

旅游奖励可以增强个人的工作动力和积极性,因为他们看到自己的努力和成就得到了认可和奖励。

3. 增强个人满意度

旅游奖励可以提升个人的满意度和工作幸福感,因为他们感受到公司对其工作的重视和关注。

4. 团队激励

个人奖励旅游也会对整个团队产生激励效果,因为其他成员会看到优秀表现者得到的奖励,从而激励他们也努力争取类似的奖励。

（二）个人奖励旅游的分类

个人奖励旅游可以根据不同的标准和目的进行分类。以下是一些常见的分类方式：

1．业绩奖励旅游

销售冠军旅游奖励，奖励销售业绩最出色的销售代表或销售团队成员，通常是根据销售额、销售量或其他指标进行评定；绩效优秀奖励旅游，奖励在公司内部或特定项目中表现优异的个人员工，可以基于年度绩效评估、项目完成度或其他工作表现指标进行选拔。

2．创新奖励旅游

最有创新力员工奖励旅游，奖励在产品开发、流程改进或其他创新领域表现突出的员工；新项目推动者奖励旅游，奖励推动新项目开展和成功的个人员工，鼓励创新和未来导向的工作。

3．领导力奖励旅游

最佳领导力奖励旅游，奖励在领导、管理和协调团队工作中表现优异的主管或管理层成员；领导力发展奖励旅游，奖励正在进行领导力发展并取得显著进展的员工，鼓励他们继续发展领导力技能。

4．服务奖励旅游

客户服务卓越奖励旅游，奖励在客户服务和关系管理方面表现突出的员工。

5．生涯发展奖励旅游

学习与发展奖励旅游，奖励积极参与学习和发展活动、提升个人技能的员工；职业成长奖励旅游，奖励在职业发展中取得重大成就或突破的员工。

6．定制化奖励旅游

个性化奖励旅游，根据员工个人的兴趣、偏好和家庭情况定制的旅游奖励，使其能够享受一次独特的旅行体验。

三、客户奖励旅游

（一）客户奖励旅游的效用

客户是企业成功的关键驱动力，通过关注客户需求、提供优质的产品和服务，并建立良好的合作关系，企业可以有效地增强市场竞争力，并持续实现业务增长和发展。客户奖励旅游是企业与客户之间建立更紧密联系的一种重要方式。通过奖励旅游，企业不仅仅是简单地表达感谢和激励，更重要的是加深客户对企业的忠诚度，并提升品牌形象和竞争力。

首先，客户奖励旅游是一种高度个性化的奖励方式，能够根据客户的偏好和需求进行量身定制。这种个性化能够深刻地展示企业对客户的关注和重视，从而增强客户对企业的信任和满意度。

其次，客户奖励旅游是加强关系和促进合作的有效工具。在放松和愉悦的环境中，客户和企业代表能够进行更深入的交流和互动，加强双方之间的理解和合作，进而促进业务的共同发展。

此外，客户奖励旅游也是提升品牌形象和差异化竞争的策略。通过提供独特和高质量的旅游体验，企业能够在竞争激烈的市场中脱颖而出，吸引更多潜在客户的关注和青睐，从而增加市场份额并提升盈利能力。

最重要的是，客户奖励旅游不仅仅是单纯的商业交易，更是建立长期合作伙伴关系的基础。通过长期持续的奖励和关怀，企业可以稳固客户的忠诚度，使他们成为企业发展道路上的强大支持者和倡导者。

（二）客户奖励旅游分类

激励性旅游（incentive travel）。作为对表现优秀客户或合作伙伴的奖励，激励他们继续取得更好的业绩或成就，通常与达到特定的业务目标或销售指标相关联，例如旅游中设置独特的活动和特别体验。

感谢性旅游（appreciation travel）。表达对客户长期合作和支持的感激之情，侧重于加深关系和提升忠诚度，例如放松的休闲活动、社交互动和特别的礼遇。

关系建设旅游（relationship building travel）。加强与客户之间的长期关系和合作伙伴关系，侧重于团队建设和合作活动，例如合作项目的讨论、团队挑战等，以增进彼此的了解和信任。

庆祝性旅游（celebration travel）。庆祝特定的成就或重要的里程碑，如公司成立周年、重要合同签署等，例如庆祝活动、晚宴、特别表演等，以及充满纪念意义的体验。

培训性旅游（training travel）。结合业务会议或培训活动，提供教育和培训客户或合作伙伴。除了专业的培训和会议外，还包括文化或行业探索的活动，以及团队建设和社交互动的机会。

定制私人旅游（customized/private travel）。根据客户的偏好和需求，量身定制的私人旅游体验，旅游内容完全根据客户的个人喜好和兴趣进行设计，包括独家的活动和服务。

特别主题旅游（themed travel）。基于特定的主题或利益爱好设计的旅游，以深化客户对公司品牌的认同感和情感链接，旅游内容围绕特定主题展开，包括与主题相关的活动和体验。

四、奖励旅游的特点

奖励旅游作为一种激励手段，具有明显的优点：

（1）奖励旅游能够显著激励员工和团队。奖励旅游是一种非常有效的激励手段，可以显著提高员工和团队的积极性和工作动力。通过提供奖励旅游，员工感受到了企业对其工作成绩的认可和重视，进而增强了他们的工作热情。

（2）奖励旅游有助于提升员工对企业的忠诚度和归属感。受奖励者认为企业关心他们的福利和幸福感，从而更有可能长期留在公司。团队奖励旅游通过共同的旅游经历，增强了团队成员之间的信任和合作精神，有助于改善团队的协作能力和工作效率。通过奖励旅游，企业还能展示对员工和客户的关怀和重视，从而提升企业的社会形象和品牌价值。

（3）奖励旅游提供了多种形式和选择，可以根据员工的个人偏好和团队需求进行定制，这种灵活性使得奖励旅游能够更好地满足不同人群的需求。

然而，奖励旅游也存在缺点和面临挑战：

首先是高成本。奖励旅游通常需要较高的成本投入，包括旅行费用、住宿费用、餐饮费用以及活动费用等。特别是对于大型团队或国际旅行而言，成本会非常昂贵。

其次是时间和计划安排的挑战。组织奖励旅游需要精心的时间安排和详细的计划，以确保所有的参与者都能参与到活动中来。对于全球化企业来说，可能涉及到跨国和跨时区的协调问题。

此外，奖励旅游可能会引发员工之间的不公平感，因为有些员工可能会觉得自己没有获得奖励旅游的公平机会，从而导致员工之间的矛盾和不满情绪。如果奖励旅游的安排不当或者与工作时间冲突，还会影响员工的工作生产力和工作效率。

为了最大化奖励旅游的优点并减少其缺点，企业可以采取以下措施：

第一，精心设计奖励计划，根据员工的兴趣和需求选择合适的奖励旅游形式和目的地，以确保旅游活动能够最大化地激励员工和增强团队凝聚力。

第二，平衡成本和效益，管理好奖励旅游的成本，通过选择适当的目的地、预订早期优惠票和酒店折扣来降低费用，以确保公司在财务上的可持续性。

第三，确保奖励旅游活动的选择和安排公平公正，避免引发员工之间的不满和不公平感，透明的选择标准和流程非常重要。

奖励旅游作为一种激励手段，具有显著的优点和潜在的挑战，企业在设计和实施奖励旅游计划时，需要综合考虑各方面因素，以确保其能够有效地达到预期的激励效果和目标。

第三节 奖励旅游的策划与实施

一、奖励旅游策划

有效的奖励旅游策划不仅能够实现短期的奖励目标，还能为企业带来长远的战略价值和持续的市场优势。在策划奖励旅游活动时，目标制定和方案选择是确保活动成功实施的关键步骤。

确立具体的奖励目标非常重要，这些目标可以是提升团队合作能力、激励员工表现、增强员工满意度等。具体而明确的奖励目标有助于活动的有效实施和评估。同时，还需要明确具体的行动目标，例如通过团队挑战增强协作能力，或者通过文化交流提升企业文化理解能力。这些行动目标有助于设计活动内容，以实现预期的奖励效果。另外，还需要确定旅游活动的时间框架，包括活动的持续时间和安排，确保与团队成员的工作日程和其他安排相协调。

在方案选择阶段，首先需要根据团队的需求和特点选择合适的旅游类型，并且与旅行供应商和合作伙伴充分沟通，确保他们了解企业的预算限制，并寻找最适合的方案。例如，团队建设旅游、项目完成旅游或个人奖励旅游，每种类型都有不同的目的和效果，需要根据具体情况进行选择。在选择旅游目的地时，应考虑团队成员的喜好和旅游体验，确保选择的目的地能够达到旅游活动的奖励目标。例如，如果目标是增强团队的企业文化理解能力，那么可以选择一个能体现丰富企业文化背景和活动的目的地。在设计活动内容时，需要确保活动具有挑战性和互动性，能够促进团队成员之间的互动和合作。这些活动可以是团队建设挑战、文化交流活动、团队游戏等，通过实际的参与和互动，达到旅游活动的奖励目标。特别是，企业要详细说明预算限制和活动目标，确保供应商和合作伙伴了解其预算限制，从而能够提供符合预期的方案并有效地管理和控制成本。

二、奖励旅游实施

在奖励旅游策划的基础上，实施阶段是确保活动顺利、有效的关键环节。下面将详细介绍奖励旅游的实施步骤和注意事项。

奖励旅游实施

（一）实施前的准备工作

（1）确认奖励对象和目标。在实施奖励旅游之前，首先要确认奖励的对象和设定明确的奖励目标，这些目标应该与企业的战略目标和团队的发展需求保持一致。例如，是否是个人奖励、团队奖励，或者是特定部门的团队成员。

（2）确定旅游目的地和行程安排。根据安全性评估和旅游资源，选择合适的目的地；制定详细的旅游行程，包括日期、交通、住宿、餐饮、特别活动等。

（3）安全管理和保障措施。评估目的地的安全风险，制定详细的安全策略和紧急应对计划；提供团队成员安全教育和培训，确保他们了解基本的安全行为准则和紧急情况的应对措施。

（4）与供应商和服务商的沟通与协调。确认旅行社的合作，包括交通、住宿、活动的安排和预订；与酒店和餐饮服务商沟通，确保他们能够提供所需的服务和支持。

图 6.2　境外海岛成为热门奖励旅游目的地

（二）实施阶段的具体步骤

（1）旅游之前的准备工作。提前通知奖励对象，并详细介绍旅游的安排和所需的准备工作；准备行程单、保险证明、联系信息等必要的旅行文件和资料。特别是，企业需要设定清晰的预算限制，包括旅行成本、住宿费用、活动费用、餐饮费用等，预算的设定应考虑目标市场的价格水平和企业的财务能力。

（2）旅游过程中的实施。确保团队成员按时集合，并安排好出发的交通工具；执行旅游行程，确保活动和项目的顺利进行；安排特别的文化交流、团队建设活动或冒险体验，增加旅游的乐趣和挑战性。

（3）安全管理和紧急情况应对。持续关注旅游团队的安全状态，及时调整安全措施；执行紧急应对计划，确保团队成员的安全和健康。

（三）实施后的跟进和反馈

（1）旅游结束后的跟进。收集参与者的反馈意见和建议，了解他们的旅游体验和问题；及时处理旅游过程中出现的问题或紧急情况。

（2）总结和改进。总结奖励旅游的整体效果和参与者的反馈，分析成功的因素和需要改进的地方；根据总结的结果，制定改进策略和措施，为下一次奖励旅游活动做好准备。

通过精心的策划和细致的实施，奖励旅游不仅能有效激励员工，提升团队凝聚力和工作效率，还能增强企业的竞争力和形象。因此，在实施奖励旅游过程中，每一个细节都需要精心设计和严格执行，以确保活动的成功和预期的效果达成。

案例分析 | CT 生物医药公司奖励旅游案例

企业名称：CT 医药公司

活动时间：2021 年 8 月至 9 月

旅游内容：海南三亚·拓展活动

奖励人数：约 480 人

活动批次：第一批，8 月 26-29 日，约 160 人
　　　　　第二批，9 月 02-05 日，约 160 人
　　　　　第三批，9 月 09-12 日，约 160 人

参与对象：CT 医药公司全体员工

参与条件：自愿报名，有疫情中高风险地区旅居史人员原则上不建议参加

分批原则：每批安排人员 160 人左右，共分三批；
　　　　　每批需安排 2 个航班，每个航班分配 80 人左右；
　　　　　具体安排以航空公司实际批复为准。

分析：

CT 是一家在中国及美国拥有业务的生物制药公司，主要专注于治疗实体瘤和血液恶性肿瘤的 CAR-T 疗法。为感谢公司员工在过去一年中卓越的工作成果并振奋士气，激励员工继续努力，增强员工荣誉感，加强企业团队建设，CT 公司计划在今年安排一次针对全体员工的奖励旅行。

关于旅行目的地。公司希望能够前往热带海岛，让员工能够远离都市，体验海岛风情，在放松的状态下享受假期。由于疫情期间出国不便，故此次行程选择我国海南省三亚市，行程中也会加入时下热门的海南免税购物环节。

关于旅行时间。公司希望能够在生产淡季——8月至9月进行，该时段也是三亚旅行淡季，旅行综合成本相对较低，可将更多预算用于提升旅行的住宿及餐饮标准。另外，为不影响公司的常规运营，员工将分为三批次前往旅行。

关于活动设计。本次行程是一次慢旅行，安排并不紧凑，目的是让员工从平时紧张的工作节奏中抽离出来，更好地享受假期。本次行程属于参与型奖励旅游，拓展活动是此次行程的重点，为增强每位员工的参与感，拓展活动环节将设计一系列需要团队合作完成的小游戏，让不同部门的员工在活动中增进交流与沟通，提升团队凝聚力和集体荣誉感。拓展活动结束后，进行点火仪式和篝火晚会，管理层致辞，表彰优秀员工，安排歌唱和集体舞蹈活动，拉近企业成员之间的距离。

行程安排：

日期	主要行程	餐饮
第一天	上海－三亚 根据航班，提前2小时于虹桥或者浦东机场集合 旅行社工作人员提前抵达机场，协助所有团员办理值机 搭乘航班前往三亚，上海－三亚（航程约3小时） 导游接机，前往酒店（机场－酒店，车程约25分钟）	不含餐食，自由活动
第二天	全天游玩＋拓展 酒店早餐后，大堂集合 1. 呀诺达热带雨林景区（酒店－景区，车程约1小时） 2. 全体拓展活动／篝火晚会	含早午晚餐
第三天	全天游玩＋购物 酒店早餐后，大堂集合 1. 蜈支洲岛（酒店－码头，车程约1小时） 2. 三亚免税店或自由活动（车程约20分钟）	含早午晚餐
第四天	自由活动 酒店早餐后，自由活动 根据航班时间，提前2.5小时酒店集合前往机场 返回上海，结束愉快行程	含酒店早餐，不含午餐晚餐

接机流程：根据航班信息举牌接机，随时跟踪航班动态；
航班抵达后第一时间联系；
人员于固定区域集合，工作人员点名确认信息；
员工乘坐大巴4辆，管理层乘坐考斯特1辆，发车前往酒店。

酒店信息：三亚希尔顿花园酒店

海南省三亚市天涯区回新路116号；0898-88880555

每批160人左右；预计使用80标间/批；

花园海景双床房；35平方米

目的地概况：

"三亚归来不看海，除却亚龙不是湾"。三亚是海南岛的象征。三亚属热带海洋季风气候，四季寒暑变化不大，年平均气温25℃左右。三亚最佳旅游时间是每年的9月到次年4月，6月至10月为雨季。三亚位于北纬18度附近，山、海、河三种自然美景集中于三亚一身，构成了她特有的自然景观。这里有宜人的气候、清新的空气、和煦的阳光、湛蓝的海水、柔和的沙滩、美味的海鲜，无论你是美食达人、摄影爱好者，还是剁手狂人、探险爱好者，三亚都能够让你乐在其中。

景点及活动介绍：

1. 呀诺达热带雨林景区

呀诺达雨林文化旅游区是北纬18度真正没有冬天的热带雨林景区，这里茂密雨林遮天蔽日，流泉叠瀑倾泻而下，年平均温度24℃，雨林谷内生长着大量原始森林和次森林，百年古藤、千年古蕨、巨大灵芝等热带雨林的奇观让人惊叹不已。

2. 蜈支洲岛

蜈支洲岛上一派热带风光。这里海水能见度高，水下世界绚丽多彩，是我国热门的潜水胜地。同时，还可进行摩托艇、香蕉船、水上降落伞等水上活动。岛上的景点极具浪漫风情，有情人桥、观浪亭、观海长廊、"HAPPY LOVE"标志等。

3. 拓展活动

活动以团体协作类为主，水到渠成、滴水不漏、攻防箭、超级躲避球、蛟龙出海、指压板接力、袋鼠之战、水果连连看、突破冰河、鼓舞人心，点火仪式+篝火晚会。

旅行须知：

（1）三亚夏季炎热，需要注意备好防晒霜、皮肤衣、遮阳伞，做好晒后修复；备好预防蚊虫叮咬的喷雾或手环。三亚湿度较高，夜间风大，可备些容易干的衣物，带件长袖有备无患。

（2）海边游玩需注意涨潮退潮的时间，下海前也要提前了解海况，不要在"禁止游泳"的地方游泳，避免发生意外。进入雷雨、台风季节时，应尽量减少户外活动，关注当地气象部门发布的相关提醒。

（3）负责任地旅行，不要观看动物经训练后非自然娱乐性表演，不触摸野生动物，在旅游的同时也要注意环境保护，不乱丢垃圾。

（4）购物时要理性消费，勿贪小便宜。选择正规购物商店购物，索要购物凭证，不受"拉客仔"（摩的司机、出租车司机）鼓动，被带去海鲜排档、水果店、珠宝店消费；不在流动商贩处购买珍珠、水晶等贵重物品，避免上当受骗。

风险管理：

疫情为本次旅行带来较大不确定性，可能出现的问题包括：团员行程码异常，团员旅途中感染，酒店被临时征用等意外状况。旅行社对于气候、当地文化习俗、旅行安全、个人防护、所需证件、退改政策、报名条件等事项应做好事前提醒。

此外，航班延误、大巴车况、团员的失范行为、团员的人身安全与健康管理需要做好应急预案，提前找好备选酒店及大巴车辆，并建议客户为全体员工购买全面的旅行保险。

思考与讨论

1. 奖励旅游目的地选择的影响因素有哪些？
2. 案例中奖励旅游的产品设计有什么特点？

思考与练习

1. 什么是奖励旅游？
2. 奖励旅游与一般旅游的区别是什么？
3. 奖励旅游在全球范围内是如何发展的？有哪些关键的历史节点？
4. 奖励旅游的核心原理是什么？如何激励员工或客户？
5. 奖励旅游有哪些常见类型？
6. 不同类型的奖励旅游各有哪些特点和适用场景？
7. 策划一场成功的奖励旅游需要考虑哪些关键因素？

第七章

其他会展活动业态

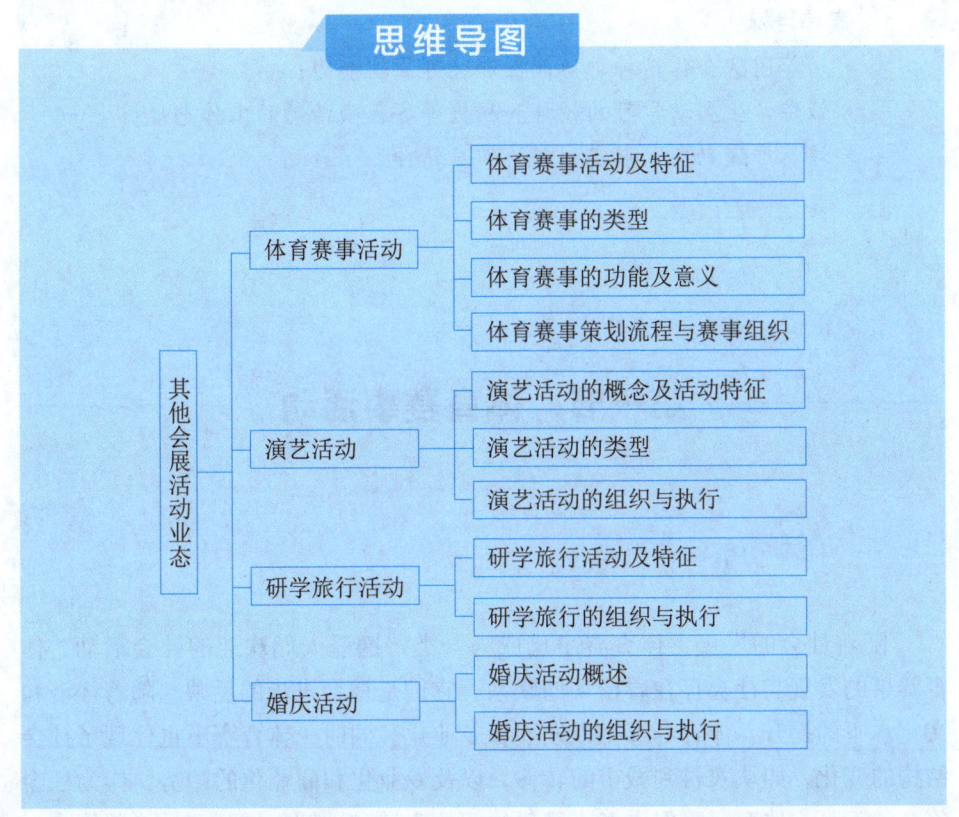

> **学习目标**
>
> **知识目标：**
> - 掌握体育赛事的基本概念；
> - 掌握演艺活动策划的具体概念性知识；
> - 了解研学旅行的基本概念和特征；
> - 了解婚庆活动的基本概念。
>
> **技能目标：**
> - 掌握策划组织执行中小型体育赛事工作的能力；
> - 掌握演艺活动策划的技能；
> - 掌握研学旅行组织的技能；
> - 掌握婚庆活动策划的技能。
>
> **素养目标：**
> - 培养团队合作精神、协调性和统筹管理能力；
> - 锻炼学生主动学习的精神和积极筹备各项活动的工作态度；
> - 培养严谨勤奋，求实创新的学习精神。

第一节 体育赛事活动

一、体育赛事活动及特征

随着社会的发展，体育赛事已成为一类普遍受人们欢迎的社会活动。体育赛事的发展与社会存在着密切的联系。它们是社会进步的反映，随着经济和文化水平的提升，体育赛事得以发展和专业化。同时，体育赛事也体现了社会结构的变化，如从农村到城市的转移，以及专业化和商业化的趋势。作为社会整合的工具，体育赛事促进了不同群体间的交流和理解，增强了社会凝聚力。

体育赛事的流行和变化也作为社会变迁的指标，揭示了价值观的转变和社会问题的表现，如性别不平等和种族歧视等。体育赛事的发展需要政府和社会的支持，由此推动了相关社会政策的制定和实施，如体育教育和公共健康政策。在构建社会身份和认同方面,体育赛事,尤其是国际赛事,增强了国家认同和民族自豪感。国际体育赛事还促进了不同文化和社会之间的交流,是全球化进程的一个重要方面。

体育赛事的发展伴随着技术创新和管理创新,这些创新可以推广到其他社会领域。同时,体育赛事的普及提升了公众的健康意识,促进了社会对健康问题的关注。总体而言,体育赛事不仅是社会发展的产物,也是推动社会发展的重要因素。

体育赛事工作者的市场需求随着社会发展呈现出积极增长的趋势。首先,国家层面的政策支持,如《"十四五"体育发展规划》的出台,为体育事业的发展提供了坚实的政策基础,从而刺激了社会对体育赛事工作者的市场需求。其次,体育产业的蓬勃发展,特别是体育旅游、赛事运营和体育俱乐部等业态的出现,为体育赛事工作者创造了多样化的就业机会。再次,全民健身的推广使得群众性体育赛事数量和规模不断扩大,这直接增加了对体育赛事组织者、教练员、裁判员等相关工作者的需求。而大型国际赛事的举办,如奥运会和亚运会,需要大量专业人才进行筹备和组织,进一步扩大了对体育赛事工作者的需求。此外,体育消费的增长潜力也为体育赛事工作者提供了更广阔的职业发展空间,尤其是在赛事能够带动旅游、餐饮、住宿等相关行业消费的领域,并且随着体育赛事 IP 的商业化,对具备赛事推广、品牌建设和市场营销能力的专业人才需求日益增加。诸如技术在体育赛事中的应用也越来越广泛,从数据分析到直播技术,都要求体育赛事工作者能够掌握和应用新技术。最后,体育教育和培训领域对专业人才的需求也在不断增长,以培养新一代的体育工作者。综上所述,体育赛事工作者在社会发展中的市场需求正受到多方面因素的积极推动。

(一)体育赛事活动的概念

体育赛事是各类体育运动项目比赛、竞赛的总称。具体来说,体育赛事是按照既定规则组织的体育竞技活动,涵盖从国际大赛到地方联赛的各类比赛。它们不仅是运动员技能和战术的较量场,也是体育爱好者的观赏盛宴。体育赛事的组织严谨,包括筹备、执行和总结等多个环节,目的在于提供公平竞争的平台,同时促进健康、增进团结、推动经济和文化交流。随着技术革新,体育赛事不断融入新元素,提升观赛体验,拓展其社会影响力。

体育赛事具体可分为以下几个概念:

(1)体育赛事(sport event):指发生体育活动的现场比赛或者集会。

(2)重大体育赛事(mega sport event):指大型的、短期且受关注度高的赛事，能够对其所在社区或国家产生重大影响的赛事。

（3）标志性体育赛事（hall mark sport event）：指的是定期在特定地区举办的赛事，常常融入该地的文化血脉，成为其形象塑造和提升竞争力的关键要素。这对当地具有深远的影响，其重要性促使成立专门的常设机构来确保其定期且有序的举办，从而稳固其在地方发展中的地位。

体育赛事不仅是各类体育竞技的集合体，更反映出一个多层次相互交织的复杂体系。从宏观角度审视，赛事的举办关乎目的地和举办城市的经济、政治、社会和形象等多个方面，这些一直是人们关注和分析的重点；从中观角度来看，体育赛事作为体育产业的一部分，有效地将社会经济发展的各个部门连接起来，成为推动社会经济发展的关键环节；从微观角度观察，体育赛事的参与者不仅包括运动员和观众，还有社区居民、志愿者等，赛事的举办对个体有着显著的益处。综上所述，体育赛事的持续发展依赖于整个系统因赛事而获得的提升和利益。

（二）构成体育赛事的要素

体育赛事是一个综合性的社会文化现象，其成功举行依赖于以下关键要素的有机结合：

（1）体育赛事的规则和制度：体育赛事基于一套标准化的规则体系，这些规则由相应的国际或国内体育组织制定，确保比赛的公平性、合法性和可预测性。

（2）运动员和团队：运动员是体育赛事的灵魂，他们的训练、技能和比赛表现是赛事吸引力的核心。团队包括教练、训练师和其他支持人员，他们对运动员的表现有着直接影响。

（3）组织和管理：高效的组织管理团队负责赛事的策划、执行和监督，包括赛事日程、场地安排、运动员注册和赛事宣传等。

（4）场地与设施：适宜的比赛场地和高质量的设施对运动员的表现和观众的体验至关重要，包括体育场馆、训练设施和必要的技术支持。

（5）观众和媒体：观众是体育赛事的重要组成部分，他们的参与和热情为赛事增添了活力。媒体则通过报道和直播，扩大了赛事的影响力和观众基础。

（6）赞助和资金：赞助商和投资者为赛事提供必要的资金支持，帮助赛事实现商业化运作，同时也通过赛事提升自身的品牌形象。

（7）安全与健康保障：赛事的安全保障措施和医疗急救服务是确保赛事顺利进行的基本条件，包括安全管理计划和现场急救设施。

（8）文化和社会影响：体育赛事不仅是竞技活动，也是文化交流和社会互动的平台，对提升举办地的国际形象、促进社会和谐具有重要作用。

这些构成体育赛事的要素相互依存，共同构成了体育赛事的基础架构，确保了赛事的专业性和观赏性，同时也推动了体育赛事的社会价值和经济效益的实现。

二、体育赛事的类型

体育赛事种类繁多、形式多样。依据不同的标准，可将体育赛事划分为不同类别。

（一）依据体育赛事规模划分

按照体育赛事的举办规模，可将体育赛事具体分为重大体育赛事、标志性体育赛事、大型体育赛事和一般体育赛事。这个分类标准被普遍接受和承认。

（1）重大体育赛事：重大体育赛事常常是国际级赛事，是大型的、短期且受关注度高的赛事，能够对其所在社区或国家产生重大影响的赛事。这些赛事通常由国际体育组织主办，如国际奥委会（IOC）的奥运会、国际足球联合会（FIFA）的世界杯等。这些赛事具有全球影响力，吸引来自世界各地的顶尖运动员参加。奥林匹克运动会和国际足联世界杯等体育赛事即重大体育赛事的重要代表，因为它们无论在社会影响力、公众参与、政治影响力，还是媒体报道和经济影响等诸多方面都影响巨大。

（2）标志性体育赛事：这类赛事在某个国家或地区具有特别的意义，代表了该地区体育的最高水平或具有重要的文化象征意义。例如：美国的超级碗（美式足球）、英国的温布尔登网球锦标赛、中国的全国运动会等。

（3）大型体育赛事：这类赛事规模较大，通常涉及多个国家和地区的运动员参与，具有一定的国际影响力。例如：亚运会、欧洲足球锦标赛（欧洲杯）、世界游泳锦标赛等。

（4）一般体育赛事：这类赛事规模相对较小，可能是地区性或国家级的赛事，影响力和知名度相对较低，但对参与者和观众来说依然具有重要的意义。例如：省级运动会、全国单项体育赛事（如全国篮球联赛、全国乒乓球锦标赛等）。

除了按照以上四类规模划分外，还有按照影响力范围划分为国家级赛事、地区级赛事、省级/州级赛事、市级赛事、社区级赛事、校园级赛事、私人或俱乐部赛事、在线或虚拟赛事。

（1）国家级赛事：国家级赛事常常是在一个地方周期性举办重要体育赛事，通常成为举办地形象与竞争优势的一部分。在单一国家内举办的赛事，通常由国家体育组织或政府机构主办，如美国的NCAA锦标赛、中国的全国运动会等。这些赛事展示了国家内部的体育竞技水平。还比如，环法自行车赛是巴黎重要的标志性体育赛事之一，也是目前世界性影响最广、规模最大、比赛水平最高的自行车比赛。

（2）地区级赛事：在特定地区或几个邻近地区举办的赛事，如欧洲足球锦标赛（UEFA Euro）、亚洲运动会（Asian Games）等。这些赛事通常涉及多个国家或地区，但规模小于全球性赛事。地区性的体育赛事能够吸引较多访客，引发新闻报道关注，带来经济效益。许多顶级国际体育锦标赛和文体活动都属于此类，如澳大利亚网球公开赛、北京国际马拉松赛等。

（3）省级/州级赛事：在省级或州级行政区域内举办的赛事，通常由相应级别的政府或体育组织主办，如美国的州级高中锦标赛。

（4）市级赛事：在市级行政区域内举办的赛事，可能由市政府或地方体育组织主办，如城市马拉松、地方足球联赛等。

（5）社区级赛事：在社区或小范围内举办的小型赛事，通常由社区组织、学校或非政府组织主办，面向社区居民或特定群体。

（6）校园级赛事：在学校或教育机构内举办的赛事，面向学生群体，如某大学生校运动会、校际联赛等。

（7）私人或俱乐部赛事：由私人组织、俱乐部或社会团体举办的赛事，通常规模较小，面向特定会员或参与者。

（8）在线或虚拟赛事：随着技术的发展，一些体育赛事也可以在线上进行，参与者通过网络参与比赛，如电子竞技赛事。

（二）依据体育赛事的竞技水平划分

按照不同的竞技水平对赛事的分类，可以划分为竞技体育赛事、职业体育赛事和社会体育赛事。

（1）竞技体育赛事：综合性运动会、单项锦标赛、等级赛、邀请赛、通讯赛、选拔赛、表演赛，这类体育赛事的特征是以体育竞技为主要目的。

（2）职业体育赛事：NBA、世界杯足球赛、大师杯网球赛等；这类赛事突出了职业化、商业化运作的特征。

（3）社会体育赛事；以健身为目的的群众性体育赛事，例如，北京国际马拉松赛、色彩跑等；贴近百姓生活，娱乐性、普及性、参与性强。

三、体育赛事的功能及意义

体育赛事不仅是一场盛大的庆典，更是一座城市的标志性里程碑。虽然体育赛事的举办时间有限，但其对东道主城市产生的深远影响却能绵延数年，甚至数十年。它们如同一股强大的磁力，吸引着络绎不绝的游客和投资者的目光，随之而来的资本涌入为当地经济注入了活力，创造了就业机会，成为推动经济增长的强劲引擎。

同时，大型体育赛事也是城市自我宣传、塑造形象、推动旅游业发展的有效途径。它们提供了一个展示城市魅力、文化和发展潜力的国际舞台，从而增强城市的全球竞争力。鉴于此，体育赛事已经逐渐被视作一种战略工具，用于区域经济的发展规划。越来越多的国家和地区认识到其重要性，并积极参与到大型体育赛事的申办中。特别是在发达国家，通过成功举办各类大型赛事，这些活动已成为推动城市建设和经济发展的重要力量，其成功经验也激发了发展中国家和地区的申办热情。

在我国，申办大型体育赛事的热忱同样高涨，我们渴望通过这一国际盛事，向世界展示我国的繁荣与发展，同时也为城市的长远发展注入新的动能和活力。

四、体育赛事策划流程与赛事组织

（一）体育赛事策划管理流程

体育赛事的策划流程包含赛事的选择、赛事申办和赛事举办三个具体工作流程，赛事开始后便进入赛事管理工作。赛事策划具体的含义是指赛事开端从组织机构确定举办赛事开始与申办赛事到确定赛事举办至赛事开幕，这一复杂且长期的工作流程。

1. 明确体育赛事的目标设定

体育赛事的策划工作之前需要明确体育赛事的目标设定：其一，确定赛事的愿景（vision）。赛事的愿景是其长期目标和发展方向的概括，它描述了赛事希望实现的理想状态。其二，确定举办赛事的使命（mission）。使命是赛事存在的根本原因，它阐述了赛事的目的和它希望为参与者、观众和社会带来的价值。

赛事策划阶段，首先明确赛事具体目标（specific objectives）。具体目标是赛事在特定时间内希望达成的具体成果，它们应该是可量化的、有时间限制的，并且与赛事的愿景和使命相一致。

2. 赛事策划目标设定的原则

目标设定通常遵循 SMART 原则，即目标应该是具体的（specific）、可衡量的（measurable）、可达成的（achievable）、相关的（relevant）、有时间限制的（time-bound）。可形成 SMART 工作流程表，以表格的形式开展赛事的目标设定流程。

赛事策划还需要明确限定赛事的参与和包容性，赛事目标可能包括提高参与度，确保不同背景的运动员和观众都能参与和受益。例如：明确赛事可能追求经济效益，如增加收入、吸引赞助商、促进当地经济发展等。社会和文化目标，赛事可能旨在促进文化交流、提升社会凝聚力、增强社区意识等。环境和可持续性目标，赛事可能设定减少环境影响、推广可持续实践的目标。品牌和形象目标，赛事可能追求提升其品牌知名度和形象，成为某个领域或地区的标志性活动。

赛事的目标设定还应包括风险管理，确保赛事能够应对可能的挑战和不确定性。赛事还需提前确定技术应用，赛事可能设定利用最新技术提升赛事体验、提高运营效率等目标。最后，将赛事打造为城市或地区的文化价值名片，做好遗产和长期影响的准备工作。赛事目标可能包括创造持久的遗产，对举办地或相关社区产生长期积极影响。

3. 策划体育赛事的可行性分析

可行性分析是一个全面评估赛事潜在成功机会的关键步骤。它从市场需求分析开始，了解目标受众的兴趣和需求，确保有足够的参与者和观众基础。接着，进行资源评估，确定并计算场地、设施、人力和技术等必要资源的可用性和成本。财务分析是核心组成部分，涉及预测收入、支出以及盈亏平衡点，确保赛事的经济可行性。

法律和规章审查确保赛事计划符合所有相关标准和要求，避免未来潜在的法律风险。风险评估帮助识别和量化可能影响赛事的不确定性因素，并制定相应的缓解措施。

技术可行性评估确保所依赖的技术解决方案是现实和可靠的。

组织能力评估则确保团队具备必要的专业知识和经验。

环境和社会文化影响评估关注赛事对当地生态和社区的长远影响，寻求可持续发展和社区支持。

交通和物流规划是确保赛事顺利进行的实际操作层面的考量。

营销和推广策略的评估关注如何有效吸引观众和赞助商。

利益相关者分析则识别所有关键参与者，理解他们的需求和期望。

最后，时间规划和遗产考量确保赛事的长期价值和对当地社会、经济及体育发展的积极贡献。整个可行性分析过程是迭代和灵活的，需要根据新的信息和反馈进行调整，以确保赛事的成功和可持续性。

（二）体育赛事组织工作的流程

体育赛事的组织工作是一项复杂而系统的任务，涉及多个方面的协调和管理。赛事组织工作一般涉及赛前筹备工作、赛事进行阶段工作、赛事结尾总结阶段工作。

1. 赛前策划阶段

在策划阶段，组织者需要确定赛事的类型和规模，比如是国际性的足球比赛还是地方性的马拉松赛事。接着，确定赛事的具体日期和地点，这些选择将影响赛事的宣传、预算和参与者的参与度。同时，制定赛事预算和资金筹集计划，确保赛事有足够的资金支持。

（1）赛事申请和审批。赛事组织者需要向相关的体育管理机构或政府部门提交赛事申请，包括赛事的详细计划和预期影响。获得必要的批准和许可是赛事能否顺利进行的关键。

（2）构建组织架构。建立赛事组织委员会，明确委员会的职责和任务；委员会通常包括赛事总监、财务、市场推广、志愿者协调、安全保障等关键部门。

（3）场地准备。选定并预订适合赛事的场地，并进行必要的场地检查和准备工作。包括场地的安全性评估、设施完善和必要的改造。

（4）制定竞赛规则和规程。邀请专业裁判，制定并发布赛事的规则和规程，确保所有参赛者和裁判都清楚比赛的具体要求和标准。

（5）宣传和市场推广。制定宣传计划，利用各种媒体渠道进行市场推广，提高赛事的知名度和吸引力。

（6）报名和资格审查。开放报名通道，接受参赛者的报名，并进行资格审查，确保参赛者符合赛事要求。

（7）赛事志愿者和临时工作人员招募。招募赛事所需的志愿者和工作人员不可提前太早开展，因为参与志愿者工作的人员变动性很大，除非重大体育赛事，如奥运会。要对他们进行必要的培训，以确保他们能够胜任赛事中的各项工作。

（8）赞助商和合作伙伴。寻找并确定赛事的赞助商和合作伙伴，签订合同和协议，确保赛事的资金和资源支持。

2. 赛事进行阶段

赛事进行阶段的组织工作应确保赛事一致性、协调各方面管理，按照赛前计划进行；赛事进行过程中出现任何问题都应高度重视并立即进行解决，不可无视或轻视问题，切实保证赛事的圆满完成。

（1）保证赛事物资和设备的顺利运作。根据赛事的需要，采购或租赁必要的物资和设备，确保所有物资和设备都符合赛事标准。进行调试后，非工作人员切勿接触。对场地器材可能出现的隐患进行问题清查，万一出现问题，尽快联络物资后备组人员及时地处理。

（2）安全和医疗保障。制定详细的安全计划和应急预案，确保赛事期间有足够的医疗资源和急救措施。对饮食卫生、安全保卫进行严格的管控。

（3）温馨的现场管理。做好赛事临场、现场的管理工作；组织好裁判员场地与做好服务工作，竞赛规则发布及时，工作人员保持热情礼貌的服务。

（4）交通和住宿安排。为参赛者和观众提供交通和住宿信息，帮助他们更好地参与和观看赛事。

（5）技术系统和计分。确定赛事所需的技术系统和计分设备，进行系统测试，确保赛事期间能够准确计分。

（6）赛事日程安排。制定详细的赛事日程表，包括比赛时间、地点和流程，并将这些信息及时通知所有相关方。

3. **赛事结尾总结**

（1）赛事结束后的工作。赛事结束后，进行成绩统计和公布，回收和整理赛事物资，收集参赛者和观众的反馈。

（2）财务结算和报告。完成赛事的财务结算，确保所有收支都有明确的记录，并编写赛事报告和总结。

（3）后续活动。赛事结束后，可能还包括颁奖典礼、后续的媒体发布等活动，以进一步提升赛事的影响力和认可度。

体育赛事全攻略：
概念与策划工作流程

第二节　演艺活动

一、演艺活动的概念及活动特征

（一）演艺活动的概念

演艺，是一种多元化的艺术表现形式，它通过舞台表演的方式向观众展示各种艺术作品。这些作品可以是戏剧、音乐剧、舞蹈、音乐会、魔术表演或杂技等，演艺活动不仅丰富了人们的精神文化生活，也促进了不同文化之间的交流。这些活动在提升社会文化素养、促进社会和谐方面发挥着重要作用，同时也对地方经济产生积极影响，带动了旅游、餐饮和住宿等相关产业的发展。

现代演艺活动常融合高科技元素，如先进的灯光、音响和视觉效果，这些技术的应用增强了演出的观赏性和互动性，为观众提供了沉浸式的体验。此外，演艺活动的成功往往依赖于专业团队的精心策划、制作和运营，包括导演、演员、技术人员和市场营销人员等，他们的专业技能和创意是活动成功的关键。随着技术的发展，演艺活动也在逐渐数字化，如通过在线直播和虚拟现实技术，拓宽了观众的接触渠道，使艺术作品能够触及更广泛的受众。演艺活动不仅是艺术与观众之间的桥梁，也是艺术家和制作团队探索新表现形式和内容、推动艺术创新的平台。通过高质量的演出，演艺活动能够提升组织或个人的品牌形象，成为品牌建设的重要组成部分。

演艺活动还需要市场化运作，包括票务销售、赞助合作和媒体宣传等，以确保活动的可持续性。同时，组织者需要遵守相关的法律法规，确保活动在版权、安全和公共秩序等方面的合规性。演艺活动也承担着社会责任，组织者应确保活动对环境和社会的影响降到最低。

（二）演艺活动的特征

演艺活动之所以被视为会展活动的一部分，是因为它们共享了许多核心特征和功能。首先，演艺活动与会展活动一样，都具有强烈的展示性质，旨在向公众呈现内容或产品。无论是通过舞台艺术展现文化魅力，还是通过展览呈现商品和技术，它们都吸引着广泛的观众参与，成为文化交流和社会互动的重要场所。

此外，演艺活动和会展活动在组织结构上有着相似之处，都需要经过精心策划和周密安排，包括场地选择、时间安排、宣传推广和票务管理等环节。这种组织过程不仅要求高效的协调能力，还需要专业的团队来确保活动的顺利进行。

经济效应是演艺活动和会展活动的另一共同点。它们都能带动地方经济的发展，吸引游客和参与者，促进相关行业的消费，从而对当地经济产生积极的推动作用。

技术应用方面，现代演艺活动和会展活动都积极采用多媒体、虚拟现实等先进技术，以提升参与者的体验。这种技术融合不仅增强了活动的吸引力，也反映了现代社会对创新和互动性的追求。

在法规遵守、品牌推广、社会影响以及数字化趋势等方面，演艺活动和会展活动同样展现出高度的一致性。它们都需要在合法合规的前提下进行，通过活动提升组织者的品牌形象，对社会产生积极影响，并随着技术的发展探索线上与线下相结合的新模式。

图 7.1　广州灯光节

二、演艺活动的类型

演艺活动的类型繁多，涵盖了广泛的艺术表现形式，以下是一些主要的演艺活动类型：

（1）戏剧：包括传统话剧、音乐剧、歌剧等，以对话、歌唱、舞蹈和表演来讲述故事和表达情感。

（2）音乐会：专注于音乐表演，可以是古典、流行、民族等不同风格的现场音乐演出。

（3）舞蹈表演：包括芭蕾舞、现代舞、民族舞等，通过身体语言和动作来表达艺术。

（4）杂技：展示身体技巧和体能的表演艺术，包括跳跃、平衡、柔术等特技。

（5）魔术：通过手法和道具，创造出令人难以置信的视觉效果和幻觉。

（6）旅游演艺：结合旅游和文化特色，为游客提供具有地方特色的表演，如实景演出、主题公园演出等。

（7）曲艺：包括相声、评书、评话等以口头语言为主要表现手段的传统表演艺术。

（8）互联网演艺：随着技术发展，线上演出成为新趋势，包括传统剧场演出的线上直播、网络特有的演艺样态以及基于艺术本体的宣传推广类视频。

（9）民间艺术表演：各地的民间艺术，如地方戏曲、民族音乐、民间舞蹈等，展现地方文化特色。

> 艺术的盛宴：演艺活动的多样风采

（10）大型活动和庆典：如节日庆典、开幕式、闭幕式等大型活动中的文艺表演。

演艺活动类型丰富多样，每种类型都有其独特的魅力和表现形式，能够满足不同观众的文化需求和审美喜好。

图 7.2　非物质文化遗产重庆铜梁火龙表演

三、演艺活动的组织与执行

组织一场演艺活动是一个系统而详尽的过程，涵盖了从策划到执行再到收尾的各个阶段。这一过程虽然复杂，但遵循一定的规律性。在策划演出活动时，首先需要遵循大型活动的基本策划流程，进行市场分析和定位，然后针对特定的目标群体进行深入分析。就演出的整体结构而言，其基本流程大致包括以下几个关键环节：

（1）确定演出的基本要素：包括演出的名称、主题、时间、地点等。

（2）制定宣传策略：创作吸引人的宣传口号，以增加演出的吸引力。

（3）明确组织架构：确定主办单位、协办单位、承办单位以及赞助商。

（4）组建组织委员会：挑选组委会成员，负责演出活动的策划与执行。

（5）策划演出内容：安排具体的演出节目，组织演出阵容。

（6）确定演出形式：根据演出的性质和目标观众，选择合适的演出形式。

（7）分析观众构成：了解预期观众的特征，以满足其需求和期望。

（8）制定经费预算：估算所需的经费，并明确经费来源。

（9）考虑电视转播可能性：评估是否进行电视或网络转播，扩大演出影响力。

在掌握了这些基本流程的基础上，我们将进一步开展演出活动的具体组织工作，包括内容策划、宣传推广、票务管理、现场执行等。同时，我们将进行细致的管理工作，确保演出活动能够顺利进行，达到预期效果。通过精心的策划和周到的组织，我们可以为观众带来难忘的艺术体验，同时确保演出活动的成功和影响力。

（一）演出活动名称和主题的确定

确定演出活动名称和主题是策划过程中的关键，它们不仅吸引目标受众，而且为整个演出设定基调。首先，应考虑策划的演出作品目标受众的兴趣和文化背景，确保名称和主题具有独特性、简洁明了，并且能够反映演出内容。此外，创意性至关重要，名称和主题应具有新颖性，使其在众多活动中脱颖而出。同时，进行市场调研，了解市场趋势和潜在观众的喜好，以指导选择。

其次，演出的名称和主题应与组织或品牌的价值观和形象保持一致，考虑时效性和文化相关性，确保在不同语言和文化中具有正面含义。法律审查也不可忽视，避免侵犯版权或商标权。此外，考虑演出的长期可扩展性，为可能的续集或系列演出留下空间。

最后，获取潜在观众的反馈至关重要，可以通过焦点小组或在线调查来进行。组织团队成员进行头脑风暴，集思广益，提出创意名称和主题。确定主题后，创作与主题相呼应的宣传口号，增强宣传效果。通过这些综合考量，可以确定一个既有吸引力又具有实际意义的演出活动名称和主题。

（二）演艺活动组织架构设计

在演艺活动中，组织架构的设计对于确保活动顺利进行至关重要。演艺包含了主办单位、协办单位、承办单位和赞助商四类参与主体。

1. 主办单位

主办单位通常是演出活动的发起者和主要负责人。他们负责整体策划、组织和执行演出活动，包括确定演出主题、预算管理和监督整个活动的进展。主办单位还可能负责获取必要的政府批准和许可证。

2. 协办单位

协办单位通常为演出活动提供支持和资源，但不一定承担主要的组织责任。他们可能在特定领域提供专业支持，如技术支持、场地协调或市场营销，帮助主办单位扩大活动的影响力。

3. 承办单位

承办单位负责执行演出活动的具体任务，包括场地布置、票务管理、演出日程安排和现场协调等。他们直接参与活动的运营，确保活动按照计划顺利进行。

4. 赞助商

赞助商为演出活动提供资金或其他形式的支持，以换取品牌曝光和宣传机会。他们可能参与活动的宣传材料设计、现场广告展示和其他营销活动，以提升自己的品牌形象。

在设计组织架构时，明确每个单位的角色和职责是关键。这有助于确保所有参与者都清楚自己的任务，有效协调工作，共同推动演出活动的成功。此外，良好的沟通和合作协议也是确保各方协同工作的重要因素。

（三）演艺活动宣传工作的工作流程

演艺活动的宣传工作是确保活动成功的关键环节，其工作流程是系统化和多阶段的。作为会展活动策划、宣传、执行管理工作人员，面对宣传演艺工作时，明确宣传工作流程是跨部门的协作任务，确保信息一致性和宣传活动的连贯性。因此，演艺活动宣传工作流程应做到如下步骤：

首先，宣传策划阶段要明确宣传目标和目标受众，确定核心信息和主题，并设计宣传策略与预算。随后，通过市场调研收集目标受众的偏好和媒体使用习惯，为宣传策略提供依据。

进入宣传材料制作阶段，需要创意设计宣传海报、传单、邀请函等，并制作吸引人的宣传视频和音频内容。选择合适的宣传渠道，包括社交媒体、电子邮件和户外广告，以覆盖目标受众。内容创意和合作伙伴及影响者营销策略也在此阶段确定，以增强宣传的影响力。

宣传启动后，管理媒体关系，安排采访和报道，同时在社交媒体上积极发布内容并与粉丝互动。宣传效果的监测通过专业工具进行，以实时了解宣传覆盖范围和参与度。收集观众和媒体的反馈，并进行数据分析，根据结果调整宣传策略。

随着演出临近，进入宣传高潮期，该阶段应加大宣传力度，提高观众的紧迫感。演出现场的宣传也不可忽视，通过设置宣传展位和分发宣传材料与观众直接互动。演出结束后，进行后续宣传，分享演出的精彩瞬间，并向参与者表示感谢。

最后，制作宣传总结报告，评估整体宣传效果，总结经验教训，为未来的演艺活动宣传工作提供参考。整个宣传工作流程需要跨部门协作和精心策划，以确保信息一致性和宣传活动的连贯性，以有效提升演艺活动的知名度和吸引力。

第三节 研学旅行活动

一、研学旅行活动及特征

（一）研学旅行的概念

目前对研学旅行的定义尚未达成一致，通常认为广义上的研学旅行是指为满足旅游者对知识的求知需求而开展的以探究性学习为目的的专项旅行。狭义的研学旅行参照

研学旅行活动及其特征

2016年教育部等11部门《关于推进中小学研学旅行的意见》中的界定，是指由教育部门和学校有计划地组织安排，通过集体旅行、集中食宿方式开展的研究性学习和旅行体验相结合的主要面向中小学生的校外教育活动。

基于前期学者的定义，在此将研学旅行定义为将教育与旅行相结合的实践活动，通过组织学生进行有组织、有计划的学习体验，使学生在真实或虚拟的情境中学习知识、锻炼能力以及培养品德。研学旅行的核心在于"研"与"学"，即通过探究和学习，实现学生的全面发展。研学旅行有以下关键特征：

教育性：研学旅行以教育为核心，通过实地考察、体验活动和专题学习等方式，帮助学生掌握课本之外的知识，增强实践能力，提升综合素质。

体验性：研学旅行强调亲身体验，通过参观、考察、实验等方式，使学生在实践中学习，在体验中成长。

综合性：研学旅行内容广泛，涵盖历史文化、自然科学、社会实践等多个领域，通过多学科、多维度的学习，促进学生知识的整合与应用。

互动性：研学旅行注重师生之间、生生之间的互动，通过团队合作、共同探究，增强学生的协作能力和团队精神。

探索性：研学旅行鼓励学生主动探索未知，通过自主学习、问题解决等活动，培养学生的创新思维和探索精神。

研学旅行不仅是一次简单的旅行活动，更是一种通过实地考察和亲身体验，将课堂知识与实际生活结合起来的教育方式。研学旅行可以扩展学生的知识面，开阔眼界，提升社会责任感和实践能力，为其全面发展提供重要的平台。

（二）研学旅行的起源与发展

1. 研学旅行的起源

"研学旅行"一词来源于2013年国务院办公厅发布的《国民旅游休闲纲

要（2013—2020年）》中提出的"逐步推行中小学生研学旅行"。研学旅行的概念可以追溯到古代中国和欧洲，这两个地区在不同的历史背景下具有类似的教育实践。早在中国春秋战国时期，研学旅行的雏形已现，有一种称为"游学"的传统，即学生随师傅出游，最早表现为孔子带领弟子四处"游学"，通过亲身体验和实地学习来增长知识和见识。这种形式的教育活动注重实践和经验的积累，强调学以致用，有助于学生的全面成长和素质提升。后来还有徐霞客游历名山大川，这些行为都体现了中国教育"读万卷书不如行万里路"的思想。在16世纪的欧洲，贵族子弟热衷"壮游"（Grand Tour），这是一种教育性质的旅行，通常发生在年轻人成年前后，贵族青年会去拜访欧洲各大文化中心，如意大利、法国、希腊等地，进行文化和艺术的深度体验，以及对社会和政治生活进行了解。这些旅行不仅是为了娱乐和休闲，更重要的是为了接受教育，了解外部世界。随后，在其他国家也出现类似现象，19世纪的日本有"修学旅行"，美国推行"营地教育"。现代旅游的教育意义在国外以"教育旅游"传承，中国则延续着"研学旅行"。

图7.3　学生在内蒙古呼和浩特蒙草种业中心研学，了解生态知识

2．研学旅行的发展

现代意义上的研学旅行在中国的兴起可以追溯到20世纪初期。随着教育改革和课程创新的推进，研学旅行逐渐成为基础教育的重要组成部分。教育家们开始提倡结合游历和学习的教育方式，强调实践教育的重要性。新中国成立后，国家开始重视学生的社会实践活动，但是由于历史原因，这一阶段的研学旅行发展较为缓慢。2000年以来，研学旅行在中国得到迅速发展，教育部和各地政府出台了一系列政策文件，明确将研学旅行纳入中小学教育体系。2016年，教育部等11部门联合发布《关于推进中小学生研学旅行的意见》，标志着研学旅行的制度化和规范化。

在国际上，研学旅行有着悠久的历史。19世纪，随着工业革命的发展和城市化进程的加快，西方国家开始重视户外教育和自然教育。17世纪英国著名哲学家、政治思想家和教育家约翰·洛克（John Locke）以及19世纪瑞士著名的民主教育理论家和教育实践活动家约翰·亨利·佩斯塔洛齐（Johan Heinrich Pestalozzi）的教育理念对现代研学旅行的发展产生了深远影响。20世纪初期，美国进步教育运动的代表人物如约翰·杜威（John Dewey）提倡"做中学"，主张通过实际操作和户外活动培养学生的综合素质。20世纪末至21世纪初，随着全球教育改革的深入推进，研学旅行在世界各国得到了广泛推广和应用，成为促进学生全面发展的重要手段。

（三）研学旅行的类型与特征

研学旅行可以根据不同的分类标准进行多种方式的分类，主要取决于研学旅行的目的、内容和实施方式及历时长短等。

1. 根据目的和内容分类

（1）学术探究研学旅行。主要目的是通过实地考察和实践来加深学术知识的理解和应用。其中，自然科学研学旅行，侧重于自然科学领域的实地考察和实践活动。例如，动植物的生态调查、生物多样性保护项目等；地质地貌的考察、地理环境变化的观测和记录等；物理现象的实验研究、电磁场测量、力学实验等。人文社会科学研学旅行，侧重于人文社会科学领域的实地学习和文化交流活动。例如，历史文物的考古发掘、历史遗址的保护和修复等；当地文化的体验、民俗活动的参与、传统手工艺的学习等；社区生活的调查研究、社会问题的实地观察和解决方案的制定等。

（2）社区服务与公民教育研学旅行。侧重于社会公益服务和公民教育的实践活动，目的在于促进学生的社会责任感和公民意识，通过参与社区服务和志愿者活动以解决社会问题。例如，社区服务，参与社区建设、环境保护、社区教育等；志愿者服务，为需要帮助的社会群体提供服务，如贫困地区的教育支持、社会福利服务等。

（3）环境教育研学旅行。侧重于环境保护、可持续发展和气候变化等问题的实地考察和实践活动，目的在于增强学生的环境意识和可持续发展理念，通过生态保护和可持续发展项目进行学习和实践。例如，生态保护，野生动物保护、植物保护等项目；可持续发展，能源节约、可再生能源利用、地方经济发展等项目；气候变化影响的观测记录、减少碳排放的实际行动、环境政策和法规的研究等。

（4）文化交流研学旅行。目的在于促进跨文化交流和理解，增强学生的国际视野和全球意识。例如，参与国际学术交流、文化交流和语言交流项目；参观名胜古迹、学习当地文化和传统艺术等活动。

（5）创新科技研学旅行。目的在于培养学生的创新精神和科技意识，通过科技创新和实验研究来学习和探索新技术和新应用。例如，参与科技创新项目、机器人制作、虚拟现实体验等活动；参与工程设计、城市规划、交通工程等实地考察和实践活动。

（6）艺术与表演研学旅行。侧重于艺术创作和表演艺术的实践活动，目的在于培养学生的艺术素养和表达能力，通过艺术创作和表演活动以发展学生的艺术技能和审美能力。例如，音乐会的观摩、音乐制作和音乐创作的实践等；舞蹈和戏剧表演的排练、舞台设计和戏剧演出的实践活动等；绘画、雕塑、摄影等视觉艺术的创作和展览活动。

（7）工程技术与应用研学旅行。侧重于工程技术和应用科学领域的实地考察和实践活动。例如，工程项目的实地考察、建筑设计和结构力学的实验研究等；计算机编程的实践、虚拟现实技术的体验和应用、数字艺术的创作等；医学实验室的参观、医学技术的实际操作、健康促进活动的实施等。

（8）跨学科综合研学旅行。这类研学旅行结合多个学科领域，通过跨学科的综合项目以促进学科知识的交叉和综合应用。例如，科技创新与艺术表达相结合的实践项目；文化保护与历史文物修复相结合的实地保护项目。

2. 根据实施方式分类

（1）校内研学活动。在学校内部进行，通常通过课堂教学、实验室活动和校园内的教育资源进行实施。包括但不限于：实验室实践，在学校的实验室中进行科学实验、工程技术项目和数字化技术应用等活动；课堂学习，通过课堂上的讲授、讨论和小组活动，进行学科知识的学习和理解；校园探索，在学校内部的环境中进行自然科学、社会科学和艺术创作的实地探索和实践活动。

（2）校外研学旅行。是学校组织的实地考察和实践活动，通常在校外的教育资源和场所进行。包括但不限于：当地考察，到学校附近的地方进行自然和人文环境的考察和实地学习活动；文化探索，到当地文化遗产地、历史名胜和艺术场所进行文化探索和艺术体验活动；生态保护，到自然保护区、动植物园等地进行生态保护和环境教育的实地活动。

（3）远程研学项目。通过网络和远程通信技术进行实施，可以跨越地理和时间的限制，开展多种形式的教育活动。包括但不限于：在线课堂，通过视频会议和在线学习平台进行课堂教学和讨论；虚拟实境体验，通过虚拟现实技术进行实境考察和实验，如虚拟实验室和虚拟博物馆等；电子实验室，利用远程实验平台进行物理、化学和生物等科学实验的在线学习和实践。

（4）国际交流与海外研学旅行。通过国际交流和海外学习来促进跨文化理解和全球视野的拓展。包括但不限于：学术交流，参加国际学术会议、交换项目和合作研究，进行学术知识的分享和交流；语言与文化交流，到外国进行语言学习、文化体验和文化交流活动，增强跨文化能力和理解力；国际实习，参与海外实习和社区服务项目，了解国际发展和社会服务的实际情况。

3. 根据时间的不同安排和持续时长分类

（1）短期研学活动。通常在一天或几天内完成，主要是为了实现特定的学习目标和体验。包括一日游，一天内进行的研学活动，通常在当地或近郊进行；周末研学，周末期间进行的研学活动，比一日游更长，涉及更多的学习内容和实地考察；寒暑假研学营，在寒暑假期间组织的较长时间的研学营地活动，涉及更广泛的学科和活动内容。

（2）长期研学项目。持续时间较长，通常是在一个学期或一个学年内完成，深入学习和实践更多的学科和活动内容。包括：学期研学项目，整个学期内进行的研学活动，可以涵盖多个学科和实地考察；学年研学项目，整个学年内进行的研学活动，通常涉及更广泛的学科内容和更长时间的实地学习；长期持续的研学计划，这类研学计划是长期持续的学校课程的一部分，可以持续数年，每年进行不同的学科和实地考察；多年级研学计划，跨年级进行的长期研学活动，每年安排不同的学科和实地考察项目；连续教育项目，成年人或职业人士参与的长期研学项目，旨在通过学习和实践提升职业技能和学术知识；长期跨国研学项目，这类研学项目涉及多个国家和文化地区，持续时间通常较长，需要长期的准备和安排；国际交流项目，跨国度的研学项目，涉及多国学生的跨文化交流和学术合作；国际实习计划，跨国度的实习项目，为学生提供在多个国家实践和工作的机会。

（四）研学旅行的功能与意义

研学旅行作为一种全面的教育活动模式，不仅能够丰富学生的学习经验和知识面，还能够培养学生的创新精神、合作精神和社会责任感，为其综合素质的提升提供重要支持和帮助。

提供实践机会和实地学习体验。研学旅行能够提供学生实践机会，让其在真实的环境中学习和实践。通过实地考察和实践活动，学生可以直接接触到课程内容的实际应用和实施过程，加深对知识的理解和掌握。

增强跨学科知识和综合能力。研学旅行通常涉及跨学科的学习内容和实践活动，帮助学生在不同学科领域之间建立关联和联系，促进综合能力的发展。学生可以在多种学科的交叉点上进行思考和学习，培养解决问题的能力。

提升社会责任感和公民意识。通过参与社区服务、环境保护和社会实践活动，研学旅行有助于培养学生的社会责任感和公民意识。学生在实践中能够意识到自己的影响力和责任，学会关心和帮助他人，为社会贡献力量。

培养团队合作和领导能力。研学旅行通常是团队活动，要求学生在团队中协作、分工合作，并在一些项目中承担领导角色，有助于培养学生的团队合作能力、沟通能力和领导技能，增强学生的集体荣誉感和团队责任感。

提高自信心和独立思考能力。研学旅行常常要求学生在新的环境中独立生活和处理问题，有助于提高学生的自信心和独立思考能力。学生需要适应不同的挑战和困难，通过自己的努力解决问题，从而促进自我成长和发展。

培养全球视野和国际交流能力。参与国际研学项目或跨国研学旅行，能够让学生拓展视野，了解和尊重不同文化和习俗，培养跨文化交流和国际合作的能力，有助于学生在全球化背景下更好地适应和融入国际社会。

激发学习兴趣和创新精神。通过丰富多彩的实地学习和体验活动，研学旅行能够激发学生的学习兴趣和创新精神。学生在实践中发现问题、探索解决方案，不断提出新的想法和创意，促进个人的成长和发展。

加强家校社区合作。研学旅行常常需要家长和社区的支持和参与，通过家庭和社区的合作，可以形成学校、家庭和社区的共同体，共同为学生的教育提供支持和资源，加强学校与家庭社区之间的沟通和合作。

二、研学旅行的组织与执行

研学旅行的组织与执行

（一）研学旅行的组织准备

1. 确定研学主题与目标

研学主题应该符合学校的教育目标、学科要求和学生的兴趣。具体包括：第一，学科相关性，根据学科课程要求，选择与学科内容相关的研学主题，如科学、社会科学、艺术、工程技术等；第二，跨学科结合，考虑是否可以结合多个学科领域，促进跨学科的学习和综合能力的发展；第三，学生兴趣，了解学生的兴趣和特长，选择能够激发学生学习兴趣的研学主题；第四，当前社会问题，选择与当前社会问题相关的主题，如环境保护、可持续发展、社会公益等。

研学目标应该是具体、可衡量和与研学主题相关的，有助于指导活动的设计和评估。通常可以从以下方面进行考虑：第一，知识和理解，明确希望学生在研学活动中学到哪些具体的学科知识并理解掌握；第二，技能和能力，确定希望学生在研学活动中发展哪些技能和能力，如观察能力、实地调查、问题解决、合作和沟通等；第三，态度和价值观，关注希望学生在研学活动中培养的哪些态度和价值观，如责任感、团队精神、社会责任感等；第四，个人发展，考虑研学活动对学生个人发展的影响，如自信心、独立思考能力、全球视野等。

2．制定研学计划

确定研学活动内容和安排。根据研学主题和目标，制定详细的研学活动内容和安排。第一，实地考察和实践活动，选择合适的实地考察点和实践活动，确保与研学主题密切相关；第二，学习资源和支持，准备必要的学习资源和支持，如教材、设备、导师等；第三，时间安排和行程计划，合理安排研学活动的时间和行程计划，包括出发时间、返回时间、活动安排等。

确定参与人员和责任分工。确定参与研学活动的所有人员，包括学生、家长、教师和其他工作人员，明确每个人员的责任和分工，确保每个人都了解自己的角色和职责。

风险评估与管理。评估和管理研学活动可能涉及的风险，制定相应的风险管理计划，确保有适当的安全措施和紧急响应计划，保障学生和工作人员的安全。

评估和反馈机制。建立评估和反馈机制，收集学生和教师的反馈意见，评估活动达成的效果和目标，根据评估结果调整和改进研学活动设计和实施。

编制详细的计划书。根据以上步骤编制详细的研学计划书，包括以下内容：研学活动概述，介绍研学主题、目标和计划；活动内容和安排，详细描述研学活动的内容、实地考察点、实践活动安排等；参与人员和责任分工，列出所有参与人员的名单、联系方式和责任分工；风险评估和管理，分析可能的风险，并提出应对措施；评估和反馈机制，描述如何进行评估和收集反馈意见的具体方法和时间进度。

3．预算与经费管理

（1）确定预算总额。根据研学活动的内容和安排，确定所有可能的成本项目。包括但不限于：交通费用，包括车辆租赁、燃料、司机酬劳等；住宿费用，如酒店、旅馆或露营地的费用；餐饮费用，包括早、中、晚餐和零食的费用；学习资源费用，如教材、实验用品、地图等；导师和工作人员费用，如教师、讲师、导游的酬劳和交通费；保险费用，学生和工作人员的旅行和健康保险；活动和文化参观费用，如景点门票、展览会费用等；紧急预算，应对不可预见的费用或突发事件的资金。汇总所有成本项目，确定预算的总额。预算的制定应考虑到各种因素，如地区、活动的规模和复杂性，以及可用的资源。

（2）确定资金来源。确定资金来源，包括学校拨款、学生家长支付的费用、赞助商捐赠、政府或其他机构的赞助等，确保每一项资金来源都清晰明了，并确保所有资金的使用符合规定。

（3）预算控制。确保在预算内完成所有活动，定期审查预算执行情况，随时调整预算计划以避免超支，核对所有支出，确保每笔费用都有合适的支出票据或发票作为支持文件。

（4）经费发放和管理。根据实际需要，适时发放资金以支持活动的正常进行，建立详细的财务记录，确保每笔支出都有清晰的记录和报告。在预算过程中考虑可能的风险，并设立应对措施，以应对不可预见的费用增加或其他突发情况。

（5）编制报告。编制研学活动的财务报告，详细列出预算、实际支出及其差异，以及资金来源和使用情况；通过收集学生、家长和教师的反馈，评估研学活动的教育效果和实现的目标；评估预算执行情况，分析预算与实际支出之间的差距，并提出改进建议。

4. 安全与风险管理

（1）风险评估。确定潜在风险。在研学活动之前，进行全面的风险评估，识别可能面临的各种风险。包括但不限于：交通安全，道路交通事故、交通拥堵等；自然灾害，如地震、洪水、风暴等；健康与安全，食物中毒、突发疾病、意外伤害等；活动相关，如户外活动中的体力透支、天气突变等；个人安全，如丢失或盗窃财物、失联等。

评估风险严重性和可能性。对每种风险进行评估，确定其严重性和发生可能性，根据评估结果，优先处理严重性高且发生可能性大的风险。

制定风险管理计划。根据风险评估的结果，制定详细的风险管理计划。包括：风险预防措施，采取措施减少风险发生的可能性，如安全教育、预防措施等；应急响应计划，制定应对措施和应急响应流程，包括救援和急救措施；通讯和联络计划，确保有稳定的通讯和联络方式，以便随时与学校、家长和相关救援部门联系。

（2）安全管理措施。选择安全可靠的交通工具，确保司机资质和车辆状态良好；选择安全、卫生的住宿场所，并了解当地的安全规定和紧急出口位置；准备应对各种突发情况的应急预案，包括地震、火灾、严重天气等；对学生和工作人员进行应急演练和培训，提高应对突发事件的能力和应变能力。

（3）信息和沟通。确保学生、家长和教师了解研学计划的安排和安全措施，提前告知应急联系人信息。提供学生、家长和教师的紧急联系方式，保持沟通畅通。

图 7.4　乘警在列车上为参加研学活动的学生讲解消防安全知识

（4）安全文化建设。在研学活动之前进行安全教育，向学生介绍可能的风险和安全措施。持续监控研学活动的执行情况，及时调整和改进安全措施。

（二）研学旅行的执行

1. 行前准备

（1）学生与家长动员。向学生介绍研学旅行的主题、目标和重要性，提供详细的行程安排和活动内容，强调安全注意事项和行为规范，提醒学生准备个人必需品，如衣物、饮用水等。向家长详细介绍研学旅行的目的、内容和安全措施，提供旅行详细信息，包括行程安排、紧急联系人信息等。征询家长的意见，签署同意书，包括健康和安全同意书。

（2）行程安排与交通预订。确定详细的行程安排，包括出发时间、到达时间和每天的活动安排；安排实地考察和参观的次序和时间；安排午餐和其他休息时间；确定安全可靠的交通方式，如租车、公共交通或专用巴士；与交通服务提供商签订合同，明确车辆类型、司机信息和服务细节；确保司机具备相关资格和经验。

（3）食宿安排。确定适合的住宿地点，如酒店、旅馆或露营地；预订并确认住宿，确保住宿条件安全、卫生和舒适；提前安排并确认用餐地点，确保餐饮安全和合理营养。

2. 旅行中的组织与管理

（1）学生的管理与引导。设立学生管理计划，确保学生遵守行为规范和安全准则；分配学生小组，每个小组设置负责人，便于管理和沟通；提前培训引导员和领队，确保其了解活动目标、行程安排和安全措施；引导学生参与活动，促进他们的学习和互动；定期检查学生的健康状况，确保他们的饮食安全和卫生条件良好；提供必要的医疗服务，以便在紧急情况下提供帮助。

（2）活动的执行与协调。确保所有活动按照预定计划和安全标准进行；指定活动负责人监督每项活动的进行情况，并随时调整计划以应对变化情况；设立协调管理小组，负责活动期间的日常安排和协调；提前规划好所有的活动和安排，确保每个人都能顺利完成工作任务；提前培训和建立团队，以提高团队的合作效率，减少误解和不满。

（3）突发事件的应对。建立详细的突发事件应对预案，包括火灾、地震、交通事故等；指定紧急情况的应急小组，并提前做好相关的演练；确保每个人都有稳定的通信方式，以便在突发情况下保持联络；提供学生和家长的联系信息，确保紧急情况下可以及时通知家长；确保提供足够的医疗服务，包括急救包和预订医院。

3. 行后总结与评估

（1）学生反馈收集。发放学生反馈表或问卷，收集学生对研学活动的整体感受、参与度和学习效果的反馈；鼓励学生提供具体的建议和改进建议；安排小组讨论，让学生自由表达他们的观点、感受和体验；记录讨论内容，收集意见和建议。

（2）活动总结报告。撰写详细的活动总结报告，包括活动的实施情况、活动过程中的亮点和问题；记录活动中取得的成果和学生的表现；对比活动的预期目标和实际达成的情况，评估活动的成功度；分析活动中出现的问题和解决方案。

（3）经验教训总结。总结活动中的经验教训，包括成功的策略和应对挑战的方法；提出未来改进和发展的建议；召开团队反思会议，讨论活动的成功和改进点；识别团队内部的沟通和协作问题，提出改进建议。

第四节　婚庆活动

一、婚庆活动概述

婚庆活动概述

（一）婚庆活动的概念

目前对婚庆活动的定义尚未达成一致，通常认为在广义上，婚庆活动是指与婚姻缔结相关的一系列庆祝和仪式活动，不仅包括婚礼当天的主要仪式，还涵盖了从订婚开始到婚礼结束后的所有庆祝活动。例如，订婚仪式、婚前派对（如单身派对和预演晚宴）、正式婚礼、婚宴及婚后的感谢宴会等。这些活动共同构成了一套完整的婚庆庆典体系，旨在通过一系列有组织的活动，庆祝和见证婚姻的缔结。在狭义上，婚庆活动通常仅指婚礼当天的庆祝和仪式活动，主要包括婚礼仪式（如宣誓和交换戒指）、婚宴及婚礼当天的其他庆祝内容。狭义的婚庆活动集中于婚礼当天的核心庆典，重点在于通过仪式和庆祝活动正式宣布和庆祝新人的婚姻关系。

（二）婚庆活动的分类

婚庆活动根据不同的分类标准可以分为多种类型，主要包括地域性、文化性、形式性、规模性和环境性等分类方式。

（1）地域性分类。根据不同地域的文化传统和习俗，婚庆活动可以分为多种类型：中国婚礼，如中式婚礼、少数民族婚礼（藏族、傣族、哈尼族等）；印度婚礼，包括北印度和南印度婚礼；西方婚礼，如美国、英国、法国等国家的婚礼；东南亚婚礼，如泰国、印度尼西亚、菲律宾等国家的婚礼；中东婚礼，如阿拉伯国家的婚礼；非洲婚礼，如尼日利亚、南非等国家的婚礼。

（2）文化性分类。根据不同的文化和宗教背景，婚庆活动可以分为多种类型：基督教婚礼，包括天主教、东正教和新教的仪式；伊斯兰教婚礼，遵循伊斯兰教教义和仪式；佛教婚礼，遵循佛教徒的传统仪式；印度教婚礼，遵循印度教的仪式和传统；犹太教婚礼，遵循犹太教的传统和仪式；民间民族婚礼，如傣族、苗族等少数民族的传统婚礼仪式。

（3）形式性分类。根据婚礼的形式和风格，婚庆活动可以分为多种类型：传统婚礼，遵循传统仪式和习俗；现代婚礼，融合现代元素和传统仪式；主题婚礼，以特定的主题为基础，如电影主题、复古主题、奇幻主题等；时尚婚礼，强调时尚和现代感；环保婚礼，注重环保和可持续发展的婚礼形式；目的地婚礼，在特定的目的地举行的婚礼，结合旅行和庆典进行。

图 7.5　湖北十堰一对新人以公交车当婚车，低碳结婚

（4）规模性分类。根据婚礼的规模和参与人数，婚庆活动可以分为多种类型：大型婚礼，参与人数较多，场面宏大；小型婚礼，参与人数较少，更为私密和亲密；家庭婚礼，家庭成员间进行的简单婚礼仪式；社区婚礼，社区成员共同参与和祝福的婚礼。

（5）环境性分类。根据婚礼的举办环境，婚庆活动可以分为多种类型：室内婚礼，在室内场所举行的婚礼；室外婚礼，在户外场所举行的婚礼，如花园、海滩、山地等；度假胜地婚礼，在度假胜地举行的婚礼。

（三）婚庆活动的发展

在古代，婚庆活动主要是宗教和社会仪式，用来正式宣告两人结合，并得到社会和神灵的认可。例如，在中国，古代婚礼遵循"六礼"程序，包括纳采、问名、纳吉、纳征、请期和亲迎，显示了婚礼的庄重和繁琐。在古埃及和古希腊，婚礼也有复杂的宗教仪式和庆祝活动，反映了婚姻作为社会基础的重要性。中世纪欧洲的婚庆活动受到宗教的深刻影响，特别是基督教。婚礼仪式通常在教堂举行，伴随着宗教仪式和祈祷。贵族婚礼常常是政治和经济联盟的工具，婚庆活动包括盛大的宴会和表演。随着文艺复兴和启蒙运动的到来，婚庆活动逐渐世俗化，尤其是在西方社会。18世纪和19世纪的欧洲，婚礼开始融入更多的浪漫元素，出现了花童、婚纱和婚戒等现代婚礼象征。维多利亚时代的英国尤其如此，白色婚纱成为新娘的标准装束，象征纯洁和新生活的开始。20世纪以来，婚庆活动进一步多样化和个性化。二战后，经济繁荣和大众媒体的发展使婚礼变得更加奢华和大众化。如今，婚庆活动不仅是家庭和社会的重要事件，还成为新人表达个性和创造回忆的机会。现代婚礼融合了传统和现代元素，形式多样，主题婚礼和目的地婚礼越来越受欢迎。

（四）婚庆活动的组成部分

婚庆活动不仅是一场婚礼，更是一个复杂且多层次的庆典，包含多个仪式和庆祝活动的复杂过程，涵盖了从订婚到婚后的各个阶段，主要组成部分包括：

订婚仪式阶段。通常包括求婚和订婚派对。求婚是一方向另一方提出结婚请求的仪式，伴随着赠送订婚戒指。而订婚派对则是订婚后的庆祝活动，邀请亲朋好友共同庆祝这一重要时刻。

婚前准备阶段。包括婚礼策划、婚纱和礼服的选择和购买，以及婚礼用品的采购，如请柬、喜糖、婚戒等。彩排晚宴通常在婚礼前一天晚上举行，以确保婚礼当天顺利进行。

婚礼仪式阶段。包括迎亲仪式，即新郎前往新娘家迎接新娘的传统仪式，通常伴随着热闹的活动和游戏。正式仪式是婚礼的核心部分，包括交换誓言、交换戒指和宣告夫妻关系。根据新人信仰的不同，还可能包括宗教仪式或法律程序，使婚姻关系合法化。

婚宴阶段。包括选择合适的宴会场地，如酒店宴会厅或花园，以及宴会设计，包括场地布置、餐桌安排、灯光和音乐等。餐饮服务则提供婚宴菜单，通常包括多道菜肴和饮品。在婚宴上，还会安排节目和娱乐活动，如表演、舞蹈、游戏等。

庆祝活动阶段。通常指婚礼派对，即婚宴之后的派对，包括音乐、舞蹈和社交活动。新婚旅行则是婚礼后的蜜月旅行，新人度过私人时间的浪漫假期。

婚后活动阶段。包括答谢宴，即婚礼后对亲朋好友的感谢宴会，通常在婚礼后的几天或几周内举行。此外，新人还会准备礼物或纪念品向宾客表达感谢。另外，还有整理婚礼当天的照片和录像，制作婚礼相册和视频等活动。

（五）婚庆活动的特征

婚庆活动作为庆祝婚姻的重要仪式，在不同文化和地域中具有多种特征，反映了当地的传统、习俗和价值观，主要特征包括：

（1）婚庆活动通常庄重而隆重。婚庆活动是家庭和社区生活中的一次重大事件，具有仪式感和庄严性。不同文化背景的婚礼会受到传统和宗教习俗的影响，如中式婚礼的过门礼、西方婚礼的誓言交换等。

（2）婚庆活动是文化传承的一部分。通过婚礼仪式、服饰、食品等方式展示和传递文化价值和习俗。不同地区的文化和宗教背景的婚礼体现了当地的历史、传统和宗教特征，如中国婚礼的抬轿迎亲和拜天地。

（3）婚庆活动融合了社会性和家庭性。婚庆活动不仅为庆祝新婚夫妇的联姻，也是家庭和社区的一种社会认同的表达。家庭成员和社区中的亲朋好友参与其中，共同见证和祝福新婚夫妇。

（4）婚庆活动具有强烈的仪式感。婚庆活动通常包括一系列的仪式和程序，如仪式前的准备、主仪式和仪式后的宴会。这些仪式中的各个环节，如交换戒指、宣誓和宣布新婚等，都具有特定的意义和象征。

（5）婚庆活动以喜庆和祝福为主题。通过丰盛的宴席、音乐和舞蹈等方式表达喜庆的氛围。客人通常带来礼物和祝福，以示对新婚夫妇的支持和祝愿。

随着社会的发展和个人选择的增多，婚庆活动逐渐呈现出多样化和个性化的趋势。包括主题婚礼、目的地婚礼等，每对新人都可以根据自己的喜好和文化背景来进行选择和设计。

现代化趋势也逐渐影响了婚庆活动，全球化和现代化的影响使得婚庆活动融合了现代元素，如现代宴会厅、电子媒体的运用等。同时，保留传统仪式的同时，也接纳了新的观念和趋势，形成了独特的婚礼风格。

此外，婚庆活动不仅仅是一种文化和社会活动，也具有一定的经济影响。婚庆活动在不同文化和地域中展现出丰富多彩的特征，它不仅仅是两个人婚姻的见证，更是社会、文化和经济的重要组成部分，对当地社会和经济的发展有着深远的影响。婚礼筹备、宴会场地租赁、服装定制、食品购买等产生的消费，为相关产业和服务提供了商业机会，促进了经济的活跃和发展。

图7.6　2024年10月1日，河南洛阳：新人集体婚礼倡新风，家国同庆见证幸福

（六）婚庆活动的重要性

婚庆活动作为庆祝婚姻的重要仪式，在人类社会中具有深远的文化、社会和个人意义，其重要性体现在多个方面：

（1）婚庆活动是社会认同和家庭纽带的体现。婚礼不仅仅是新婚夫妇之间的庆祝，更是家庭和社区认同的表达。通过婚礼，新婚夫妇被正式引入社会和家庭中，成为社会和家庭体系的一部分，得到家庭成员和社区的认可和祝福。

（2）婚庆活动承载着文化传承和习俗延续的重要使命。婚礼仪式、服饰、音乐和食品等方式，都是文化传承和习俗延续的载体。通过婚礼，代代相传的文化和价值观得以体现和弘扬，使这些传统在当代社会得到传承和发展。

（3）婚庆活动是个体生活转变的标志。它标志着个体生活阶段的转变，不仅仅是从单身到婚姻的过渡，更是成人和社会角色的确认。通过婚礼，新婚夫妇进入了新的生活阶段，承担起新的责任和角色，迎接未来的挑战和成长。

（4）婚庆活动是社会支持和祝福的表达。家庭成员、亲朋好友的参与和祝福，为新婚夫妇的婚姻生活注入力量。社会的祝福和支持，对新婚夫妇的婚姻生活起着积极的促进作用，增强了他们共同生活的信心和决心。

（5）婚庆活动也是经济和商业活动的推动者。婚庆活动促进了相关产业和服务的发展，例如婚礼策划与咨询、婚礼餐饮、婚礼礼品与纪念品、印刷与设计、美容与健康等产业，刺激了消费市场的活跃，对经济具有重要的推动作用。

（6）婚庆活动在开始时是一场庆典，也在之后扮演着家庭和婚姻稳定的支持角色。家庭和社会的认同和支持，为新婚夫妇的婚姻生活提供了坚实的后盾和支持，促进了家庭和婚姻的稳定发展。

二、婚庆活动的组织与执行

（一）婚庆活动的策划

婚庆活动的策划是确保一场成功婚礼的关键，需要细致地考虑各种细节和安排，主要包括以下方面：

婚庆活动的组织与执行

（1）需求分析。在策划婚庆活动之前，需要详细了解新人和家庭的期望和需求。针对新人的需求，包括婚礼类型、风格偏好、宴会规模、活动内容等；针对家庭的需求，包括家庭传统、文化习俗的考虑，以及重要宾客的关注点。同时，需要了解婚礼的预算范围和分配，确保所有的策划工作都在预算内进行。

（2）预算制定。确定总预算后，需要制定详细的预算计划，包括婚礼策划、场地租赁、装饰布置、食品饮料、服装化妆、摄影摄像、婚礼礼物、音乐表演、婚礼策划师费用等各项费用。此外，还需预留应急基金，应对可能的额外费用，如突发事件或额外需求。

（3）时间安排。需要确定婚礼的确切日期，考虑到季节、工作安排、重要节日以及婚礼场地的可用性。制定详细的时间表，包括婚礼前期准备、婚礼当天的仪式和宴会流程，以及婚后的清理和结算工作。同时，需要安排好婚礼团队的时间表，确保所有参与者的安排协调一致，如婚礼策划师、摄影师、化妆师等。

（4）风格与主题选择。根据新人的兴趣和爱好，确定婚礼的整体风格，可以是正式、休闲、时尚或文化传统等风格，同时选择合适的婚礼主题，如电影主题、季节主题或旅行主题等。确保所有的安排和细节都与选定的风格和主题一致，包括装饰、服装、音乐和食品等。

（5）在具体的策划步骤中，需要考虑场地选择和预订、宾客邀请和座位安排、食物和饮料的选择和安排、花卉和装饰的布置、娱乐节目和活动的安排，以及新人的服装和美容安排，确保婚礼的每一个环节都精心安排，让新人和宾客都能享受到完美的婚礼体验。

（6）最后是婚礼结束后的清理和结算工作。这包括场地的清理、租赁物品的归还等工作，同时与供应商进行结算，保留相关发票和记录，以确保所有的账务都得到妥善处理，至此，婚礼策划的所有工作圆满结束。

（二）婚庆活动的准备工作

婚庆活动的准备工作是确保婚礼顺利进行的重要步骤，具体包括以下方面：

（1）场地选择。根据新人的喜好和婚礼风格选择合适的场地，可以是室内的宴会厅或餐厅，也可以是室外的花园、海滩或山地，甚至是国内外的特定目的地。预订场地时需要联系场地管理者，确认场地的可用性和预订细节，签订合同并支付押金，确保场地在婚礼日期可用。

（2）邀请函设计与发送。确定邀请的宾客名单，包括家人、朋友和同事等。设计合适的邀请函样式和主题，包括颜色和字体，确保包括婚礼日期、时间、地点和回复请求。提前发送邀请函，确保宾客有足够的时间计划和确认出席，可以选择邮寄纸质邀请函或者通过电子邮件发送。

（3）婚礼用品的采购。根据婚礼主题和风格购买装饰用品，包括花卉和花艺装饰如鲜花、花束、花环，宴会桌布和椅子装饰如台布、椅子套，以及其他装饰如烛台、装饰品、标识牌等。同时，购买婚礼必需品，如戒指枕、签名册、红包袋等。

（4）婚礼服装的选择。新娘需要选择婚纱、头纱、鞋子和配饰，考虑婚礼主题和季节。新郎则需要选择西装、领带、鞋子和配饰，确保与新娘的服装风格相匹配。此外，还需选择伴娘和伴郎的服装，确保与主题和新人服装协调一致。

（5）摄影与摄像的安排。选择专业的摄影师和摄像师，查看他们的作品和服务内容，选择合适的人选。安排拍摄时间和地点，确定婚礼当天摄影和摄像的具体要求和流程，提前告知摄影师和摄像师仪式和宴会的时间和地点，以确保他们能够准时到场并为您捕捉每一个珍贵的瞬间。

（三）婚庆活动的执行

婚庆活动的执行阶段需要精心策划和准备，确保每一个细节都得到充分考虑和安排，以下是婚庆活动执行阶段的详细内容：

首先是婚礼彩排的安排。在婚礼前一到两天，安排婚礼彩排，参与者包括新人、伴娘伴郎、家庭成员和相关供应商。彩排内容包括仪式流程的彩排，如誓言交换、戒指交换、证婚人演讲等,以及宴会流程的彩排,如入场顺序、用餐时间、娱乐节目安排等,还包括音乐和舞蹈的彩排,确保每个细节都得到精确安排和调整。

其次是婚礼当天的流程安排。仪式流程的安排包括定时安排仪式开始时间,确保证婚人员到场和准备充分,并具体安排新娘和新郎的入场、誓言、戒指交换、证婚人讲话等流程。宴会流程的安排则涉及确定用餐时间和娱乐节目的安排,安排宾客进场顺序和座位安排,以及确保食品和饮料供应充足和按时。此外,还需安排音乐播放和舞蹈节目,确保音乐和娱乐在整个仪式和宴会中的平稳过渡和顺畅展示。

再次是各环节责任分工的明确。需要确定每个人的具体责任和角色,包括婚礼策划师的角色和职责、新人、伴娘伴郎的职责、家庭成员的职责如父母的欢迎致辞,以及供应商的职责如摄影师、摄像师、花艺师等。沟通和协调工作尤为重要,确保所有责任人员了解其责任和职责,同时明确彼此之间的沟通方式和联系方式,以保证整个团队的高效协作。

最后,制定应急预案也是不可忽视的一部分。需要分析可能发生的问题和风险,如天气变化、供应商未能按时到达、宾客意外伤害等,同时准备好所有供应商和主要人员的紧急联系方式,并准备可能需要的备用供应商名单,以防原计划失败。备用计划如室内/室外婚礼的替代选择,备用交通方案等也需提前准备好。

(四)婚庆活动的团队合作

在婚庆活动中,团队成员需要紧密合作,每个角色的专业能力和协作精神对于一个成功的婚礼至关重要。团队合作需要确保每个细节都得到妥善安排和执行,是活动顺利进行和完美呈现的关键因素。以下是一个典型的团队合作架构,每个角色都扮演着不可或缺的角色,共同协作来确保婚庆活动的成功。

(1)婚庆策划师。负责策划整个婚礼流程和细节,与新人沟通需求和期望。婚庆策划师协调和管理各个供应商,确保时间表和预算得到遵循,同时解决任何可能出现的问题,保证婚礼顺利进行。

(2)婚礼主持人。主持婚礼仪式和宴会,引导婚礼流程。婚礼主持人与新人沟通婚礼仪式的内容和要求,并与音乐和娱乐团队协作,确保流畅过渡和良好的氛围。

(3)摄影摄像团队。负责拍摄婚礼过程中的关键时刻和细节,制作高质量的照片和视频,留下珍贵的回忆。摄影摄像团队与策划师和主持人紧密合作,确保不会错过任何重要的瞬间。

（4）花艺师与装饰团队。设计和布置婚礼现场的花卉和装饰。根据新人的主题和喜好选择合适的花材和装饰品，并与策划师和摄影团队协调，确保场地在摄影和摄像方面表现完美。

（5）音乐与娱乐团队。提供音乐和娱乐节目，营造欢乐和浪漫的氛围。根据新人的选择和主题安排合适的音乐，并与主持人和摄影团队协作，确保音乐和娱乐在整个仪式和宴会中平稳过渡。

（五）婚庆活动的细节管理

在婚庆活动中，细节管理是确保活动顺利进行和宾客满意的关键，以下是细节管理建议：

首先，场地布置方面，根据新人的选择确定婚礼主题和风格，与花艺师和装饰团队合作选择合适的花卉和装饰品，以及根据宾客人数和宴会形式安排座位布置。

其次，音乐与灯光的选择和设计。根据仪式和宴会的不同阶段选择合适的音乐，确保场地的灯光设计与主题相匹配，营造出浪漫温馨的氛围，能够增强活动的气氛和仪式感。

再次，菜单与餐饮服务的品质和时效性直接影响到宾客的用餐体验。根据新人的口味和宾客的需求选择菜单，安排专业的服务员和确保食物的高质量和时效性，是宾客满意度的重要保证。

又次，宾客接待与座次安排也需要精心策划。设计宾客进场的流程，提供欢迎饮品和小吃，以及根据宾客的关系和新人的期望安排座次，制作座位卡，能够让宾客感受到个性化的待遇和关怀。

最后，礼品与纪念品的选择和分发，能够为宾客留下深刻的印象。选择符合婚礼主题的礼品，并确保能够按时分发给宾客，同时为宾客提供可作为纪念的物品，如照片和小礼品，能够增加活动的温暖和情感色彩。

（六）婚庆活动的评估与反馈

婚庆活动结束后的评估与反馈是确保未来活动成功的关键步骤。在活动结束后，进行详细的评估可以帮助团队总结经验教训，改进服务质量，并进一步提升客户满意度。

首先，召开总结会议，与所有相关人员一起回顾整个活动，讨论活动的执行过程、遇到的挑战以及取得的成功。评估是否达到了客户的期望，以及记录关键的成功因素和需要改进的地方，是保障未来活动成功的基础。

其次，收集宾客反馈。通过在线问卷或纸质反馈表收集宾客的意见和建议，同时记录宾客在活动结束时的口头反馈。此外，查看社交媒体上的评论和标签，获取额外的反馈信息，有助于全面了解活动的公众感知和社交媒体影响力。

再次，进行策划与执行团队的内部评估。评估团队在策划和执行过程中的表现，讨论面对的挑战及其解决方案，以及表彰出色的团队成员和供应商，有助于激励团队成员并提升团队的整体表现。

在评估的基础上，制定改进计划是持续提高服务质量的关键。根据评估结果制定改进计划，分享活动经验给其他团队成员或行业同行，同时通过社交媒体分享成功的策划技巧和经验，能够进一步提升团队的专业水平和行业声誉。

最后，考虑婚庆活动的法律与道德要求。确保所有供应商和服务都在合同规定的时间和质量内完成，尊重新人和宾客的隐私权和保密需求，以及确保活动场地和活动过程中的安全性，是维护活动合法性和公众信任的基本要求。

（七）婚庆活动的法律法规

在婚庆活动中，遵守法律法规、考虑道德伦理，并确保合同与协议的合理性是保障活动顺利进行的关键要素。

首先，熟悉相关的法律法规。合同法是婚庆活动中的必须部分，涵盖了合同的签署、履行和违约等基本原则。消费者权益保护法则确保合同和服务符合消费者的权益和期望，保障活动的合法性和客户满意度。此外，了解活动场地和场地租赁法规，包括租赁责任和规定，以及音乐版权法，确保活动中的音乐使用符合版权法的规定。

其次，道德与伦理考虑在婚庆活动中尤为重要。尊重宾客的个人隐私权，避免泄露个人信息或照片，是保护宾客权益的基本原则。提供高质量的服务，确保新人和宾客的满意度，是维护业务声誉和客户关系的关键。此外，要尊重不同文化和宗教背景的新人和宾客，确保活动不会冒犯任何人，注重文化敏感性和对多元化的尊重。

最后，签订婚礼合同与协议，确保活动顺利进行。与场地、摄影师、花艺师等供应商签订明确的供应商合同，包括服务内容、价格、支付方式和取消政策等，有助于规范服务流程和减少风险。制定详细的服务协议，包括策划、执行和收尾阶段的责任和义务，可以明确各方的权利和责任，确保活动的顺利实施和客户满意度。

思考与练习

1. 请概述体育赛事的组织工作的流程。
2. 论述体育赛事对当地经济和社会可能产生的积极影响有哪些？
3. 假设你是一个体育赛事的组织者，描述你将如何制定赛事的宣传计划。
4. 列出主办单位、协办单位、承办单位和赞助商在演出活动中各自的职责。
5. 为一场中等规模的音乐会制定一个宣传推广计划，包括使用的传统媒体和社交媒体渠道。
6. 针对中学生，如何策划一次研学旅行？
7. 策划一场成功的婚庆活动需要考虑哪些关键因素？

参考文献

[1] 蔡弘. 会展业标准体系框架构建研究 [J]. 标准科学，2019(03):92-95.

[2] 曹可强. 我国群众体育"并联式"发展的动力与特征 [J]. 体育科研，2023,44(03):1-6+16.

[3] 陈光春. 论研学旅行 [J]. 河北师范大学学报（教育科学版），2017, 19(03), 37-40.

[4] 丁运超. 研学旅行：一门新的综合实践活动课程 [J]. 中国德育，2014(9):12-14.

[5] 付有强."大旅行"研究述评 [J]. 西华师范大学学报（哲学社会科学版），2010(04):38-43.

[6] 郭海霞，李秋燕. 会展业高质量发展研究 [J]. 经济师，2023(04):43-44.

[7] 蒋天骏. 展览企业国际化与本土化融合发展研究——以汉诺威展览公司深耕中国市场为例 [D]. 华东师范大学，2023:75.

[8] 教育部. 中小学综合实践活动课程指导纲要，2017.

[9] 教育部等11部门. 教育部等11部门关于推进中小学生研学旅行的意见 [2016-12-02].http://www.moe.gov.cn/ srcsite/A06/s3325/201612/t20161219_292354.html.

[10] 李良荣. 新闻学概论 [M]．上海：复旦大学出版社，2013.

[11] 李天元. 旅游学概论（第7版）[M]．天津：南开大学出版社，2014:39-43.

[12] 李祥林. 中国体育竞赛表演产业发展中政府行为的逻辑、效应及优化 [D]. 福建师范大学，2021.DOI:10.27019/d.cnki.gfjsu.2021.000049.

[13] 梁增贤，罗秋菊，郑雅馨，等."新经济格局和数字技术下的会展业变革"系列笔谈 [J]. 旅游论坛，2021,14(05):69-84.

[14] 卢文杰. 卢旺达是会展枢纽地 [J]. 中国会展，2019(11):42.

[15] 罗秋菊，王中可，吴传龙. 转危机为契机：后疫情时代数字化对我国文旅人才继续教育模式的重构——以在职培训为例 [J]. 旅游论坛，2021,14(05):45-58.

[16] 罗秋菊. 会展概论 [M]．北京：高等教育出版社，2020.

[17] 马勇,李丽霞.会展学原理[M].重庆：重庆大学出版社：2015.
[18] 潘纪龙.当代中国婚俗文化调查研究——基于234份调查问卷的实证分析[J].Advances in Social Sciences,2023(12):4820.
[19] 裴超.会议的"新生态"——解析新时期经济发展对会议市场带来的影响[J].中国会展(中国会议),2021,(12):30-37+8.
[20] 乔治·费尼奇[美].会展业导论（原书第4版）[M].王春雷译.重庆：重庆大学出版社,2018.4.
[21] 阮伟.体育赛事与城市发展关系研究[D].北京体育大学,2012.
[22] 宋科伟.科技与文化创意融合下的婚庆文化产业优化路径研究[J].电子通信与计算机科学,2023,5(05):167-169.
[23] 汪强.会展城市维也纳[J].进出口经理人,2010(11):66-67.
[24] 王晋鹏.《"十四五"体育发展规划》实施背景下我国休闲体育产业发展路径研究[J].运动精品,2023,42(03):37-38+42.
[25] 韦耀阳,方红.中小学研学旅行理论研究与实践探索——湖北理工学院研学旅行教学改革实践[J].湖北理工学院学报（人文社会科学版）,2021:80-88.
[26] 徐菊凤.关于旅游学科基本概念的共识性问题[J].旅游学刊,2011,26(10):21-30.
[27] 杨春,李锋,李箐.民营小微外贸企业数字化转型升级的内在逻辑和实现途径——以社交媒体赋能促进新质生产力形成视角[J].苏州大学学报（哲学社会科学版）,2024,45(04):107-118.
[28] 杨丽娟.国内外会展经济发展的典型模式及启示[J].现代营销（下旬刊）,2019,(08):105-107.
[29] 殷世东,汤碧枝.研学旅行与学生发展核心素养的提升.东北师大学报（哲学社会科学版）,2019(02):155-161.
[30] 约翰·威特.全球会展业发展报告2023发布解析国际会展业发展最新情况[J].中国会展,2024(03):72-74.
[31] 湛冬燕.国际会展中心城市竞争力评价体系研究[D].广州大学,2017.
[32] 张宏,刘珊珊,贾仪琳,等.贸易展览会认知形象量表开发：基于参展商的视角[J].旅游科学,2020,34(04):16-30.
[33] 张丽,蔡萌.新编会展概论[M].天津：南开大学出版社,2016.
[34] 赵富森.新常态下中国会展业发展现状与对策研究[D].中国社会科学院研究生院,2016.
[35] 周三多等.管理学原理与方法（第7版）[M].上海：复旦大学出版社,2018.

[36] 周志宏，禹文婷. 研学旅行概念辨析及研究进展[J]. 中南林业科技大学学报（社会科学版），2020(02)：104-110.

[37] Adams J S.Inequity in social exchange[M].Advances in experimental social psychology.Academic Press, 1965, 2: 267-299.

[38] Alderfer, C.P.Existence, relatedness and growth: Human needs in organizational settings[M].New York: Free Press.1972.

[39] Allen J.Event planning ethics and etiquette: A principled approach to the business of special event management[M].John Wiley & Sons, 2010.

[40] Allen J.Event planning: The ultimate guide to successful meetings, corporate events, fundraising galas, conferences, conventions, incentives and other special events[M].John Wiley & Sons, 2008.

[41] Allen J.The business of event planning: behind-the-scenes secrets of successful special events[M].John Wiley & Sons, 2010.

[42] Bandura A.Human agency in social cognitive theory[J].American psychologist, 1989, 44(9): 1175-1184.

[43] Bandura A.Organisational applications of social cognitive theory[J].Australian Journal of management, 1988, 13(2): 275-302.

[44] Beames S, Higgins P, Nicol R.Learning outside the classroom: Theory and guidelines for practice[M].Routledge, 2012.

[45] Bilton H.Outdoor learning in the early years: Management and innovation[M].Routledge, 2010.

[46] Blum M.Wedding planning for dummies[M].John Wiley & Sons, 2012.

[47] Bowdin G, Allen J, Harris R, et al.Events management[M].Routledge, 2012.

[48] Chapman D S, Uggerslev K L, Carroll S A, et al.Applicant attraction to organizations and job choice: a meta-analytic review of the correlates of recruiting outcomes[J].Journal of applied psychology, 2005, 90(5): 928-944.doi: 10.1037/0021-9010.90.5.928.

[49] Cropanzano R, Paddock L, Rupp D E, et al.How regulatory focus impacts the process-by-outcome interaction for perceived fairness and emotions[J].Organizational Behavior and Human Decision Processes, 2008, 105(1): 36-51.

[50] Daniels M, Wosicki C.Wedding planning and management: Consultancy for diverse clients[M].Routledge, 2020.

[51] Deci E L, Koestner R, Ryan R M.Extrinsic rewards and intrinsic motivation in education: Reconsidered once again[J].Review of educational research, 2001, 71(1): 1-27.

[52] Deci E L, Ryan R M.The" what" and" why" of goal pursuits: Human needs and the self-determination of behavior[J].Psychological inquiry, 2000, 11(4): 227-268.

[53] Delaubenfels D B, Weber C, Bamberg K.Knack Planning Your Wedding: A Step-by-step Guide to Creating Your Perfect Day[M].Rowman & Littlefield, 2009.

[54] Diener E.Subjective well-being[J].Psychological bulletin, 1984, 95(3): 542-575.

[55] E.Hoch J.Shared leadership, diversity, and information sharing in teams[J]. Journal of Managerial Psychology, 2014, 29(5): 541-564.

[56] Farh C I C, Seo M G, Tesluk P E.Emotional intelligence, teamwork effectiveness, and job performance: The moderating role of job context[J].Journal of applied psychology, 2012, 97(4): 890-900.

[57] Farnham M, Mutrie N.Research section: the potential benefits of outdoor development for children with special needs[J].British Journal of Special Education, 1997, 24(1): 31-38.

[58] Faulkner B.A model for the evaluation of national tourism destination marketing programs[J].Journal of Travel Research, 1997, 35(3): 23-32.

[59] Fenich G G, Vitiello K L, Lancaster M F, et al.Incentive travel: A view from the top[C].Journal of Convention & Event Tourism.Routledge, 2015, 16(2): 145-158.

[60] Foley M P.Wedding Rites: The Complete Guide to Traditional Vows, Music, Ceremonies, Blessings, and Interfaith Services[M].Wm.B.Eerdmans Publishing, 2008.

[61] Graham J R, Harvey C R, Puri M.Capital allocation and delegation of decision-making authority within firms[J].Journal of financial economics, 2015, 115(3): 449-470.

[62] Hall C M, Timothy D J, Duval D T.Safety and security in tourism: relationships, management, and marketing[M].Routledge, 2012.

[63] Heacox N J, Sorenson R C.Organizational frustration and aggressive behaviors[J].Journal of emotional abuse, 2007, 4(3-4): 95-118.

[64] Herzberg, F.One more time: How do you motivate employees? [M].Boston, MA: Harvard Business Review.1968

[65] House R J, Aditya R N.The social scientific study of leadership: Quo vadis?[J]. Journal of management, 1997, 23(3): 409-473.

[66] Johnson B, Činčera J.Relationships between outdoor environmental education program characteristics and children's environmental values and behaviors[J].Journal of Adventure Education and Outdoor Learning, 2023, 23(2): 184-201.

[67] Johnson R J.The Wedding Ceremony Planner: The Essential Guide to The Most Important Part of Your Wedding Day [M].Sourcebooks, Incorporated ,2013.

[68] Kuvaas B, Dysvik A.Perceived investment in employee development, intrinsic motivation and work performance[J].Human resource management journal, 2009, 19(3): 217-236.

[69] Latham G P, Locke E A.Self-regulation through goal setting[J].Organizational behavior and human decision processes, 1991, 50(2): 212-247.

[70] Latham G P.The motivational benefits of goal-setting[J].Academy of Management Perspectives, 2004, 18(4): 126-129.

[71] Lee D J, Kruger S, Whang M J, et al.Validating a customer well-being index related to natural wildlife tourism[J].Tourism Management, 2014, 45: 171-180.

[72] Lemoine G J, Parsons C K, Kansara S.Above and beyond, again and again: Self-regulation in the aftermath of organizational citizenship behaviors[J].Journal of Applied Psychology, 2015, 100(1): 40-55.

[73] Locke E A, Latham G P.Building a practically useful theory of goal setting and task motivation: A 35-year odyssey[J].American psychologist, 2002, 57(9): 705-717.

[74] Mair J.Incentive travel: A theoretical perspective[J].Event Management, 2015, 19(4): 543-552.

[75] Maslow, A.H.The hierarchy of needs: A theory of human motivations Psychological review, 1943, 50(4):370-396.

[76] Nielsen T M, Bachrach D G, Sundstrom E, et al.Utility of OCB: Organizational citizenship behavior and group performance in a resource allocation framework[J].Journal of Management, 2012, 38(2): 668-694.

[77] Pandey R K.A case study on leveraging human capital through organisational culture & engagement[J].International Journal of Advance and Innovative Research, 2019, 6(1): 17-21.

[78] Parker S K.Beyond motivation: Job and work design for development, health, ambidexterity, and more[J].Annual review of psychology, 2014, 65(1): 661-691.

[79] Pinder C C.Work motivation in organizational behavior[M].psychology press, 2014.

[80] Ricci P R, Holland S M.Incentive travel: Recreation as a motivational medium[J].Tourism management, 1992, 13(3): 288-296.

[81] Richman A.Everyone wants an engaged workforce how can you create it[J].2006, 49, 36-39.

[82] Ritchie J R B, Crouch G I.The competitive destination: A sustainable tourism perspective[M].Cabi, 2003.

[83] Rittichainuwat B N , Beck J A , Lalopa J .Taylor & Francis Online: Understanding Motivations, Inhibitors, and Facilitators of Association Members in Attending International Conferences - Journal of Convention & Exhibition Management - Volume 3, Issue 3[J].Taylor & Francis Group [2024-07-19].

[84] Rittichainuwat B N, Chakraborty G.Perceived travel risks regarding terrorism and disease: The case of Thailand[J].Tourism management, 2009, 30(3): 410-418.

[85] Rogers T .The structure of the conference industry - Science Direct[J]. Conferences and Conventions (Second Edition), 2008:33-79.

[86] Ryan R M, Deci E L.Self-determination theory and the facilitation of intrinsic motivation, social development, and well-being[J].American psychologist, 2000, 55(1): 68-78.

[87] Ryff C D.Happiness is everything, or is it? Explorations on the meaning of psychological well-being[J].Journal of personality and social psychology, 1989, 57(6): 1069-1081.

[88] Rynes S L, Gerhart B, Minette K A.The importance of pay in employee motivation: Discrepancies between what people say and what they do[J].Human Resource Management: Published in Cooperation with the School of Business Administration, The University of Michigan and in alliance with the Society of Human Resources Management, 2004, 43(4): 381-394.

[89] Seaman J.Restoring culture and history in outdoor education research: Dewey's theory of experience as a methodology[J].Journal of Outdoor Recreation, Education, and Leadership, 2019, 11(4).

[90] Seligman M E P.Flourish: A visionary new understanding of happiness and well-being[M].Simon and Schuster, 2011.

[91] Sharon Boden.Consumerism, romance, and the wedding experience[M].Palgrave Macmillan UK， 2003.

[92] Skinner B F.Science and human behavior[M].Simon and Schuster, 1965.

[93] Storms P L, Spector P E.Relationships of organizational frustration with reported behavioural reactions: The moderating effect of locus of control[J].Journal of occupational psychology, 1987, 60(3): 227-234.

[94] Sullivan R.The dangers of safety in outdoor education[J].New Zealand Journal of Outdoor Education: Ko Tane Mahuta Pupuke, 2006, 2(1): 5-17.

[95] Sussman, Marvin B., Suzanne K.Steinmetz, and Gary W.Peterson, et al.Handbook of Marriage and the Family[M].Springer Science & Business Media, 2013.

[96] Tang L R.The application of social psychology theories and concepts in hospitality and tourism studies: A review and research agenda[J].International Journal of Hospitality Management, 2014, 36: 188-196.

[97] Thomas G, Thompson G.A child's place: Why environment matters to children: A green alliance[M].Green Alliance, 2004.

[98] Thomas K W.Intrinsic motivation at work: Building energy and commitment[M]. Berrett-Koehler Publishers, 2009.

[99] Tribe J.The economics of recreation, leisure and tourism[M].Routledge, 2020.

[100] Vroom V H.Work and motivation[M].New York, NY: Wiley.1964.

[101] Waite S.Children learning outside the classroom: From birth to eleven[M]. SAGE Publications, Ltd, 2017.

[102] Wang P, Rode J C, Shi K, et al.A workgroup climate perspective on the relationships among transformational leadership, workgroup diversity, and employee creativity[J].Group & Organization Management, 2013, 38(3): 334-360.

期末考试题A卷

一、单项选择题（每题1分，共20题20分）

1. 会展业中的 MICE 包括企业会议（Meeting）、奖励旅游（Incentive Travel）、协会和社团会议（Convention）和（　　）。
   A. 活动（Event）
   B. 展览（Exposition 或 Exhibition）
   C. 展览馆（Exhibition Center）
   D. 展示设计（Exhibition Design）

2. （　　）是会展活动皇冠上的宝石，因为它是最赚钱的。
   A. 会议　　　　B. 展览　　　　C. 节事活动　　　D. 奖励旅游

3. （　　）年5月1日，英国在伦敦首次举办了"万国工业博览会"（The Great Exhibition of The Industries of All Nations），这是第一次发展到国际规模的工业展览会。
   A. 1850　　　　B. 1851　　　　C. 1852　　　　D. 1853

4. 从两家全球顶尖会展企业的背景追溯看，英富曼和励讯集团的会展业务能够在全球脱颖而出，最核心的优势是两家企业的（　　）。
   A. 营销优势　　B. 品牌优势　　C. 管理优势　　D. 数据优势

5. （　　）被称为"国际会展之都"，是亚太地区会展业最为发达的国家和地区之一。
   A. 新加坡　　　B. 日本　　　　C. 香港　　　　D. 雅加达

6. 国际展览业协会（UFI）规定的国际展标准为：国外参展商至少占所有展商的（　　）%，或国外观众的比重至少占所有观众的（　　）%，或国外参展商的参展面积达到展出净面积的（　　）%。
   A. 20、40、30
   B. 20、40、20
   C. 20、30、40
   D. 20、30、40

7. （　　）是展位设计与布置的核心。
   A. 创意设计　　B. 互动体验　　C. 品牌定位　　D. 空间规划

8. 节事活动按主题的类型进行划分时，通常有商贸、文化、自然景观、传统节日、（　　）、宗教、大型体育赛事及综合八大类型。
   A. 时令节气　　B. 民俗风情　　C. 传说故事　　D. 社会风貌

9. 节事活动举办机构在选择场地时要根据节事活动的（　　）决定举办场地。
   A. 参加人数　　B. 特征　　　　C. 目的　　　　D. 题材

10. 节事活动场地的总体布局遵循：功能性、（　　）、安全性、美观性原则。
    A. 创新性　　　B. 人性化　　　C. 流畅性　　　D. 实用性

11. 节事安全预案是针对大型节事举办过程中的（　　），为保证迅速、有序、有效地开展应急与救援工作、降低危机事件造成的损失而预先制订的有关方案或计划。
    A．紧急事件　　　B．突发事件　　　C．危机事件　　　D．意外事件
12. 奖励旅游的目标是通过提供独特和愉悦的（　　）激励受益者，并进一步加强他们与组织或品牌之间的联系。
    A．旅游项目　　　B．旅游方式　　　C．旅行过程　　　D．旅行体验
13. 奖励旅游作为一种激励工具，其理论支持主要包括激励理论、（　　）和幸福感理论，这些理论为理解奖励旅游在组织管理中的应用提供了深刻的理论基础。
    A．社会认知理论　　　　　　　B．文化认同理论
    C．企业归属理论　　　　　　　D．公司战略理论
14. 奖励旅游在成熟阶段（21世纪初至2010年代）更加注重高端体验和（　　）服务，提供独特和难忘的旅游经历。
    A．定制化　　　B．人性化　　　C．智能化　　　D．个性化
15. （　　）指的是定期在特定地区举办的赛事，常常融入该地的文化血脉，成为其形象塑造和提升竞争力的关键要素。
    A．体育赛事　　　　　　　　　B．重大体育赛事
    C．特殊体育赛事　　　　　　　D．标志性体育赛事
16. 体育赛事基于一套标准化的规则体系，这些规则由相应的国际或国内体育组织制定，确保比赛的公平性、合法性和（　　）。
    A．安全性　　　B．严谨性　　　C．可预测性　　　D．合理性
17. 演艺活动的类型不包括（　　）。
    A．大型活动和庆典　　　　　　B．魔术
    C．婚庆活动　　　　　　　　　D．民间艺术表演
18. 研学旅行可以扩展学生的知识面，开阔眼界，提升（　　）和实践能力，为其全面发展提供重要的平台。
    A．兴趣爱好　　　B．创造力　　　C．社会责任感　　　D．成就感
19. 早在中国春秋战国时期，研学旅行的雏形已现，有一种称为"游学"的传统，即学生随师傅出游，最早表现为孔子带领弟子四处"游学"，通过（　　）和实地学习来增长知识和见识。
    A．亲身体验　　　B．身体力行　　　C．周游列国　　　D．探访名人
20. 如今，婚庆活动不仅是家庭和社会的重要事件，还成为新人表达个性和（　　）的机会。
    A．树立形象　　　B．建立社交　　　C．宣告爱意　　　D．创造回忆

二、多项选择题（每题 2 分，共 10 题 20 分）

1. 会展产业链涉及多个领域和环节，包括（　　）等方面。
   A. 会展策划　　　B. 场地租赁　　　C. 布置搭建
   D. 服务供应　　　E. 参展商和观众

2. 随着经济全球化水平的不断提升以及国家间合作的不断加深，（　　）并称为"世界三大无烟产业"。
   A. 会展行业　　　B. 生物制药　　　C. 旅游业　　　D. 房地产业
   E. 文化创意产业

3. 根据会议的主办方和参与者，会议可以分为（　　）。
   A. 企业会议　　　B. 非企业会议　　C. 培训会议
   D. 学术会议　　　E. 展销会议

4. 环保与可持续发展在展览中的应用主要体现在（　　）等多个方面。
   A. 环保材料的使用　　　　　　B. 节能与能源利用
   C. 废物处理与循环再利用　　　D. 设计标准化和模块化
   E. 人流组织与管理

5. 节事活动期间活动的宣传与推广可以在很大程度上帮助节事活动（　　）。
   A. 聚集人气　　　B. 凸显风格
   C. 创造收益　　　D. 形成品牌效应
   E. 扩大影响力

6. 节事活动场地选择需要考虑的因素包括：活动场地形象、性质是否合适、（　　）、交通是否便利。
   A. 规模是否合适　　　　　B. 调性是否一致
   C. 服务是否到位　　　　　D. 有无特殊要求
   E. 收费是否合理

7. 奖励旅游的目的地通常选择独特而难忘的地点，如豪华度假村、（　　）或独特的自然景观地。
   A. 原始部落　　　B. 奢华邮轮　　　C. 文化名城
   D. 异国风情的城市　　　　E. 探险目的地

8. 地区级赛事：在特定地区或几个邻近地区举办的赛事，如（　　）。
   A. 国际奥委会（IOC）的奥运会
   B. 国际足球联合会（FIFA）的世界杯
   C. 美国的 NCAA 锦标赛
   D. 欧洲足球锦标赛（UEFA Euro）
   E. 亚洲运动会（Asian Games）

9. 在演艺活动中，组织架构的设计对于确保活动顺利进行至关重要。演艺参与主体包含（　　　）
   A. 主办单位　　　B. 协办单位　　　C. 承办单位
   D. 鸣谢单位　　　E. 赞助商
10. 婚庆活动按照环境性分类可分为（　　　）
    A. 室内婚礼　　　B. 水下婚礼　　　C. 室外婚礼
    D. 度假胜地婚礼　E. 旅行婚礼

三、名词解释（每题 4 分，共 5 题 20 分）

1. 会展
2. 会展活动管理
3. 主办者
4. 节事安全管理
5. 研学旅行

四、简答题（每题 5 分，共 4 题 20 分）

1. 简述会展活动是如何推动绿色发展的。
2. 制定国际会展行业标准的主要作用体现在哪些方面？
3. 组织节事活动应重点抓好哪些方面工作？
4. 在策划奖励旅游活动时需要考虑哪些关键因素？

五、论述题（每题 10 分，共 2 题 20 分）

1. 阐述会议对社会发展宏观层面的影响。
2. 请阐述如何组织节事活动。

期末考试题 A 卷答案

期末考试题B卷

一、单项选择题（每题1分，共20题20分）

1. （　　）会展行业在全球范围内占据领先地位。
   A. 亚洲　　　　B. 北美洲　　　　C. 欧洲　　　　D. 大洋洲

2. 会展行业拥有较长的产业链，其所带来的产业带动效应尤为显著。在会展业内，普遍认同会展活动可产生（　　）的经济拉动作用。
   A. 1:10　　　　B. 1:20　　　　C. 1:13　　　　D. 1:9

3. （　　）年6月，在法国教育家皮埃尔·德·顾拜旦的倡议下，在巴黎举行了国际体育大会。与会的15个国家的代表在大会上决议每四年举办一次奥林匹克运动会，并成立了国际奥林匹克委员会。
   A. 1894　　　　B. 1895　　　　C. 1896　　　　D. 1898

4. （　　）以其卓越的会展实力，被誉为世界会展强国的领头羊。
   A. 美国　　　　B. 德国　　　　C. 中国　　　　D. 英国

5. 在市场调研与策划阶段完成后，策划团队需向相关部门正式递交（　　），并清晰阐述会展活动的规模、预算及预期目标。
   A. 活动预算　　B. 立项申请　　C. 策划书　　　D. 活动计划

6. 按照ICCA对国际会议的界定，至少在3个国家巡回举办过、参会者不低于（　　）人的定期举行的会议。
   A. 100　　　　B. 20　　　　C. 50　　　　D. 200

7. 以商业贸易为目的，组织者通过策划、组织和招商以出售展台和服务而获取利益，参展者则通过参展展示自己的形象与产品，并在展会中获取市场信息和购货订单合同，达到参展目的的展览会被称为（　　）。
   A. 公益性展览会　　　　　　B. 文化性展览会
   C. 商业性展览会　　　　　　D. 技术性展览会

8. （　　）是节事活动成功的原因所在。
   A. 导向性　　　　　　　　　B. 确定性和规范性
   C. 广泛性　　　　　　　　　D. 参与性

9. 活动场地周边交通的便捷性也是主办机构要考虑的一个因素，这要根据节事活动的（　　）而定。
   A. 参加人数　　B. 特点　　　　C. 主题　　　　D. 性质

10. 从节事活动安全事故案例来看，影响节事活动的影响因素也不外乎突发事件的自然灾害、事故灾难、（　　）和社会安全事件问题。
    A. 人为影响　　B. 公共卫生　　C. 恐怖活动　　D. 公众恐慌

11. 数字化技术在节事活动中的运用涵盖了提升互动性和（　　）、优化组织和运营、丰富表现形式和内容以及推动传统文化的传承和发展等多个方面。
    A. 挑战性　　　　B. 参与感　　　　C. 科技感　　　　D. 创新性
12. 客户奖励旅游是一种高度（　　）的奖励方式，能够根据客户的偏好和需求进行量身定制。
    A. 特殊化　　　　B. 定制化　　　　C. 个性化　　　　D. 人性化
13. 在策划奖励旅游活动时，（　　）和方案选择是确保活动成功实施的关键步骤。
    A. 明确对象　　　B. 主要目的　　　C. 设定预算　　　D. 目标制定
14. 在策划奖励旅游活动的方案选择阶段，首先需要根据团队的需求和特点选择合适的（　　），并且与旅行供应商和合作伙伴充分沟通，确保他们了解企业的预算限制，并寻找最适合的方案。
    A. 旅游目的地　　B. 旅游类型　　　C. 旅游项目　　　D. 旅行供应商
15. 体育产业的蓬勃发展，特别是（　　）、赛事运营和体育俱乐部等新业态的出现，为体育赛事工作者创造了多样化的就业机会。
    A. 体育旅游　　　B. 体育直播　　　C. 体育竞赛　　　D. 电子竞技
16. 体育赛事策划目标设定通常遵循 SMART 原则，即目标应该是具体的（Specific）、可衡量的（Measurable）、可达成的（Achievable）、（　　）、有时间限制的（Time-bound）。
    A. 相关的（Relevant）　　　　　　B. 严格的（Rigorous）
    C. 通俗易懂的（Readable）　　　　D. 合理的（Reasonable）
17. 赞助商为演出活动提供资金或其他形式的支持，以换取（　　）和宣传机会。
    A. 客户资源　　　B. 品牌曝光　　　C. 营销效果　　　D. 品牌影响力
18. 研学旅行是将教育与旅行相结合的（　　），通过组织学生进行有组织、有计划的学习体验，使学生在真实或虚拟的情境中学习知识、锻炼能力以及培养品德。
    A. 科普活动　　　B. 体验活动　　　C. 实践活动　　　D. 学习活动
19. 20 世纪初期，美国进步教育运动的代表人物如约翰·杜威（John Dewey）提倡"做中学"，主张通过实际操作和（　　）培养学生的综合素质。
    A. 亲身体验　　　B. 身体力行　　　C. 户外活动　　　D. 理论研究
20. 在古埃及和古希腊，婚礼也有复杂的（　　）和庆祝活动，反映了婚姻作为社会基础的重要性。
    A. 礼节约束　　　B. 表演形式　　　C. 宗教仪式　　　D. 既定流程

二、多项选择题（每题 2 分，共 10 题 20 分）

1. 会展活动的特点有（　　）。
   A. 集聚性　　　　B. 关联性　　　　C. 传播性
   D. 经济性　　　　E. 创新性

2. 会展活动作为一种综合性的商业活动形式，不仅是企业间交流、推销和展示产品的场所，更是（　　）的平台。
   A. 展示企业形象　　　　　　B. 促进品牌传播
   C. 产业协同发展　　　　　　D. 和平互动交流
   E. 缓和地区关系

3. 按照展览性质划分，展览可以分为（　　）。
   A. 商贸展　　　　B. 消费展　　　　C. 技术展
   D. 综合展　　　　E. 专业展

4. 现代节庆活动是指在当代社会中，以特定日期或时期为背景，结合现代社会文化、经济、科技等多方面的元素，通过策划、组织、实施一系列具有文化、娱乐、商业等价值的活动，以达到（　　）、交流等目的的社会活动。
   A. 娱乐　　　　B. 宣传　　　　C. 祭祀
   D. 纪念　　　　E. 庆祝

5. 节事安全预案的内容包括：组织指挥机构及职责、预防和预案机制、（　　）。
   A. 应急管理办法　　　　　　B. 应急场所设置
   C. 应急警报设置　　　　　　D. 应急处置程序
   E. 应急保障措施

6. 奖励旅游实施前的准备工作包括：确认奖励对象和目标、（　　）。
   A. 安全管理和保障措施　　　B. 确定旅游目的地和行程安排
   C. 通知奖励对象准备所需资料　D. 确保团队成员按时集合
   E. 与供应商和服务商的沟通与协调

7. 体育赛事是一个综合性的社会文化现象，其成功举行除了依赖于体育赛事的规则和制度、运动员和团队、组织和管理、场地与设施外，还包括（　　）。
   A. 观众和媒体　　　　　　　B. 赞助和资金
   C. 安全与健康保障　　　　　D. 文化和社会影响
   E. 营销和推广

8. 演出的（　　）应与组织或品牌的价值观和形象保持一致，考虑时效性和文化相关性，确保在不同语言和文化中具有正面含义。
   A. 名称　　　　B. 主题　　　　C. 题材
   D. 场馆　　　　E. 风格

9. 研学旅行以教育为核心,通过( )等方式,帮助学生掌握课本之外的知识,增强实践能力,提升综合素质。
   A. 生动课堂　　B. 实地考察　　C. 集体活动
   D. 体验活动　　E. 专题学习

10. 通常认为在广义上,婚庆活动是指与婚姻缔结相关的一系列庆祝和仪式活动,不仅包括婚礼当天的主要仪式,还涵盖了从订婚开始到婚礼结束后的所有庆祝活动。例如,( )
    A. 订婚仪式　　B. 婚前派对　　C. 正式婚礼
    D. 婚宴　　　　E. 婚后感谢宴

三、名词解释（每题 4 分,共 5 题 20 分）

1. 会议
2. 展览
3. 展览策划的观众参与性原则
4. 节事活动策划
5. 奖励旅游

四、简答题（每题 5 分,共 4 题 20 分）

1. 欧洲会展业成功模式的核心要素有哪些?
2. 北美洲会展业的突出特征有哪些?
3. 简述数字化技术在节事活动中的运用和意义。
4. 简述体育赛事的组织工作流程。

五、论述题（每题 10 分,共 2 题 20 分）

1. 请以世界人工智能大会为例,阐述会议的特点。
2. 请阐述展览会中选择展位的影响因素。

期末考试题 B 卷答案